HEINRICH
VON
KLEIST

SÄMTLICHE
WERKE UND BRIEFE
IN VIER BÄNDEN
ZWEITER BAND

CARL HANSER
VERLAG

Herausgegeben von Helmut Sembdner

Umschlag und Kassette: Christian Diener

Abbildungen:

Band IV und Schuber: H. v. Kleist.
Miniatur von Peter Friedel, 1801
(Bildarchiv Preußischer Kulturbesitz, Berlin).
Band I: H. v. Kleist. Anonyme Kreidezeichnung
(vermutlich 1806) nach der Miniatur von 1801
(Archiv für Kunst und Geschichte, Berlin).
Band II: H. v. Kleist. Stich von C. H. Sagert
nach der Miniatur von 1801
(Archiv für Kunst und Geschichte, Berlin).
Band III: H. v. Kleist. Jugendbildnis. Anonymes Ölgemälde
(Archiv für Kunst und Geschichte, Berlin).

ISBN 3-446-13549-9
Alle Rechte vorbehalten
© 1982 Carl Hanser Verlag München Wien
nach der 6., ergänzten und revidierten Auflage 1977
Druck und Bindung: Ebner, Ulm
Printed in Germany

INHALTSÜBERSICHT

Dramen 429
  Das Käthchen von Heilbronn 429
  Die Hermannsschlacht 533
  Prinz Friedrich von Homburg 629
  Inhaltsverzeichnis 711
  Gesamtübersicht 713

DRAMEN

DAS KÄTHCHEN
VON HEILBRONN

oder

DIE FEUERPROBE

EIN GROSSES HISTORISCHES RITTERSCHAUSPIEL

*Aufgeführt auf dem Theater an der Wien
den 17. 18. und 19. März 1810*

PERSONEN

DER KAISER
GEBHARDT, Erzbischof von Worms
FRIEDRICH WETTER, GRAF VOM STRAHL
GRÄFIN HELENA, seine Mutter
ELEONORE, ihre Nichte
RITTER FLAMMBERG, des Grafen Vasall
GOTTSCHALK, sein Knecht
BRIGITTE, Haushälterin im gräflichen Schloß
KUNIGUNDE VON THURNECK
ROSALIE, ihre Kammerzofe
[SYBILLE, deren Stiefmutter]
THEOBALD FRIEDEBORN, Waffenschmied aus Heilbronn
KÄTHCHEN, seine Tochter
GOTTFRIED FRIEDEBORN, ihr Bräutigam
MAXIMILIAN, BURGGRAF VON FREIBURG
GEORG VON WALDSTÄTTEN, sein Freund
[RITTER SCHAUERMANN ⎫
 RITTER WETZLAF   ⎬ seine Vasallen]
DER RHEINGRAF VOM STEIN, Verlobter Kunigundens
FRIEDRICH VON HERRNSTADT ⎫
EGINHARDT VON DER WART   ⎬ seine Freunde
GRAF OTTO VON DER FLÜHE ⎫
WENZEL VON NACHTHEIM   ⎬ Räte des Kaisers und Richter
HANS VON BÄRENKLAU   ⎭ des heimlichen Gerichts
JAKOB PECH, ein Gastwirt
DREI HERREN VON THURNECK
KUNIGUNDENS ALTE TANTEN
EIN KÖHLERJUNGE
EIN NACHTWÄCHTER
MEHRERE RITTER
EIN HEROLD, ZWEI KÖHLER, BEDIENTEN, BOTEN, HÄSCHER,
KNECHTE und VOLK

Die Handlung spielt in Schwaben

ERSTER AKT

*Szene: Eine unterirdische Höhle, mit den Insignien des
Vehmgerichts, von einer Lampe erleuchtet.*

Erster Auftritt

*Graf Otto von der Flühe als Vorsitzer, Wenzel von Nachtheim, Hans von
Bärenklau als Beisassen, mehrere Grafen, Ritter und Herren, sämtlich vermummt,
Häscher mit Fackeln usw. – Theobald Friedeborn, Bürger aus Heilbronn,
als Kläger, Graf Wetter vom Strahl als Beklagter, stehen vor den
Schranken.*

GRAF OTTO *steht auf.* Wir, Richter des hohen, heimlichen Gerichts,
die wir, die irdischen Schergen Gottes, Vorläufer der geflügelten
Heere, die er in seinen Wolken mustert, den Frevel aufsuchen,
da, wo er, in der Höhle der Brust, gleich einem Molche
verkrochen, vom Arm weltlicher Gerechtigkeit nicht aufgefunden
werden kann: wir rufen dich, Theobald Friedeborn,
ehrsamer und vielbekannter Waffenschmied aus Heilbronn
auf, deine Klage anzubringen gegen Friedrich, Graf Wetter
vom Strahle; denn dort, auf den ersten Ruf der heiligen Vehme,
von des Vehmherolds Hand dreimal, mit dem Griff des Gerichtsschwerts,
an die Tore seiner Burg, deinem Gesuch gemäß,
ist er erschienen, und fragt, was du willst? *Er setzt sich.*

THEOBALD FRIEDEBORN. Ihr hohen, heiligen und geheimnisvollen
Herren! Hätte *er*, auf den ich klage, sich bei mir ausrüsten
lassen – setzet in Silber, von Kopf bis zu Fuß, oder in schwarzen
Stahl, Schienen, Schnallen und Ringe von Gold; und
hätte nachher, wenn ich gesprochen: Herr, bezahlt mich!
geantwortet: Theobald! Was willst du? Ich bin dir nichts
schuldig; oder wäre er vor die Schranken meiner Obrigkeit
getreten, und hätte meine Ehre, mit der Zunge der Schlangen –
oder wäre er aus dem Dunkel mitternächtlicher Wälder herausgebrochen
und hätte mein Leben, mit Schwert und Dolch,
angegriffen: so wahr mir Gott helfe! ich glaube, ich hätte nicht
vor euch geklagt. Ich erlitt, in drei und funfzig Jahren, da ich
lebe, so viel Unrecht, daß meiner Seele Gefühl nun gegen
seinen Stachel wie gepanzert ist; und während ich Waffen
schmiede, für andere, die die Mücken stechen, sag ich selbst

zum Skorpion: fort mit dir! und laß ihn fahren. Friedrich, Graf Wetter vom Strahl, hat mir mein Kind verführt, meine Katharine. Nehmt ihn, ihr irdischen Schergen Gottes, und überliefert ihn allen geharnischten Scharen, die an den Pforten der Hölle stehen und ihre glutroten Spieße schwenken: ich klage ihn schändlicher Zauberei, aller Künste der schwarzen Nacht und der Verbrüderung mit dem Satan an!

GRAF OTTO. Meister Theobald von Heilbronn! Erwäge wohl, was du sagst. Du bringst vor, der Graf vom Strahl, uns vielfältig und von guter Hand bekannt, habe dir dein Kind verführt. Du klagst ihn, hoff ich, der Zauberei nicht an, weil er deines Kindes *Herz* von dir abwendig gemacht? Weil er ein Mädchen, voll rascher Einbildungen, mit einer Frage, wer sie sei? oder wohl gar mit dem bloßen Schein seiner roten Wangen, unter dem Helmsturz hervorglühend, oder mit irgend einer andern Kunst des hellen Mittags ausgeübt auf jedem Jahrmarkt, für sich gewonnen hat?

THEOBALD. Es ist wahr, ihr Herren, ich sah ihn nicht zur Nachtzeit, an Mooren und schilfreichen Gestaden, oder wo sonst des Menschen Fuß selten erscheint, umherwandeln und mit den Irrlichtern Verkehr treiben. Ich fand ihn nicht auf den Spitzen der Gebirge, den Zauberstab in der Hand, das unsichtbare Reich der Luft abmessen, oder in unterirdischen Höhlen, die kein Strahl erhellt, Beschwörungsformeln aus dem Staub heraufmurmeln. Ich sah den Satan und die Scharen, deren Verbrüderten ich ihn nannte, mit Hörnern, Schwänzen und Klauen, wie sie zu Heilbronn, über dem Altar abgebildet sind, an seiner Seite nicht. Wenn ihr mich gleichwohl reden lassen wollt, so denke ich es durch eine schlichte Erzählung dessen, was sich zugetragen, dahin zu bringen, daß ihr aufbrecht, und ruft: unsrer sind dreizehn und der vierzehnte ist der Teufel! zu den Türen rennt und den Wald, der diese Höhle umgibt, auf dreihundert Schritte im Umkreis, mit euren Taftmänteln und Federhüten besäet.

GRAF OTTO. Nun, du alter, wilder Kläger! so rede!

THEOBALD. Zuvörderst müßt ihr wissen, ihr Herren, daß mein Käthchen Ostern, die nun verflossen, funfzehn Jahre alt war; gesund an Leib und Seele, wie die ersten Menschen, die geboren worden sein mögen; ein Kind recht nach der Lust Gottes, das heraufging aus der Wüsten, am stillen Feierabend meines Lebens, wie ein gerader Rauch von Myrrhen und Wachholdern! Ein Wesen von zarterer, frommerer und lieberer Art müßt ihr euch nicht denken, und kämt ihr, auf Flügeln der Einbildung, zu den lieben, kleinen Engeln, die, mit hellen Augen, aus den Wolken, unter Gottes Händen und Füßen hervorgucken. Ging sie in ihrem bürgerlichen Schmuck über die Straße, den Strohhut auf, von gelbem Lack erglänzend, das schwarzsamtene Leibchen, das ihre Brust umschloß, mit feinen Silberkettlein behängt: so lief es flüsternd von allen Fenstern herab: das ist das Käthchen von Heilbronn; das Käthchen von Heilbronn, ihr Herren, als ob der Himmel von Schwaben sie erzeugt, und von seinem Kuß geschwängert, die Stadt, die unter ihm liegt, sie geboren hätte. Vettern und Basen, mit welchen die Verwandtschaft, seit drei Menschengeschlechtern, vergessen worden war, nannten sie, auf Kindtaufen und Hochzeiten, ihr liebes Mühmchen, ihr liebes Bäschen; der ganze Markt, auf dem wir wohnten, erschien an ihrem Namenstage, und bedrängte sich und wetteiferte, sie zu beschenken; wer sie nur einmal, gesehen und einen Gruß im Vorübergehen von ihr empfangen hatte, schloß sie acht folgende Tage lang, als ob sie ihn gebessert hätte, in sein Gebet ein. Eigentümerin eines Landguts, das ihr der Großvater, mit Ausschluß meiner, als einem Goldkinde, dem er sich liebreich bezeigen wollte, vermacht hatte, war sie schon unabhängig von mir, eine der wohlhabendsten Bürgerinnen der Stadt. Fünf Söhne wackerer Bürger, bis in den Tod von ihrem Werte gerührt, hatten nun schon um sie angehalten; die Ritter, die durch die Stadt zogen, weinten, daß sie kein Fräulein war; ach, und wäre sie eines gewesen, das Morgenland wäre aufgebrochen, und hätte Perlen und Edelgesteine, von Mohren getragen, zu ihren Füßen gelegt. Aber sowohl ihre, als meine Seele, bewahrte der Himmel vor Stolz; und weil Gottfried Friedeborn, der junge Landmann, dessen Güter das ihrige umgrenzen, sie zum Weibe begehrte, und sie auf meine Frage: Katharine, willt du ihn? antwortete: Vater! Dein Wille sei meiner; so sagte ich: der Herr segne euch! und weinte und jauchzte, und beschloß, Ostern, die kommen, sie nun zur Kirche zu bringen. – So war sie, ihr Herren, bevor sie mir dieser entführte.

GRAF OTTO. Nun? Und wodurch entführte er sie dir? Durch welche Mittel hat er sie dir und dem Pfade, auf welchen du sie geführt hattest, wieder entrissen?

THEOBALD. Durch welche Mittel? – Ihr Herren, wenn ich das sagen könnte, so begriffen es diese fünf Sinne, und so ständ ich nicht vor euch und klagte auf alle, mir unbegreiflichen, Greuel der Hölle. Was soll ich vorbringen, wenn ihr mich fragt, durch welche Mittel? Hat er sie am Brunnen getroffen, wenn sie Wasser schöpfte, und gesagt: Lieb Mädel, wer bist du? hat er sich an den Pfeiler gestellt, wenn sie aus der Mette kam, und gefragt: Lieb Mädel, wo wohnst du? hat er sich, bei nächtlicher Weile, an ihr Fenster geschlichen, und, indem er ihr einen Halsschmuck umgehängt, gesagt: Lieb Mädel, wo ruhst du? Ihr hochheiligen Herren, damit war sie nicht zu gewinnen! Den Judaskuß erriet unser Heiland nicht rascher, als sie solche Künste. Nicht mit Augen, seit sie geboren ward, hat sie ihn gesehen; ihren Rücken, und das Mal darauf, das sie von ihrer seligen Mutter erbte, kannte sie besser, als ihn. *Er weint.*

GRAF OTTO *nach einer Pause*. Und gleichwohl, wenn er sie verführt hat, du wunderlicher Alter, so muß es wann und irgendwo geschehen sein?

THEOBALD. Heiligen Abend vor Pfingsten, da er auf fünf Minuten in meine Werkstatt kam, um sich, wie er sagte, eine Eisenschiene, die ihm zwischen Schulter und Brust losgegangen war, wieder zusammenheften zu lassen.

WENZEL. Was!

HANS. Am hellen Mittag?

WENZEL. Da er auf fünf Minuten in deine Werkstatt kam, um sich eine Brustschiene anheften zu lassen?

Pause.

GRAF OTTO. Fasse dich, Alter, und erzähle den Hergang.

THEOBALD *indem er sich die Augen trocknet*. Es mochte ohngefähr eilf Uhr morgens sein, als er, mit einem Troß Reisiger, vor mein Haus sprengte, rasselnd, der Erzgepanzerte, vom Pferd stieg, und in meine Werkstatt trat: das Haupt tief herab neigt' er, um mit den Reiherbüschen, die ihm vom Helm niederwankten, durch die Tür zu kommen. Meister, schau her, spricht er: dem Pfalzgrafen, der eure Wälle niederreißen will, zieh ich entgegen; die Lust, ihn zu treffen, sprengt mir die Schienen; nimm Eisen und Draht, ohne daß ich mich zu entkleiden brauche, und heft sie mir wieder zusammen. Herr! sag ich: wenn Euch die Brust so die Rüstung zerschmeißt, so läßt der Pfalzgraf unsere Wälle ganz; nötig ihn auf einen Sessel, in des Zimmers Mitte nieder, und: Wein! ruf ich in die Türe, und vom frischgeräucherten Schinken, zum Imbiß! und setz einen Schemel, mit Werkzeugen versehn, vor ihn, um ihm die Schiene wieder herzustellen. Und während draußen noch der Streithengst wiehert, und, mit den Pferden der Knechte, den Grund zerstampft, daß der Staub, als wär ein Cherub vom Himmel niedergefahren, emporquoll: öffnet langsam, ein großes, flaches Silbergeschirr auf dem Kopf tragend, auf welchem Flaschen, Gläser und der Imbiß gestellt waren, das Mädchen die Türe und tritt ein. Nun seht, wenn mir Gott der Herr aus Wolken erschiene, so würd ich mich ohngefähr so fassen, wie sie. Geschirr und Becher und Imbiß, da sie den Ritter erblickt, läßt sie fallen; und leichenbleich, mit Händen, wie zur Anbetung verschränkt, den Boden mit Brust und Scheiteln küssend, stürzt sie vor ihm nieder, als ob sie ein Blitz nieder geschmettert hätte! Und da ich sage: Herr meines Lebens! Was fehlt dem Kind? und sie aufhebe: schlingt sie, wie ein Taschenmesser zusammenfallend, den Arm um mich, das Antlitz flammend auf ihn gerichtet, als ob sie eine Erscheinung hätte. Der Graf vom Strahl, indem er ihre Hand nimmt, fragt: wes ist das Kind? Gesellen und Mägde strömen herbei und jammern: hilf Himmel! Was ist dem Jüngferlein widerfahren; doch da sie sich, mit einigen schüchternen Blicken auf sein Antlitz, erholt, so denk ich, der Anfall ist wohl auch vorüber, und gehe, mit Pfriemen und Nadeln, an mein Geschäft. Drauf sag ich: Wohlauf, Herr Ritter! Nun mögt Ihr den Pfalzgrafen treffen; die Schiene ist eingerenkt, das Herz wird sie Euch nicht mehr zersprengen. Der Graf steht auf; er schaut das Mädchen, das ihm bis an die Brusthöhle ragt, vom Wirbel zur Sohle, gedankenvoll an, und beugt sich, und küßt ihr die Stirn und spricht: der Herr segne dich, und behüte dich, und schenke dir seinen Frieden, Amen! Und da wir an das Fenster treten: schmeißt sich das Mädchen, in dem Augenblick, da er den Streithengst besteigt, dreißig Fuß hoch, mit aufgehobenen Händen, auf das Pflaster der Straße nieder: gleich einer Verlorenen, die ihrer fünf Sinne beraubt ist! Und bricht sich beide Lenden, ihr heiligen Herren, beide zarten Lendchen, dicht über des Knierunds elfenbeinernem Bau; und ich, alter, bejammernswürdiger Narr, der mein versinkendes Leben auf sie stützen wollte, muß sie, auf meinen Schultern, wie zu Grabe tragen; indessen er dort, den Gott verdamme! zu Pferd, unter dem Volk, das herbeiströmt, herüberruft von hinten, was vorgefallen sei! – Hier liegt sie nun, auf dem Todbett, in der Glut des hitzigen Fiebers, sechs endlose Wochen, ohne sich zu regen. Keinen Laut bringt sie hervor; auch nicht der Wahnsinn, dieser Dietrich aller Herzen, eröffnet das ihrige; kein Mensch vermag das Geheimnis, das in ihr waltet, ihr zu entlocken. Und prüft, da sie sich ein wenig erholt hat, den Schritt, und schnürt ihr Bündel, und tritt, beim Strahl der Morgensonne, in die Tür: wohin? fragt sie die Magd; zum Grafen Wetter vom Strahl, antwortet sie, und verschwindet.

WENZEL. Es ist nicht möglich!

HANS. Verschwindet?

WENZEL. Und läßt alles hinter sich zurück?

HANS. Eigentum, Heimat und den Bräutigam, dem sie verlobt war?

WENZEL. Und begehrt auch deines Segens nicht einmal?

THEOBALD. Verschwindet, ihr Herren – Verläßt mich und alles, woran Pflicht, Gewohnheit und Natur sie knüpften – Küßt mir die Augen, die schlummernden, und verschwindet; ich wollte, sie hätte sie mir zugedrückt.

WENZEL. Beim Himmel! Ein seltsamer Vorfall. –

THEOBALD. Seit jenem Tage folgt sie ihm nun, gleich einer Metze, in blinder Ergebung, von Ort zu Ort; geführt am Strahl seines Angesichts, fünfdrähtig, wie einen Tau, um ihre Seele gelegt; auf nackten, jedem Kiesel ausgesetzten, Füßen, das kurze Röckchen, das ihre Hüfte deckt, im Winde flatternd, nichts als den Strohhut auf, sie gegen der Sonne Stich, oder den Grimm empörter Witterung zu schützen. Wohin sein Fuß, im Lauf seiner Abenteuer, sich wendet: durch den Dampf der Klüfte, durch die Wüste, die der Mittag versengt, durch die Nacht verwachsener Wälder: wie ein Hund, der von seines Herren Schweiß gekostet, schreitet sie hinter ihm her; und die gewohnt war, auf weichen Kissen zu ruhen, und das Knötlein spürte, in des Bettuchs Faden, das ihre Hand unachtsam darin eingesponnen hatte: die liegt jetzt, einer Magd gleich, in seinen Ställen, und sinkt, wenn die Nacht kömmt, ermüdet auf die Streu nieder, die seinen stolzen Rossen untergeworfen wird.

GRAF OTTO. Graf Wetter vom Strahl! Ist dies gegründet?

DER GRAF VOM STRAHL. Wahr ists, ihr Herren; sie geht auf der Spur, die hinter mir zurückbleibt. Wenn ich mich umsehe, erblick ich zwei Dinge: meinen Schatten und sie.

GRAF OTTO. Und wie erklärt Ihr Euch diesen sonderbaren Umstand?

DER GRAF VOM STRAHL. Ihr unbekannten Herren der Vehme! Wenn der Teufel sein Spiel mit ihr treibt, so braucht er mich dabei, wie der Affe die Pfoten der Katze; ein Schelm will ich sein, holt er den Nußkern für mich. Wollt ihr meinem Wort schlechthin, wies die heilige Schrift vorschreibt, glauben: ja, ja, nein, nein; gut! Wo nicht, so will ich nach Worms, und den Kaiser bitten, daß er den Theobald ordiniere. Hier werf ich ihm vorläufig meinen Handschuh hin!

GRAF OTTO. Ihr sollt hier Rede stehn, auf unsre Frage! Womit rechtfertigt Ihr, daß sie unter Eurem Dache schläft? Sie, die in das Haus hingehört, wo sie geboren und erzogen ward?

DER GRAF VOM STRAHL. Ich war, es mögen ohngefähr zwölf Wochen sein, auf einer Reise, die mich nach Straßburg führte, ermüdet, in der Mittagshitze, an einer Felswand, eingeschlafen – nicht im Traum gedacht ich des Mädchens mehr, das in Heilbronn aus dem Fenster gestürzt war – da liegt sie mir, wie ich erwache, gleich einer Rose, entschlummert zu Füßen; als ob sie vom Himmel herabgeschneit wäre! Und da ich zu den Knechten, die im Grase herumliegen, sage: Ei, was der Teufel! Das ist ja das Käthchen von Heilbronn! schlägt

sie die Augen auf, und bindet sich das Hütlein zusammen, das
ihr schlafend vom Haupt herabgerutscht war. Katharine! ruf
ich: Mädel! Wo kömmst auch her? Auf funfzehn Meilen von
Heilbronn, fernab am Gestade des Rheins? »Hab ein Geschäft,
gestrenger Herr«, antwortet sie, »das mich gen Straßburg führt;
schauert mich im Wald so einsam zu wandern, und schlug
mich zu Euch.« Drauf laß ich ihr zur Erfrischung reichen, was
mir Gottschalk, der Knecht, mit sich führt, und erkundige
mich: wie der Sturz abgelaufen? auch, was der Vater macht?
Und was sie in Straßburg zu erschaffen denke? Doch da sie
nicht freiherzig mit der Sprache herausrückt: was auch gehts
dich an, denk ich; ding ihr einen Boten, der sie durch den
Wald führe, schwing mich auf den Rappen, und reite ab.
Abends, in der Herberg, an der Straßburger Straß, will ich
mich eben zur Ruh niederlegen: da kommt Gottschalk, der
Knecht, und spricht: das Mädchen sei unten und begehre
in meinen Ställen zu übernachten. Bei den Pferden? frag ich.
Ich sage: wenns ihr weich genug ist, mich wirds nicht drücken.
Und füge noch, indem ich mich im Bett wende, hinzu:
magst ihr wohl eine Streu unterlegen, Gottschalk, und sorgen,
daß ihr nichts widerfahre. Drauf, wandert sie, kommenden
Tages früher aufgebrochen, als ich, wieder auf der Heerstraße,
und lagert sich wieder in meinen Ställen, und lagert sich Nacht
für Nacht, so wie mir der Streifzug fortschreitet, darin, als ob sie
zu meinem Troß gehörte. Nun litt ich das, ihr Herren, um
jenes grauen, unwirschen Alten willen, der mich jetzt darum
straft; denn der Gottschalk, in seiner Wunderlichkeit, hatte
das Mädchen lieb gewonnen, und pflegte ihrer, in der Tat, als
seiner Tochter; führt dich die Reise einst, dacht ich, durch
Heilbronn, so wird der Alte dirs danken. Doch da sie sich
auch in Straßburg, in der erzbischöflichen Burg, wieder bei
mir einfindet, und ich gleichwohl spüre, daß sie nichts im
Orte erschafft: denn *mir* hatte sie sich ganz und gar geweiht,
und wusch und flickte, als ob es sonst am Rhein nicht zu haben
wäre: so trete ich eines Tages, da ich sie auf der Stallschwelle
finde, zu ihr und frage: was für ein Geschäft sie in Straßburg
betreibe? Ei, spricht sie, gestrenger Herr, und eine Röte,
daß ich denke, ihre Schürze wird angehn, flammt über ihr

Antlitz empor: »was fragt Ihr doch? Ihr wißts ja!« – Holla! denk ich, steht es so mit dir? und sende einen Boten flugs nach Heilbronn, dem Vater zu, mit folgender Meldung: das Käthchen sei bei mir; ich hütete seiner; in kurzem könne er es, vom Schlosse zu Strahl, wohin ich es zurückbringen würde, abholen.

GRAF OTTO. Nun? Und hierauf?

WENZEL. Der Alte holte die Jungfrau nicht ab?

DER GRAF VOM STRAHL. Drauf, da er am zwanzigsten Tage, um sie abzuholen, bei mir erscheint, und ich ihn in meiner Väter Saal führe: erschau ich mit Befremden, daß er, beim Eintritt in die Tür, die Hand in den Weihkessel steckt, und mich mit dem Wasser, das darin befindlich ist, besprengt. Ich arglos, wie ich von Natur bin, nötge ihn auf einen Stuhl nieder; erzähle ihm, mit Offenherzigkeit, alles, was vorgefallen; eröffne ihm auch, in meiner Teilnahme, die Mittel, wie er die Sache, seinen Wünschen gemäß, wieder ins Geleis rücken könne; und tröste ihn und führ ihn, um ihm das Mädchen zu übergeben, in den Stall hinunter, wo sie steht, und mir eine Waffe von Rost säubert. So wie er in die Tür tritt, und die Arme mit tränenvollen Augen öffnet, sie zu empfangen, stürzt mir das Mädchen leichenbleich zu Füßen, alle Heiligen anrufend, daß ich sie vor ihm schütze. Gleich einer Salzsäule steht er, bei diesem Anblick, da; und ehe ich mich noch gefaßt habe, spricht er schon, das entsetzensvolle Antlitz auf mich gerichtet: das ist der leibhaftige Satan! und schmeißt mir den Hut, den er in der Hand hält, ins Gesicht, als wollt er ein Greuelbild verschwinden machen, und läuft, als setzte die ganze Hölle ihm nach, nach Heilbronn zurück.

GRAF OTTO. Du wunderlicher Alter! Was hast du für Einbildungen?

WENZEL. Was war in dem Verfahren des Ritters, das Tadel verdient? Kann er dafür, wenn sich das Herz deines törichten Mädchens ihm zuwendet?

HANS. Was ist in diesem ganzen Vorfall, das ihn anklagt?

THEOBALD. Was ihn anklagt? O du – Mensch, entsetzlicher, als Worte fassen, und der Gedanke ermißt: stehst du nicht rein da, als hätten die Cherubim sich entkleidet, und ihren Glanz dir, funkelnd wie Mailicht, um die Seele gelegt! – Mußt ich vor dem Menschen nicht erbeben, der die Natur, in dem reinsten Herzen, das je geschaffen ward, dergestalt umgekehrt hat, daß sie vor dem Vater, zu ihr gekommen, seiner Liebe Brust ihren Lippen zu reichen, kreideweißen Antlitzes entweicht, wie vor dem Wolfe, der sie zerreißen will? Nun denn, so walte, Hekate, Fürstin des Zaubers, moorduftige Königin der Nacht! Sproßt, ihr dämonischen Kräfte, die die menschliche Satzung sonst auszujäten bemüht war, blüht auf, unter dem Atem der Hexen, und schoßt zu Wäldern empor, daß die Wipfel sich zerschlagen, und die Pflanze des Himmels, die am Boden keimt, verwese; rinnt, ihr Säfte der Hölle, tröpfelnd aus Stämmen und Stielen gezogen, fallt, wie ein Katarakt, ins Land, daß der erstickende Pestqualm zu den Wolken empordampft; fließt und ergießt euch durch alle Röhren des Lebens, und schwemmt, in allgemeiner Sündflut, Unschuld und Tugend hinweg!

GRAF OTTO. Hat er ihr Gift eingeflößt?

WENZEL. Meinst du, daß er ihr verzauberte Tränke gereicht?

HANS. Opiate, die des Menschen Herz, der sie genießt, mit geheimnisvoller Gewalt umstricken?

THEOBALD. Gift? Opiate? Ihr hohen Herren, was fragt ihr *mich*? Ich habe die Flaschen nicht gepfropft, von welchen er ihr, an der Wand des Felsens, zur Erfrischung reichte; ich stand nicht dabei, als sie in der Herberge, Nacht für Nacht, in seinen Ställen schlief. Wie soll ich wissen, ob er ihr Gift eingeflößt? habt neun Monate Geduld; alsdann sollt ihr sehen, wies ihrem jungen Leibe bekommen ist.

DER GRAF VOM STRAHL. Der alte Esel, der! Dem entgegn' ich nichts, als meinen Namen! Ruft sie herein; und wenn sie ein Wort sagt, auch nur von fern duftend, wie diese Gedanken, so nennt mich den Grafen von der stinkenden Pfütze, oder wie es sonst eurem gerechten Unwillen beliebt.

Zweiter Auftritt

Käthchen mit verbundenen Augen, geführt von zwei Häschern. – Die Häscher nehmen ihr das Tuch ab, und gehen wieder fort. – Die Vorigen.

KÄTHCHEN *sieht sich in der Versammlung um, und beugt, da sie den Grafen erblickt, ein Knie vor ihm.*

Mein hoher Herr!

DER GRAF VOM STRAHL.   Was willst du?

KÄTHCHEN. Vor meinen Richter hat man mich gerufen.

DER GRAF VOM STRAHL.

Dein Richter bin nicht *ich*. Steh auf, dort sitzt er;
Hier steh ich, ein Verklagter, so wie du.

KÄTHCHEN. Mein hoher Herr! Du spottest.

DER GRAF VOM STRAHL.   Nein! Du hörst!

Was neigst du mir dein Angesicht in Staub?
Ein Zaubrer bin ich, und gestand es schon,
Und laß, aus jedem Band, das ich dir wirkte,
Jetzt deine junge Seele los.

Er erhebt sie.

GRAF OTTO.

Hier Jungfrau, wenns beliebt; hier ist die Schranke!

HANS. Hier sitzen deine Richter!

KÄTHCHEN *sieht sich um.*   Ihr versucht mich.

WENZEL. Hier tritt heran! Hier sollst du Rede stehn.

KÄTHCHEN *stellt sich neben den Grafen vom Strahl, und sieht die Richter an.*

GRAF OTTO. Nun?

WENZEL.   Wirds?

HANS.   Wirst du gefällig dich bemühn?

GRAF OTTO. Wirst dem Gebot dich deiner Richter fügen?

KÄTHCHEN *für sich.* Sie rufen mich.

WENZEL.   Nun, ja!

HANS.   Was sagte sie?

GRAF OTTO *befremdet.*

Ihr Herrn, was fehlt dem sonderbaren Wesen?

Sie sehen sich an.

KÄTHCHEN *für sich.* Vermummt von Kopf zu Füßen sitzen sie,
Wie das Gericht, am jüngsten Tage, da!

DER GRAF VOM STRAHL *sie aufweckend.*

Du wunderliche Maid! Was träumst, was treibst du?
Du stehst hier vor dem heimlichen Gericht!
Auf jene böse Kunst bin ich verklagt,
Mit der ich mir, du weißt, dein Herz gewann,
Geh hin, und melde jetzo, was geschehn!

KÄTHCHEN *sieht ihn an und legt ihre Hände auf die Brust.*

– Du quälst mich grausam, daß ich weinen möchte!
Belehre deine Magd, mein edler Herr,
Wie soll ich mich in diesem Falle fassen?

GRAF OTTO *ungeduldig.* Belehren – was!

HANS. Bei Gott! Ist es erhört?

DER GRAF VOM STRAHL *mit noch milder Strenge.*

Du sollst sogleich vor jene Schranke treten,
Und Rede stehn, auf was man fragen wird!

KÄTHCHEN. Nein, sprich! Du bist verklagt?

DER GRAF VOM STRAHL. Du hörst.

KÄTHCHEN. Und jene Männer dort sind deine Richter?

DER GRAF VOM STRAHL. So ists.

KÄTHCHEN *zur Schranke tretend.*

Ihr würdgen Herrn, wer ihr auch sein mögt dort,
Steht gleich vom Richtstuhl auf und räumt ihn diesem!
Denn, beim lebendgen Gott, ich sag es euch,
Rein, wie sein Harnisch ist sein Herz, und eures
Verglichen ihm, und meins, wie eure Mäntel.
Wenn hier gesündigt ward, ist *er* der Richter,
Und ihr sollt zitternd vor der Schranke stehn!

GRAF OTTO. Du, Närrin, jüngst der Nabelschnur entlaufen,
Woher kommt die prophetsche Kunde dir?
Welch ein Apostel hat dir das vertraut?

THEOBALD. Seht die Unselige!

KÄTHCHEN *da sie den Vater erblickt, auf ihn zugehend.*

Mein teurer Vater!

Sie will seine Hand ergreifen.

THEOBALD *streng.* Dort ist der Ort jetzt, wo du hingehörst!

KÄTHCHEN.

Weis mich nicht von dir.

Sie faßt seine Hand und küßt sie.

THEOBALD. — Kennst du das Haar noch wieder,
Das deine Flucht mir jüngsthin grau gefärbt?
KÄTHCHEN. Kein Tag verging, daß ich nicht einmal dachte,
Wie seine Locken fallen. Sei geduldig,
Und gib dich nicht unmäßgem Grame preis:
Wenn Freude Locken wieder dunkeln kann,
So sollst du wieder wie ein Jüngling blühn.
GRAF OTTO. Ihr Häscher dort! ergreift sie! bringt sie her!
THEOBALD. Geh hin, wo man dich ruft.
KÄTHCHEN *zu den Richtern, da sich ihr die Häscher nähern.*

                              Was wollt ihr mir?
WENZEL. Saht ihr ein Kind, so störrig je, als dies?
GRAF OTTO *da sie vor der Schranke steht.*

Du sollst hier Antwort geben, kurz und bündig,
Auf unsre Fragen! Denn wir, von unserem
Gewissen eingesetzt, sind deine Richter,
Und an der Strafe, wenn du freveltest,
Wirds deine übermütge Seele fühlen.
KÄTHCHEN.
Sprecht ihr verehrten Herrn; was wollt ihr wissen?
GRAF OTTO. Warum, als Friedrich Graf vom Strahl erschien,
In deines Vaters Haus, bist du zu Füßen,
Wie man vor Gott tut, nieder ihm gestürzt?
Warum warfst du, als er von dannen ritt,
Dich aus dem Fenster sinnlos auf die Straße,
Und folgtest ihm, da kaum dein Bein vernarbt,
Von Ort zu Ort, durch Nacht und Graus und Nebel,
Wohin sein Roß den Fußtritt wendete?
KÄTHCHEN *hochrot zum Grafen.*
Das soll ich hier vor diesen Männern sagen?
DER GRAF VOM STRAHL.
Die Närrin, die verwünschte, sinnverwirrte,
Was fragt sie *mich*? Ists nicht an jener Männer
Gebot, die Sache darzutun, genug?
KÄTHCHEN *in Staub niederfallend.*
Nimm mir, o Herr, das Leben, wenn ich fehlte!
Was in des Busens stillem Reich geschehn,
Und Gott nicht straft, das braucht kein Mensch zu wissen;

Den nenn ich grausam, der mich darum fragt!
Wenn *du* es wissen willst, wohlan, so rede,
Denn dir liegt meine Seele offen da!
HANS. Ward, seit die Welt steht, so etwas erlebt?
WENZEL. Im Staub liegt sie vor ihm –
HANS.   Gestürzt auf Knieen –
WENZEL. Wie wir vor dem Erlöser hingestreckt!
DER GRAF VOM STRAHL *zu den Richtern.*
 Ihr würdgen Herrn, ihr rechnet, hoff ich, mir
 Nicht dieses Mädchens Torheit an! Daß sie
 Ein Wahn betört, ist klar, wenn euer Sinn
 Auch gleich, wie meiner, noch nicht einsieht, welcher?
 Erlaubt ihr mir, so frag ich sie darum:
 Ihr mögt, aus meinen Wendungen entnehmen,
 Ob meine Seele schuldig ist, ob nicht?
GRAF OTTO *ihn forschend ansehend.*
 Es sei! Versuchts einmal, Herr Graf, und fragt sie.
DER GRAF VOM STRAHL
 wendet sich zu Käthchen, die noch immer auf Knieen liegt.
 Willt den geheimsten der Gedanken mir,
 Kathrina, der dir irgend, faß mich wohl,
 Im Winkel wo des Herzens schlummert, geben?
KÄTHCHEN. Das ganze Herz, o Herr, dir, willt du es,
 So bist du sicher des, was darin wohnt.
DER GRAF VOM STRAHL.
 Was ists, mit einem Wort, mir rund gesagt,
 Das dich aus deines Vaters Hause trieb?
 Was fesselt dich an meine Schritte an?
KÄTHCHEN. Mein hoher Herr! Da fragst du mich zuviel.
 Und läg ich so, wie ich vor dir jetzt liege,
 Vor meinem eigenen Bewußtsein da:
 Auf einem goldnen Richtstuhl laß es thronen,
 Und alle Schrecken des Gewissens ihm,
 In Flammenrüstungen, zur Seite stehn;
 So spräche jeglicher Gedanke noch,
 Auf das, was du gefragt: ich weiß es nicht.
DER GRAF VOM STRAHL.
 Du lügst mir, Jungfrau? Willst mein Wissen täuschen?

Mir, der doch das Gefühl dir ganz umstrickt;
Mir, dessen Blick du da liegst, wie die Rose,
Die ihren jungen Kelch dem Licht erschloß? –
Was hab ich dir einmal, du weißt, getan?
Was ist an Leib und Seel dir widerfahren?

KÄTHCHEN. Wo?
DER GRAF VOM STRAHL. Da oder dort.
KÄTHCHEN. Wann?
DER GRAF VOM STRAHL. Jüngst oder früherhin.
KÄTHCHEN. Hilf mir, mein hoher Herr.
DER GRAF VOM STRAHL. Ja, ich dir helfen,
Du wunderliches Ding. –

Er hält inne.

Besinnst du dich auf nichts?

KÄTHCHEN *sieht vor sich nieder.*
DER GRAF VOM STRAHL.
Was für ein Ort, wo du mich je gesehen,
Ist dir im Geist, vor andern, gegenwärtig.
KÄTHCHEN. Der Rhein ist mir vor allen gegenwärtig.
DER GRAF VOM STRAHL.
Ganz recht. Da eben wars. Das wollt ich wissen.
Der Felsen am Gestad des Rheins, wo wir
Zusammen ruhten, in der Mittagshitze.
– Und du gedenkst nicht, was dir da geschehn?
KÄTHCHEN. Nein, mein verehrter Herr.
DER GRAF VOM STRAHL. Nicht? Nicht?
– Was reicht ich deiner Lippe zur Erfrischung?
KÄTHCHEN. Du sandtest, weil ich deines Weins verschmähte,
Den Gottschalk, deinen treuen Knecht, und ließest
Ihn einen Trunk mir, aus der Grotte schöpfen.
DER GRAF VOM STRAHL.
Ich aber nahm dich bei der Hand, und reichte
Sonst deiner Lippe – nicht? Was stockst du da?
KÄTHCHEN. Wann?
DER GRAF VOM STRAHL.
  Eben damals.
KÄTHCHEN. Nein, mein hoher Herr.

DER GRAF VOM STRAHL.
  Jedoch nachher.
KÄTHCHEN.   In Straßburg?
DER GRAF VOM STRAHL.   Oder früher.
KÄTHCHEN. Du hast mich niemals bei der Hand genommen.
DER GRAF VOM STRAHL. Kathrina!
KÄTHCHEN *errötend.*   Ach vergib mir; in Heilbronn!
DER GRAF VOM STRAHL.
  Wann?
KÄTHCHEN.
       Als der Vater dir am Harnisch wirkte.
DER GRAF VOM STRAHL.
  Und sonst nicht?
KÄTHCHEN.   Nein, mein hoher Herr.
DER GRAF VOM STRAHL.   Kathrina!
KÄTHCHEN. Mich bei der Hand?
DER GRAF VOM STRAHL.   Ja, oder sonst, was weiß ich.
KÄTHCHEN *besinnt sich.*
  In Straßburg einst, erinnr' ich mich, beim Kinn.
DER GRAF VOM STRAHL.
  Wann?
KÄTHCHEN.
       Als ich auf der Schwelle saß und weinte,
  Und dir auf was du sprachst, nicht Rede stand.
DER GRAF VOM STRAHL.
  Warum nicht standst du Red?
KÄTHCHEN.   Ich schämte mich.
DER GRAF VOM STRAHL.
  Du schämtest dich? Ganz recht. Auf meinen Antrag.
  Du wardst glutrot bis an den Hals hinab.
  Welch einen Antrag macht ich dir?
KÄTHCHEN.   Der Vater,
  Der würd, sprachst du, daheim im Schwabenland,
  Um mich sich härmen, und befragtest mich,
  Ob ich mit Pferden, die du senden wolltest,
  Nicht nach Heilbronn zu ihm zurück begehrte?
DER GRAF VOM STRAHL *kalt.*
  Davon ist nicht die Rede! – Nun, wo auch,

Wo hab ich sonst im Leben dich getroffen?
– Ich hab im Stall zuweilen dich besucht.
KÄTHCHEN. Nein, mein verehrter Herr.
DER GRAF VOM STRAHL.   Nicht? Katharina!
KÄTHCHEN. Du hast mich niemals in dem Stall besucht,
  Und noch viel wen'ger rührtest du mich an.
DER GRAF VOM STRAHL.
  Was? Niemals?
KÄTHCHEN.   Nein, mein hoher Herr.
DER GRAF VOM STRAHL.   Kathrina!
KÄTHCHEN *mit Affekt.* Niemals, mein hochverehrter Herr, niemals.
DER GRAF VOM STRAHL.
  Nun seht, bei meiner Treu, die Lügnerin!
KÄTHCHEN. Ich will nicht selig sein, ich will verderben,
  Wenn du mich je –!
DER GRAF VOM STRAHL *mit dem Schein der Heftigkeit.*
              Da schwört sie und verflucht
  Sich, die leichtfertge Dirne, noch und meint,
  Gott werd es ihrem jungen Blut vergeben!
  – Was ist geschehn, fünf Tag von hier, am Abend,
  In meinem Stall, als es schon dunkelte,
  Und ich den Gottschalk hieß, sich zu entfernen?
KÄTHCHEN. O! Jesus! Ich bedacht es nicht! –
  Im Stall zu Strahl, da hast du mich besucht.
DER GRAF VOM STRAHL. Nun denn! Da ists heraus! Da hat sie nun
  Der Seelen Seligkeit sich weggeschworen!
  Im Stall zu Strahl, da hab ich sie besucht!

              Käthchen weint.
                Pause.

GRAF OTTO. Ihr quält das Kind zu sehr.
THEOBALD *nähert sich ihr gerührt.*   Komm, meine Tochter.
      Er will sie an seine Brust heben.
KÄTHCHEN. Laß, laß!
WENZEL.   Das nenn ich menschlich nicht verfahren.
GRAF OTTO. Zuletzt ist nichts im Stall zu Strahl geschehen.
DER GRAF VOM STRAHL *sieht sie an.*
  Bei Gott, ihr Herrn, wenn ihr des Glaubens seid:
  Ich bins! Befehlt, so gehn wir aus einander.

GRAF OTTO. Ihr sollt das Kind befragen, ist die Meinung,
Nicht mit barbarischem Triumph verhöhnen.
Seis, daß Natur Euch solche Macht verliehen:
Geübt wie Ihrs tut, ist sie hassenswürdger,
Als selbst die Höllenkunst, der man Euch zeiht.
DER GRAF VOM STRAHL *erhebt das Käthchen vom Boden.*
Ihr Herrn, was ich getan, das tat ich nur,
Sie mit Triumph hier vor euch zu erheben!
Statt meiner – *Auf den Boden hinzeigend.*
         steht mein Handschuh vor Gericht!
Glaubt ihr von Schuld sie rein, wie sie es ist,
Wohl, so erlaubt denn, daß sie sich entferne.
WENZEL.
Es scheint Ihr habt viel Gründe, das zu wünschen?
DER GRAF VOM STRAHL.
Ich? Gründ? Entscheidende! Ihr wollt sie, hoff ich,
Nicht mit barbarschem Übermut verhöhnen?
WENZEL *mit Bedeutung.*
Wir wünschen doch, erlaubt Ihrs, noch zu hören,
Was in dem Stall damals zu Strahl geschehn.
DER GRAF VOM STRAHL.
Das wollt ihr Herrn noch –?
WENZEL.   Allerdings!
DER GRAF VOM STRAHL *glutrot, indem er sich zum Käthchen wendet.*
               Knie nieder!
Käthchen läßt sich auf Knieen vor ihm nieder.
GRAF OTTO. Ihr seid sehr dreist, Herr Friedrich Graf vom Strahl!
DER GRAF VOM STRAHL *zum Käthchen.*
So! Recht! Mir gibst du Antwort und sonst keinem.
HANS. Erlaubt! *Wir* werden sie –
DER GRAF VOM STRAHL *ebenso.*   Du rührst dich nicht!
Hier soll dich keiner richten, als nur der,
Dem deine Seele frei sich unterwirft.
WENZEL. Herr Graf, man wird hier Mittel –
DER GRAF VOM STRAHL *mit unterdrückter Heftigkeit.*
              Ich sage, nein!
Der Teufel soll mich holen, zwingt ihr sie! –
Was wollt ihr wissen, ihr verehrten Herrn?

HANS *auffahrend.*
  Beim Himmel!
WENZEL.   Solch ein Trotz soll –!
HANS.   He! Die Häscher!
GRAF OTTO *halblaut.*
  Laßt, Freunde, laßt! Vergeßt nicht, wer er ist.
ERSTER RICHTER.
  Er hat nicht eben, drückt Verschuldung ihn,
  Mit List sie überhört.
ZWEITER RICHTER.   Das sag ich auch!
  Man kann ihm das Geschäft wohl überlassen.
GRAF OTTO *zum Grafen vom Strahl.*
  Befragt sie, was geschehn, fünf Tag von hier,
  Im Stall zu Strahl, als es schon dunkelte,
  Und Ihr den Gottschalk hießt, sich zu entfernen?
DER GRAF VOM STRAHL *zum Käthchen.*
  Was ist geschehn, fünf Tag von hier, am Abend,
  Im Stall zu Strahl, als es schon dunkelte,
  Und ich den Gottschalk hieß, sich zu entfernen?
KÄTHCHEN. Mein hoher Herr! Vergib mir, wenn ich fehlte;
  Jetzt leg ich alles, Punkt für Punkt, dir dar.
DER GRAF VOM STRAHL.
  Gut. – – Da berühr ich dich und zwar – nicht? Freilich!
  Das schon gestandst du?
KÄTHCHEN.   Ja, mein verehrter Herr.
DER GRAF VOM STRAHL.
  Nun?
KÄTHCHEN.
      Mein verehrter Herr?
DER GRAF VOM STRAHL.   Was will ich wissen?
KÄTHCHEN. Was du willst wissen?
DER GRAF VOM STRAHL.   Heraus damit! Was stockst du?
  Ich nahm, und herzte dich, und küßte dich,
  Und schlug den Arm dir –?
KÄTHCHEN.   Nein, mein hoher Herr.
DER GRAF VOM STRAHL.
  Was sonst?
KÄTHCHEN. Du stießest mich mit Füßen von dir.

DER GRAF VOM STRAHL.
  Mit Füßen? Nein! Das tu ich keinem Hund.
  Warum? Weshalb? Was hattst du mir getan?
KÄTHCHEN. Weil ich dem Vater, der voll Huld und Güte,
  Gekommen war, mit Pferden, mich zu holen,
  Den Rücken, voller Schrecken, wendete,
  Und mit der Bitte, mich vor ihm zu schützen,
  Im Staub vor dir bewußtlos nieder sank.
DER GRAF VOM STRAHL.
  Da hätt ich dich mit Füßen weggestoßen?
KÄTHCHEN. Ja, mein verehrter Herr.
DER GRAF VOM STRAHL. Ei, Possen, was!
  Das war nur Schelmerei, des Vaters wegen.
  Du bliebst doch nach wie vor im Schloß zu Strahl.
KÄTHCHEN. Nein, mein verehrter Herr.
DER GRAF VOM STRAHL. Nicht? Wo auch sonst?
KÄTHCHEN. Als du die Peitsche, flammenden Gesichts,
  Herab vom Riegel nahmst, ging ich hinaus,
  Vor das bemooste Tor, und lagerte
  Mich draußen, am zerfallnen Mauerring
  Wo in süßduftenden Holunderbüschen
  Ein Zeisig zwitschernd sich das Nest gebaut.
DER GRAF VOM STRAHL.
  Hier aber jagt ich dich mit Hunden weg?
KÄTHCHEN. Nein, mein verehrter Herr.
DER GRAF VOM STRAHL. Und als du wichst,
  Verfolgt vom Hundgeklaff, von meiner Grenze,
  Rief ich den Nachbar auf, dich zu verfolgen?
KÄTHCHEN. Nein, mein verehrter Herr! Was sprichst du da?
DER GRAF VOM STRAHL.
  Nicht? Nicht? – Das werden diese Herren tadeln.
KÄTHCHEN. Du kümmerst dich um diese Herren nicht.
  Du sandtest Gottschalk mir am dritten Tage,
  Daß er mir sag: dein liebes Käthchen wär ich;
  Vernünftig aber möcht ich sein, und gehn.
DER GRAF VOM STRAHL.
  Und was entgegnetest du dem?
KÄTHCHEN. Ich sagte,

Den Zeisig littest du, den zwitschernden,
In den süßduftenden Holunderbüschen:
Möchtst denn das Käthchen von Heilbronn auch leiden.

DER GRAF VOM STRAHL *erhebt das Käthchen.*

Nun dann, so nehmt sie hin, ihr Herrn der Vehme,
Und macht mit ihr und mir jetzt, was ihr wollt.

Pause.

GRAF OTTO *unwillig.* Der aberwitzge Träumer, unbekannt
Mit dem gemeinen Zauber der Natur! –
Wenn euer Urteil reif, wie meins, ihr Herrn,
Geh ich zum Schluß, und laß die Stimmen sammeln.

WENZEL.
Zum Schluß!

HANS. Die Stimmen!

ALLE. Sammelt sie!

EIN RICHTER. Der Narr, der!
Der Fall ist klar. Es ist hier nichts zu richten.

GRAF OTTO. Vehmherold, nimm den Helm und sammle sie.

Vehmherold sammelt die Kugeln und bringt den Helm, worin sie liegen, dem Grafen.

GRAF OTTO *steht auf.*

Herr Friedrich Wetter Graf vom Strahl, du bist
Einstimmig von der Vehme losgesprochen,
Und dir dort, Theobald, dir geb ich auf,
Nicht fürder mit der Klage zu erscheinen,
Bis du kannst bessere Beweise bringen.

Zu den Richtern.

Steht auf, ihr Herrn! die Sitzung ist geschlossen.

Die Richter erheben sich.

THEOBALD. Ihr hochverehrten Herrn, ihr sprecht ihn schuldlos?
Gott sagt ihr, hat die Welt aus nichts gemacht;
Und er, der sie durch nichts und wieder nichts
Vernichtet, in das erste Chaos stürzt,
Der sollte nicht der leidge Satan sein?

GRAF OTTO. Schweig, alter, grauer Tor! Wir sind nicht da,
Dir die verrückten Sinnen einzurenken.
Vehmhäscher, an dein Amt! Blend ihm die Augen,
Und führ ihn wieder auf das Feld hinaus.

THEOBALD. Was! Auf das Feld? Mich hilflos greisen Alten?
Und dies mein einzig liebes Kind, –?
GRAF OTTO.   Herr Graf,
Das überläßt die Vehme Euch! Ihr zeigtet
Von der Gewalt, die Ihr hier übt, so manche
Besondre Probe uns; laßt uns noch eine,
Die größeste, bevor wir scheiden, sehn,
Und gebt sie ihrem alten Vater wieder.
DER GRAF VOM STRAHL.
Ihr Herren, was ich tun kann, soll geschehn. –
Jungfrau!
KÄTHCHEN. Mein hoher Herr!
DER GRAF VOM STRAHL.   Du liebst mich?
KÄTHCHEN.   Herzlich!
DER GRAF VOM STRAHL.
So tu mir was zu Lieb.
KÄTHCHEN.   Was willst du? Sprich.
DER GRAF VOM STRAHL.
Verfolg mich nicht. Geh nach Heilbronn zurück.
– Willst du das tun?
KÄTHCHEN.   Ich hab es dir versprochen.

Sie fällt in Ohnmacht.

THEOBALD *empfängt sie.*
Mein Kind! Mein Einziges! Hilf, Gott im Himmel!
DER GRAF VOM STRAHL *wendet sich.*
Dein Tuch her, Häscher!

Er verbindet sich die Augen.

THEOBALD.   O verflucht sei,
Mordschaunder Basiliskengeist! Mußt ich
Auch diese Probe deiner Kunst noch sehn?
GRAF OTTO *vom Richtstuhl herabsteigend.*
Was ist geschehn, ihr Herrn?
WENZEL.   Sie sank zu Boden.

Sie betrachten sie.

DER GRAF VOM STRAHL *zu den Häschern.*
Führt mich hinweg!
THEOBALD.   Der Hölle zu, du Satan!
Laß ihre schlangenhaarigen Pförtner dich

An ihrem Eingang, Zauberer, ergreifen,
Und dich zehntausend Klafter tiefer noch,
Als ihre wildsten Flammen lodern, schleudern!

GRAF OTTO.
Schweig Alter, schweig!

THEOBALD *weint.* Mein Kind! Mein Käthchen!

KÄTHCHEN. Ach!

WENZEL *freudig.*
Sie schlägt die Augen auf!

HANS. Sie wird sich fassen.

GRAF OTTO. Bringt in des Pförtners Wohnung sie! Hinweg!
Alle ab.

ZWEITER AKT

Szene: Wald vor der Höhle des heimlichen Gerichts.

Erster Auftritt

DER GRAF VOM STRAHL *tritt auf, mit verbundenen Augen, geführt von zwei Häschern, die ihm die Augen aufbinden, und alsdann in die Höhle zurückkehren – Er wirft sich auf den Boden nieder und weint.*

Nun will ich hier, wie ein Schäfer liegen und klagen. Die Sonne scheint noch rötlich durch die Stämme, auf welchen die Wipfel des Waldes ruhn; und wenn ich, nach einer kurzen Viertelstunde, sobald sie hinter den Hügel gesunken ist, aufsitze, und mich im Blachfelde, wo der Weg eben ist, ein wenig daran halte, so komme ich noch nach Schloß Wetterstrahl, ehe die Lichter darin erloschen sind. Ich will mir einbilden, meine Pferde dort unten, wo die Quelle rieselt, wären Schafe und Ziegen, die an dem Felsen kletterten, und an Gräsern und bittern Gesträuchen rissen; ein leichtes weißes linnenes Zeug bedeckte mich, mit roten Bändern zusammengebunden, und um mich her flatterte eine Schar muntrer Winde, um die Seufzer, die meiner, von Gram sehr gepreßten, Brust entquillen, gradaus zu der guten Götter Ohr empor zu tragen. Wirklich und wahrhaftig! Ich will meine Muttersprache durchblättern, und das ganze, reiche Kapitel, das diese Überschrift führt: Empfindung, dergestalt plündern, daß kein Reimschmied mehr, auf eine neue Art, soll sagen können: ich bin betrübt. Alles, was die Wehmut Rührendes hat, will ich aufbieten, Lust und in den Tod gehende Betrübnis sollen sich abwechseln, und meine Stimme, wie einen schönen Tänzer, durch alle Beugungen hindurch führen, die die Seele bezaubern; und wenn die Bäume nicht in der Tat bewegt werden, und ihren milden Tau, als ob es geregnet hätte, herabträufeln lassen, so sind sie von Holz, und alles, was uns die Dichter von ihnen sagen, ein bloßes liebliches Märchen. O du – – – wie nenn ich dich? Käthchen! Warum kann ich dich nicht mein nennen? Käthchen, Mädchen, Käthchen! Warum kann ich dich nicht mein nennen? Warum kann ich dich nicht aufheben, und in das duftende Himmelbett tragen, das mir die Mutter, daheim im Prunkgemach, aufgerichtet hat? Käthchen, Käthchen, Käthchen! Du, deren junge Seele, als sie heut nackt vor mir stand, von wollüstiger Schönheit gänzlich triefte, wie die mit Ölen gesalbte Braut eines Perserkönigs, wenn sie, auf alle Teppiche niederregnend, in sein Gemach geführt wird! Käthchen, Mädchen, Käthchen! Warum kann ich es nicht? Du Schönere, als ich singen kann, ich will eine eigene Kunst erfinden, und dich weinen. Alle Phiolen der Empfindung, himmlische und irdische, will ich eröffnen, und eine solche Mischung von Tränen, einen Erguß so eigentümlicher Art, so heilig zugleich und üppig, zusammenschütten, daß jeder Mensch gleich, an dessen Hals ich sie weine, sagen soll: sie fließen dem Käthchen von Heilbronn! – – – Ihr grauen, bärtigen Alten, was wollt ihr? Warum verlaßt ihr eure goldnen Rahmen, ihr Bilder meiner geharnischten Väter, die meinen Rüstsaal bevölkern, und tretet, in unruhiger Versammlung, hier um mich herum, eure ehrwürdigen Locken schüttelnd? Nein, nein, nein! Zum Weibe, wenn ich sie gleich liebe, begehr ich sie nicht; eurem stolzen Reigen will ich mich anschließen: das war beschloßne Sache, noch ehe ihr kamt. Dich aber, Winfried, der ihn führt, du Erster meines Namens, Göttlicher mit der Scheitel des Zeus, dich frag ich, ob die Mutter meines Geschlechts war, wie diese: von jeder frommen Tugend strahlender, makelloser an Leib und Seele, mit

jedem Liebreiz geschmückter, als sie? O Winfried! Grauer
Alter! Ich küsse dir die Hand, und danke dir, daß ich bin;
doch hättest du *sie* an die stählerne Brust gedrückt, du hättest
ein Geschlecht von Königen erzeugt, und Wetter vom Strahl
hieße jedes Gebot auf Erden! Ich weiß, daß ich mich fassen und
diese Wunde vernarben werde: denn welche Wunde vernarbte
nicht der Mensch? Doch wenn ich jemals ein Weib finde,
Käthchen, dir gleich: so will ich die Länder durchreisen, und
die Sprachen der Welt lernen, und Gott preisen in jeder Zunge,
die geredet wird. – Gottschalk!

Zweiter Auftritt

Gottschalk. Der Graf vom Strahl.

GOTTSCHALK *draußen.* Heda! Herr Graf vom Strahl!
DER GRAF VOM STRAHL. Was gibts?
GOTTSCHALK. Was zum Henker! – – Ein Bote ist angekommen
von Eurer Mutter.
DER GRAF VOM STRAHL. Ein Bote?
GOTTSCHALK. Gestreckten Laufs, keuchend, mit verhängtem Zügel;
mein Seel, wenn Euer Schloß ein eiserner Bogen und er ein
Pfeil gewesen wäre, er hätte nicht rascher herangeschossen
werden können.
DER GRAF VOM STRAHL. Was hat er mir zu sagen?
GOTTSCHALK. He! Ritter Franz!

Dritter Auftritt

Ritter Flammberg tritt auf. Die Vorigen.

DER GRAF VOM STRAHL. Flammberg! – Was führt dich so eilig
zu mir her?
FLAMMBERG. Gnädigster Herr! Eurer Mutter, der Gräfin, Gebot;
sie befahl mir den besten Renner zu nehmen, und Euch entgegen zu reiten!
DER GRAF VOM STRAHL. Nun? Und was bringst du mir?
FLAMMBERG. Krieg, bei meinem Eid, Krieg! Ein Aufgebot zu
neuer Fehde, warm, wie sie es eben von des Herolds Lippen
empfangen hat.

DER GRAF VOM STRAHL *betreten.* Wessen? – Doch nicht des Burggrafen, mit dem ich eben den Frieden abschloß?
Er setzt sich den Helm auf.
FLAMMBERG. Des Rheingrafen, des Junkers vom Stein, der unten am weinumblühten Neckar seinen Sitz hat.
DER GRAF VOM STRAHL. Des Rheingrafen! – Was hab ich mit dem Rheingrafen zu schaffen, Flammberg?
FLAMMBERG. Mein Seel! Was hattet Ihr mit dem Burggrafen zu schaffen? Und was wollte so mancher andere von Euch, ehe Ihr mit dem Burggrafen zu schaffen kriegtet? Wenn Ihr den kleinen griechischen Feuerfunken nicht austretet, der diese Kriege veranlaßt, so sollt Ihr noch das ganze Schwabengebirge wider Euch auflodern sehen, und die Alpen und den Hundsrück obenein.
DER GRAF VOM STRAHL. Es ist nicht möglich! Fräulein Kunigunde –
FLAMMBERG. Der Rheingraf fordert, im Namen Fräulein Kunigundens von Thurneck, den Wiederkauf Eurer Herrschaft Stauffen; jener drei Städtlein und siebzehn Dörfer und Vorwerker, Eurem Vorfahren Otto, von Peter, dem ihrigen, unter der besagten Klausel, käuflich abgetreten; grade so, wie dies der Burggraf von Freiburg, und, in früheren Zeiten schon ihre Vettern, in ihrem Namen getan haben.
DER GRAF VOM STRAHL *steht auf.* Die rasende Megäre! Ist das nicht der dritte Reichsritter, den sie mir, einem Hund gleich, auf den Hals hetzt, um mir diese Landschaft abzujagen! Ich glaube, das ganze Reich frißt ihr aus der Hand. Kleopatra fand einen, und als der sich den Kopf zerschellt hatte, schauten die anderen; doch ihr dient alles, was eine Ribbe weniger hat, als sie, und für jeden einzelnen, den ich ihr zerzaust zurücksende, stehen zehn andere wider mich auf – Was führt' er für Gründe an?
FLAMMBERG. Wer? Der Herold?
DER GRAF VOM STRAHL. Was führt' er für Gründe an?
FLAMMBERG. Ei, gestrenger Herr, da hätt er ja rot werden müssen.
DER GRAF VOM STRAHL. Er sprach von Peter von Thurneck – nicht? Und von der Landschaft ungültigem Verkauf?
FLAMMBERG. Allerdings. Und von den schwäbischen Gesetzen;

mischte Pflicht und Gewissen, bei jedem dritten Wort, in die Rede, und rief Gott zum Zeugen an, daß nichts als die reinsten Absichten seinen Herrn, den Rheingrafen, vermöchten, des Fräuleins Sache zu ergreifen.

DER GRAF VOM STRAHL. Aber die roten Wangen der Dame behielt er für sich?

FLAMMBERG. Davon hat er kein Wort gesagt.

DER GRAF VOM STRAHL. Daß sie die Pocken kriegte! Ich wollte, ich könnte den Nachttau in Eimern auffassen, und über ihren weißen Hals ausgießen! Ihr kleines verwünschtes Gesicht ist der letzte Grund aller dieser Kriege wider mich; und so lange ich den Märzschnee nicht vergiften kann, mit welchem sie sich wäscht, hab ich auch vor den Rittern des Landes keine Ruhe. Aber Geduld nur! – Wo hält sie sich jetzt auf?

FLAMMBERG. Auf der Burg zum Stein, wo ihr schon seit drei Tagen Prunkgelage gefeiert werden, daß die Feste des Himmels erkracht, und Sonne, Mond und Sterne nicht mehr angesehen werden. Der Burggraf, den sie verabschiedet hat, soll Rache kochen, und wenn Ihr einen Boten an ihn absendet, so zweifl' ich nicht, er zieht mit Euch gegen den Rheingrafen zu Felde.

DER GRAF VOM STRAHL. Wohlan! Führt mir die Pferde vor, ich will reiten. – Ich habe dieser jungen Aufwieglerin versprochen, wenn sie die Waffen ihres kleinen schelmischen Angesichts nicht ruhen ließe wider mich, so würd ich ihr einen Possen zu spielen wissen, daß sie es ewig in einer Scheide tragen sollte; und so wahr ich diese Rechte aufhebe, ich halte Wort! – Folgt mir, meine Freunde!

Alle ab.

Szene: Köhlerhütte im Gebirg. Nacht, Donner und Blitz.

Vierter Auftritt

Burggraf von Freiburg und Georg von Waldstätten treten auf.

FREIBURG *in die Szene rufend.* Hebt sie vom Pferd herunter! – *Blitz und Donnerschlag.* – Ei, so schlag ein wo du willst; nur nicht auf die Scheitel, belegt mit Kreide, meiner lieben Braut, der Kunigunde von Thurneck!

EINE STIMME *außerhalb.* He! Wo seid Ihr?

FREIBURG. Hier!

GEORG. Habt Ihr jemals eine solche Nacht erlebt?

FREIBURG. Das gießt vom Himmel herab, Wipfel und Bergspitzen ersäufend, als ob eine zweite Sündflut heranbräche. – Hebt sie vom Pferd herunter!

EINE STIMME *außerhalb.* Sie rührt sich nicht.

EINE ANDERE. Sie liegt, wie tot, zu des Pferdes Füßen da.

FREIBURG. Ei, Possen! Das tut sie bloß, um ihre falschen Zähne nicht zu verlieren. Sagt ihr, ich wäre der Burggraf von Freiburg und die echten, die sie im Mund hätte, hätte ich gezählt. – So! bringt sie her.

Ritter Schauermann erscheint, das Fräulein von Thurneck auf der Schulter tragend.

GEORG. Dort ist eine Köhlerhütte.

Fünfter Auftritt

Ritter Schauermann mit dem Fräulein, Ritter Wetzlaf und die Reisigen des Burggrafen. Zwei Köhler. Die Vorigen.

FREIBURG *an die Köhlerhütte klopfend.* Heda!

DER ERSTE KÖHLER *drinnen.* Wer klopfet?

FREIBURG. Frag nicht, du Schlingel, und mach auf.

DER ZWEITE KÖHLER *ebenso.* Holla! Nicht eher bis ich den Schlüssel umgekehrt habe. Wird doch der Kaiser nicht vor der Tür sein?

FREIBURG. Halunke! Wenn nicht der, doch einer, der hier regiert, und den Szepter gleich vom Ast brechen wird, ums dir zu zeigen.

DER ERSTE KÖHLER *auftretend, eine Laterne in der Hand.* Wer seid ihr? Was wollt ihr?

FREIBURG. Ein Rittersmann bin ich; und diese Dame, die hier todkrank herangetragen wird, das ist –

SCHAUERMANN *von hinten.* Das Licht weg!

WETZLAF. Schmeißt ihm die Laterne aus der Hand!

FREIBURG *indem er ihm die Laterne wegnimmt.* Spitzbube! Du willst hier leuchten?
DER ERSTE KÖHLER. Ihr Herren, ich will hoffen, der größeste unter euch bin ich! Warum nehmt ihr mir die Laterne weg?
DER ZWEITE KÖHLER. Wer seid ihr? Und was wollt ihr?
FREIBURG. Rittersleute, du Flegel, hab ich dir schon gesagt!
GEORG. Wir sind reisende Ritter, ihr guten Leute, die das Unwetter überrascht hat.
FREIBURG *unterbricht ihn.* Kriegsmänner, die von Jerusalem kommen, und in ihre Heimat ziehen; und jene Dame dort, die herangetragen wird, von Kopf zu Fuß in einem Mantel eingewickelt, das ist –

Ein Gewitterschlag.

DER ERSTE KÖHLER. Ei, so plärr du, daß die Wolken reißen! – Von Jerusalem, sagt ihr?
DER ZWEITE KÖHLER. Man kann vor dem breitmäuligen Donner kein Wort verstehen.
FREIBURG. Von Jerusalem, ja.
DER ZWEITE KÖHLER. Und das Weibsen, das herangetragen wird –?
GEORG *auf den Burggrafen zeigend.* Das ist des Herren kranke Schwester, ihr ehrlichen Leute, und begehrt –
FREIBURG *unterbricht ihn.* Das ist jenes Schwester, du Schuft, und meine Gemahlin; todkrank, wie du siehst, von Schloßen und Hagel halb erschlagen, so daß sie kein Wort vorbringen kann: die begehrt eines Platzes in deiner Hütte, bis das Ungewitter vorüber und der Tag angebrochen ist.
DER ERSTE KÖHLER. Die begehrt einen Platz in meiner Hütte?
GEORG. Ja, ihr guten Köhler; bis das Gewitter vorüber ist, und wir unsre Reise fortsetzen können.
DER ZWEITE KÖHLER. Mein Seel, da habt ihr Worte gesagt, die waren den Lungenodem nicht wert, womit ihr sie ausgestoßen.
DER ERSTE KÖHLER. Isaak!
FREIBURG. Du willst das tun?
DER ZWEITE KÖHLER. Des Kaisers Hunden, ihr Herrn, wenn sie vor meiner Tür darum heulten. – Isaak! Schlingel! hörst nicht?
JUNGE *in der Hütte.* He! sag ich. Was gibts?

DER ZWEITE KÖHLER. Das Stroh schüttle auf, Schlingel, und die Decken drüberhin; ein krank Weibsen wird kommen und Platz nehmen, in der Hütten! Hörst du?

FREIBURG. Wer spricht drin?

DER ERSTE KÖHLER. Ei, ein Flachskopf von zehn Jahren, der uns an die Hand geht.

FREIBURG. Gut. – Tritt heran, Schauermann! hier ist ein Knebel losgegangen.

SCHAUERMANN. Wo?

FREIBURG. Gleichviel! – In den Winkel mit ihr hin, dort! – – Wenn der Tag anbricht, werd ich dich rufen.

Schauermann trägt das Fräulein in die Hütte.

Sechster Auftritt

Die Vorigen ohne Schauermann und das Fräulein.

FREIBURG. Nun, Georg, alle Saiten des Jubels schlag ich an: wir *haben* sie; wir *haben* diese Kunigunde von Thurneck! So wahr ich nach meinem Vater getauft bin, nicht um den ganzen Himmel, um den meine Jugend gebetet hat, geb ich die Lust weg, die mir beschert ist, wenn der morgende Tag anbricht! –. Warum kamst du nicht früher von Waldstätten herab?

GEORG. Weil du mich nicht früher rufen ließest.

FREIBURG. O, Georg! Du hättest sie sehen sollen, wie sie daher geritten kam, einer Fabel gleich, von den Rittern des Landes umringt, gleich einer Sonne, unter ihren Planeten! Wars nicht, als ob sie zu den Kieseln sagte, die unter ihr Funken sprühten: ihr müßt mir schmelzen, wenn ihr mich seht? Thalestris, die Königin der Amazonen, als sie herabzog vom Kaukasus, Alexander den Großen zu bitten, daß er sie küsse: sie war nicht reizender und göttlicher, als sie.

GEORG. Wo fingst du sie?

FREIBURG. Fünf Stunden, Georg, fünf Stunden von der Steinburg, wo ihr der Rheingraf, durch drei Tage, schallende Jubelfeste gefeiert hatte. Die Ritter, die sie begleiteten, hatten sie kaum verlassen, da werf ich ihren Vetter Isidor, der bei ihr geblieben war, in den Sand, und auf den Rappen mit ihr, und auf und davon.

GEORG. Aber, Max! Max! Was hast du –?

FREIBURG. Ich will dir sagen, Freund –

GEORG. Was bereitest du dir, mit allen diesen ungeheuren Anstalten, vor?

FREIBURG. Lieber! Guter! Wunderlicher! Honig von Hybla, für diese vom Durst der Rache zu Holz vertrocknete Brust. Warum soll dies wesenlose Bild länger, einer olympischen Göttin gleich, auf dem Fußgestell prangen, die Hallen der christlichen Kirchen von uns und unsersgleichen entvölkernd? Lieber angefaßt, und auf den Schutt hinaus, das Oberste zu unterst, damit mit Augen erschaut wird, daß kein Gott in ihm wohnt.

GEORG. Aber in aller Welt, sag mir, was ists, das dich mit so rasendem Haß gegen sie erfüllt?

FREIBURG. O Georg! Der Mensch wirft alles, was er sein nennt, in eine Pfütze, aber kein Gefühl. Georg, ich liebte sie, und sie war dessen nicht wert. Ich liebte sie und ward verschmäht, Georg; und sie war meiner Liebe nicht wert. Ich will dir was sagen – Aber es macht mich blaß, wenn ich daran denke. Georg! Georg! Wenn die Teufel um eine Erfindung verlegen sind: so müssen sie einen Hahn fragen der sich vergebens um eine Henne gedreht hat, und hinterher sieht, daß sie, vom Aussatz zerfressen, zu seinem Spaße nicht taugt.

GEORG. Du wirst keine unritterliche Rache an ihr ausüben?

FREIBURG. Nein; Gott behüt mich! Keinem Knecht mut ich zu, sie an ihr zu vollziehn. – Ich bringe sie nach der Steinburg zum Rheingrafen zurück, wo ich nichts tun will, als ihr das Halstuch abnehmen: das soll meine ganze Rache sein!

GEORG. Was! Das Halstuch abnehmen?

FREIBURG. Ja Georg; und das Volk zusammen rufen.

GEORG. Nun, und wenn das geschehn ist, da willst du –?

FREIBURG. Ei, da will ich über sie philosophieren. Da will ich euch einen metaphysischen Satz über sie geben, wie Platon, und meinen Satz nachher erläutern, wie der lustige Diogenes getan. Der Mensch ist – – Aber still: *Er horcht.*

GEORG. Nun! der Mensch ist? –

FREIBURG. Der Mensch ist, nach Platon, ein zweibeinigtes, ungefiedertes Tier; du weißt, wie Diogenes dies bewiesen; einen

Hahn, glaub ich, rupft' er, und warf ihn unter das Volk. – Und diese Kunigunde, Freund, diese Kunigunde von Thurneck, die ist nach mir – – – Aber still! So wahr ich ein Mann bin: dort steigt jemand vom Pferd!

Siebenter Auftritt

Der Graf vom Strahl und Ritter Flammberg treten auf.
Nachher Gottschalk. – Die Vorigen.

DER GRAF VOM STRAHL *an die Hütte klopfend.* Heda! Ihr wackern Köhlersleute!
FLAMMBERG. Das ist eine Nacht, die Wölfe in den Klüften um ein Unterkommen anzusprechen.
DER GRAF VOM STRAHL. Ists erlaubt, einzutreten?
FREIBURG *ihm in den Weg.* Erlaubt, ihr Herrn! Wer ihr auch sein mögt dort –
GEORG. Ihr könnt hier nicht einkehren.
DER GRAF VOM STRAHL. Nicht? Warum nicht?
FREIBURG. Weil kein Raum drin ist, weder für euch noch für uns. Meine Frau liegt darin todkrank, den einzigen Winkel der leer ist mit ihrer Bedienung erfüllend: ihr werdet sie nicht daraus vertreiben wollen.
DER GRAF VOM STRAHL. Nein, bei meinem Eid! Vielmehr wünsche ich, daß sie sich bald darin erholen möge. – Gottschalk!
FLAMMBERG. So müssen wir beim Gastwirt zum blauen Himmel übernachten.
DER GRAF VOM STRAHL. Gottschalk sag ich!
GOTTSCHALK *draußen.* Hier!
DER GRAF VOM STRAHL. Schaff die Decken her! Wir wollen uns hier ein Lager bereiten, unter den Zweigen.

Gottschalk und der Köhlerjunge treten auf.

GOTTSCHALK *indem er ihnen die Decken bringt.* Das weiß der Teufel, was das hier für eine Wirtschaft ist. Der Junge sagt, drinnen wäre ein geharnischter Mann, der ein Fräulein bewachte: das läge geknebelt und mit verstopftem Munde da, wie ein Kalb, das man zur Schlachtbank bringen will.
DER GRAF VOM STRAHL. Was sagst du? Ein Fräulein? Geknebelt und mit verstopftem Munde? – Wer hat dir das gesagt?

FLAMMBERG. Jung! Woher weißt du das?

KÖHLERJUNGE *erschrocken*. St! – Um aller Heiligen willen! Ihr Herren, was macht ihr?

DER GRAF VOM STRAHL. Komm her.

KÖHLERJUNGE. Ich sage: St!

FLAMMBERG. Jung! Wer hat dir das gesagt? So sprich.

KÖHLERJUNGE *heimlich nachdem er sich umgesehen*. Habs geschaut, ihr Herren. Lag auf dem Stroh, als sie sie hineintrugen, und sprachen, sie sei krank. Kehrt ihr die Lampe zu und erschaut, daß sie gesund war, und Wangen hatt als wie unsre Lore. Und wimmert' und druckt' mir die Händ und blinzelte, und sprach so vernehmlich, wie ein kluger Hund: mach mich los, lieb Bübel, mach mich los! daß ichs mit Augen hört und mit den Fingern verstand.

DER GRAF VOM STRAHL. Jung, du flachsköpfiger; so tus!

FLAMMBERG. Was säumst du? Was machst du?

DER GRAF VOM STRAHL. Bind sie los und schick sie her!

KÖHLERJUNGE *schüchtern*. St! sag ich. – Ich wollt, daß ihr zu Fischen würdet! – Da erheben sich ihrer drei schon und kommen her, und sehen, was es gibt? *Er bläst seine Laterne aus.*

DER GRAF VOM STRAHL. Nichts, du wackrer Junge, nichts.

FLAMMBERG. Sie haben nichts davon gehört.

DER GRAF VOM STRAHL. Sie wechseln bloß um des Regens willen ihre Plätze.

KÖHLERJUNGE *sieht sich um*. Wollt ihr mich schützen?

DER GRAF VOM STRAHL. Ja, so wahr ich ein Ritter bin; das will ich.

FLAMMBERG. Darauf kannst du dich verlassen.

KÖHLERJUNGE. Wohlan! Ich wills dem Vater sagen. – Schaut was ich tue, und ob ich in die Hütte gehe, oder nicht?

Er spricht mit den Alten, die hinten am Feuer stehen, und verliert sich nachher in die Hütte.

FLAMMBERG. Sind das solche Kauze? Beelzebubs-Ritter, deren Ordensmantel die Nacht ist? Eheleute, auf der Landstraße mit Stricken und Banden an einander getraut?

DER GRAF VOM STRAHL. Krank, sagten sie!

FLAMMBERG. Todkrank, und dankten für alle Hülfe!

GOTTSCHALK. Nun wart! Wir wollen sie scheiden.

Pause.

SCHAUERMANN *in der Hütte.* He! holla! Die Bestie!
DER GRAF VOM STRAHL. Auf, Flammberg; erhebe dich!
Sie stehen auf.
FREIBURG. Was gibts?
Die Partei des Burggrafen erhebt sich.
SCHAUERMANN. Ich bin angebunden! Ich bin angebunden!
Das Fräulein erscheint.
FREIBURG. Ihr Götter! Was erblick ich?

Achter Auftritt

Fräulein Kunigunde von Thurneck im Reisekleide, mit entfesselten Haaren. – Die Vorigen.

KUNIGUNDE *wirft sich vor dem Grafen vom Strahl nieder.*
  Mein Retter! Wer Ihr immer seid! Nehmt einer
  Vielfach geschmähten und geschändeten
  Jungfrau Euch an! Wenn Euer ritterlicher Eid
  Den Schutz der Unschuld Euch empfiehlt: hier liegt sie
  In Staub gestreckt, die jetzt ihn von Euch fordert!
FREIBURG. Reißt sie hinweg, ihr Männer!
GEORG *ihn zurückhaltend.*   Max! hör mich an.
FREIBURG. Reißt sie hinweg, sag ich; laßt sie nicht reden!
DER GRAF VOM STRAHL.
  Halt dort ihr Herrn! Was wollt ihr!
FREIBURG.   Was wir wollen?
  Mein Weib will ich, zum Henker! – Auf! ergreift sie!
KUNIGUNDE. Dein Weib? Du Lügnerherz!
DER GRAF VOM STRAHL *streng.*   Berühr sie nicht!
  Wenn du von dieser Dame was verlangst,
  So sagst dus mir! Denn mir gehört sie jetzt,
  Weil sie sich meinem Schutze anvertraut.
       Er erhebt sie.
FREIBURG. Wer bist du, Übermütiger, daß du
  Dich zwischen zwei Vermählte drängst? Wer gibt
  Das Recht dir, mir die Gattin zu verweigern?
KUNIGUNDE. Die Gattin? Bösewicht! Das bin ich nicht!
DER GRAF VOM STRAHL. Und wer bist du, Nichtswürdiger, daß du
  Sie deine Gattin sagst, verfluchter Bube,

Daß du sie dein nennst, geiler Mädchenräuber,
Die Jungfrau, dir vom Teufel in der Hölle,
Mit Knebeln und mit Banden angetraut?

FREIBURG.
Wie? Was? Wer?

GEORG. Max, ich bitte dich.

DER GRAF VOM STRAHL. Wer bist du?

FREIBURG. Ihr Herrn, ihr irrt euch sehr –

DER GRAF VOM STRAHL. Wer bist du, frag ich?

FREIBURG.
Ihr Herren, wenn ihr glaubt, daß ich –

DER GRAF VOM STRAHL. Schafft Licht her!

FREIBURG. Dies Weib hier, das ich mitgebracht, das ist –

DER GRAF VOM STRAHL.
Ich sage Licht herbeigeschafft!

Gottschalk und die Köhler kommen mit Fackeln und Feuerhaken.

FREIBURG. Ich bin –

GEORG *heimlich*. Ein Rasender bist du! Fort! Gleich hinweg!
Willst du auf ewig nicht dein Wappen schänden.

DER GRAF VOM STRAHL.
So, meine wackern Köhler; leuchtet mir!

Freiburg schließt sein Visier.

DER GRAF VOM STRAHL.
Wer bist du jetzt, frag ich? Öffn' das Visier.

FREIBURG. Ihr Herrn, ich bin –

DER GRAF VOM STRAHL. Öffn' das Visier.

FREIBURG. Ihr hört.

DER GRAF VOM STRAHL.
Meinst du, leichtfertger Bube, ungestraft
Die Antwort. mir zu weigern, wie ich dir?

Er reißt ihm den Helm vom Haupt, der Burggraf taumelt.

SCHAUERMANN.
Schmeißt den Verwegenen doch gleich zu Boden!

WETZLAF. Auf! Zieht!

FREIBURG. Du Rasender, welch eine Tat!

Er erhebt sich, zieht und haut nach dem Grafen; der weicht aus.

DER GRAF VOM STRAHL. Du wehrst dich mir, du Afterbräutigam?

Er haut ihn nieder.

So fahr zur Hölle hin, woher du kamst,
Und feire deine Flitterwochen drin!

WETZLAF. Entsetzen! Schaut! Er stürzt, er wankt, er fällt!

FLAMMBERG *dringt vor.*

Auf jetzt, ihr Freunde!

SCHAUERMANN. Fort! Entflieht!

FLAMMBERG. Schlagt drein!
Jagt das Gesindel völlig in die Flucht!

*Die Burggräflichen entweichen; niemand bleibt als Georg, der über den
Burggrafen beschäftigt ist.*

DER GRAF VOM STRAHL *zum Burggrafen.*

Freiburg! Was seh ich? Ihr allmächtgen Götter!
Du bists?

KUNIGUNDE *unterdrückt.*

Der undankbare Höllenfuchs!

DER GRAF VOM STRAHL.

Was galt dir diese Jungfrau, du Unsel'ger?
Was wolltest du mit ihr?

GEORG. – Er kann nicht reden.
Blut füllt, vom Scheitel quellend, ihm den Mund.

KUNIGUNDE. Laßt ihn ersticken drin!

DER GRAF VOM STRAHL. Ein Traum erscheint mirs!
Ein Mensch wie der, so wacker sonst, und gut.
– Kommt ihm zu Hülf, ihr Leute!

FLAMMBERG. Auf! Greift an!
Und tragt ihn dort in jener Hütte Raum.

KUNIGUNDE. Ins Grab! Die Schaufeln her! Er sei gewesen!

DER GRAF VOM STRAHL.

Beruhigt Euch! – Wie er darnieder liegt,
Wird er auch unbeerdigt Euch nicht schaden.

KUNIGUNDE. Ich bitt um Wasser!

DER GRAF VOM STRAHL. Fühlt Ihr Euch nicht wohl?

KUNIGUNDE.

Nichts, nichts – Es ist – Wer hilft? – Ist hier kein Sitz?
– Weh mir! *Sie wankt.*

DER GRAF VOM STRAHL.

Ihr Himmlischen! He! Gottschalk! hilf!

GOTTSCHALK. Die Fackeln her!

KUNIGUNDE. Laßt, laßt!
DER GRAF VOM STRAHL *hat sie auf einen Sitz geführt.*

Es geht vorüber?
KUNIGUNDE. Das Licht kehrt meinen trüben Augen wieder. –
DER GRAF VOM STRAHL.

Was wars, das so urplötzlich Euch ergriff?
KUNIGUNDE. Ach, mein großmütger Retter und Befreier,

Wie nenn ich das? Welch ein entsetzensvoller,
Unmenschlicher Frevel war mir zugedacht?
Denk ich, was ohne Euch, vielleicht schon jetzt,
Mir widerfuhr, hebt sich mein Haar empor,
Und meiner Glieder jegliches erstarrt.
DER GRAF VOM STRAHL.

Wer seid Ihr? Sprecht! Was ist Euch widerfahren?
KUNIGUNDE. O Seligkeit, Euch dies jetzt zu entdecken!

Die Tat, die Euer Arm vollbracht, ist keiner
Unwürdigen geschehen; Kunigunde,
Freifrau von Thurneck, bin ich, daß Ihrs wißt;
Das süße Leben, das Ihr mir erhieltet,
Wird, außer mir, in Thurneck, dankbar noch
Ein ganz Geschlecht Euch von Verwandten lohnen.
DER GRAF VOM STRAHL. Ihr seid? – Es ist nicht möglich? Kunigunde

Von Thurneck? –
KUNIGUNDE. Ja, so sagt ich! Was erstaunt Ihr?
DER GRAF VOM STRAHL *steht auf.*

Nun denn, bei meinem Eid, es tut mir leid,
So kamt Ihr aus dem Regen in die Traufe:
Denn ich bin Friedrich Wetter Graf vom Strahl!
KUNIGUNDE. Was! Euer Name? – Der Name meines Retters? –
DER GRAF VOM STRAHL.

Ist Friedrich Strahl, Ihr hörts. Es tut mir leid,
Daß ich Euch keinen bessern nennen kann.
KUNIGUNDE *steht auf.*

Ihr Himmlischen! Wie prüft ihr dieses Herz?
GOTTSCHALK *heimlich.*

Die Thurneck? hört ich recht?
FLAMMBERG *erstaunt.* Bei Gott! Sie ists!

Pause.

KUNIGUNDE. Es sei. Es soll mir das Gefühl, das hier
In diesem Busen sich entflammt, nicht stören.
Ich will nichts denken, fühlen will ich nichts,
Als Unschuld, Ehre, Leben, Rettung – Schutz
Vor diesem Wolf, der hier am Boden liegt. –
Komm her, du lieber, goldner Knabe, du,
Der mich befreit, nimm diesen Ring von mir,
Es ist jetzt alles, was ich geben kann:
Einst lohn ich würdiger, du junger Held,
Die Tat dir, die mein Band gelöst, die mutige,
Die mich vor Schmach bewahrt, die mich errettet,
Die Tat, die mich zur Seligen gemacht!
Sie wendet sich zum Grafen.
Euch, mein Gebieter – Euer nenn ich alles,
Was mein ist! Sprecht! Was habt Ihr über mich beschlossen?
In Eurer Macht bin ich; was muß geschehn?
Muß ich nach Eurem Rittersitz Euch folgen?
DER GRAF VOM STRAHL *nicht ohne Verlegenheit.*
Mein Fräulein – es ist nicht eben allzuweit.
Wenn Ihr ein Pferd besteigt, so könnt Ihr bei
Der Gräfin, meiner Mutter, übernachten.
KUNIGUNDE. Führt mir das Pferd vor!
DER GRAF VOM STRAHL *nach einer Pause.* Ihr vergebt mir,
Wenn die Verhältnisse, in welchen wir –
KUNIGUNDE.
Nichts, nichts! Ich bitt Euch sehr! Beschämt mich nicht!
In Eure Kerker klaglos würd ich wandern.
DER GRAF VOM STRAHL.
In meinen Kerker! Was! Ihr überzeugt Euch –
KUNIGUNDE *unterbricht ihn.*
Drückt mich mit Eurer Großmut nicht zu Boden! –
Ich bitt um Eure Hand!
DER GRAF VOM STRAHL. He! Fackeln! Leuchtet!
Ab.

Szene: Schloß Wetterstrahl. Ein Gemach in der Burg.

Neunter Auftritt

Kunigunde, in einem halb vollendeten, romantischen Anzuge, tritt auf, und setzt sich vor einer Toilette nieder. Hinter ihr Rosalie und die alte Brigitte.

ROSALIE *zu Brigitten.* Hier, Mütterchen, setz dich! Der Graf vom Strahl hat sich bei meinem Fräulein anmelden lassen; sie läßt sich nur noch die Haare von mir zurecht legen, und mag gern dein Geschwätz hören.

BRIGITTE *die sich gesetzt.* Also Ihr seid Fräulein Kunigunde von Thurneck?

KUNIGUNDE. Ja Mütterchen; das bin ich.

BRIGITTE. Und nennt Euch eine Tochter des Kaisers?

KUNIGUNDE. Des Kaisers? Nein; wer sagt dir das? Der jetzt lebende Kaiser ist mir fremd; die Urenkelin eines der vorigen Kaiser bin ich, die in verflossenen Jahrhunderten, auf dem deutschen Thron saßen.

BRIGITTE. O Herr! Es ist nicht möglich? Die Urenkeltochter –

KUNIGUNDE. Nun ja!

ROSALIE. Hab ich es dir nicht gesagt?

BRIGITTE. Nun, bei meiner Treu, so kann ich mich ins Grab legen: der Traum des Grafen vom Strahl ist aus!

KUNIGUNDE. Welch ein Traum?

ROSALIE. Hört nur, hört! Es ist die wunderlichste Geschichte von der Welt! – – Aber sei bündig, Mütterchen, und spare den Eingang; denn die Zeit, wie ich dir schon gesagt, ist kurz.

BRIGITTE. Der Graf war gegen das Ende des vorletzten Jahres, nach einer seltsamen Schwermut, von welcher kein Mensch die Ursache ergründen konnte, erkrankt; matt lag er da, mit glutrotem Antlitz und phantasierte; die Ärzte, die ihre Mittel erschöpft hatten, sprachen, er sei nicht zu retten. Alles, was in seinem Herzen verschlossen war, lag nun, im Wahnsinn des Fiebers, auf seiner Zunge: er scheide gern, sprach er, von hinnen; das Mädchen, das fähig wäre, ihn zu lieben, sei nicht vorhanden; Leben aber ohne Liebe sei Tod; die Welt nannte er ein Grab, und das Grab eine Wiege, und meinte, er würde nun erst geboren werden. – Drei hintereinander folgende Nächte, während welcher seine Mutter nicht von seinem Bette wich, erzählte er ihr, ihm sei ein Engel erschienen und habe ihm zugerufen: Vertraue, vertraue, vertraue! Auf der Gräfin Frage: ob sein Herz sich, durch diesen Zuruf des Himmlischen, nicht gestärkt fühle? antwortete er: »Gestärkt? Nein!« – und mit einem Seufzer setzte er hinzu: »doch! doch, Mutter! Wenn ich sie werde gesehen haben!« – Die Gräfin fragt: und wirst du sie sehen? »Gewiß!« antwortet er. Wann? fragt sie. Wo? – »In der Silvesternacht, wenn das neue Jahr eintritt; da wird er mich zu ihr führen.« Wer? fragt sie, Lieber; zu wem? »Der Engel«, spricht er, »zu meinem Mädchen« – wendet sich und schläft ein.

KUNIGUNDE. Geschwätz!

ROSALIE. Hört sie nur weiter. – Nun?

BRIGITTE. Drauf in der Silvesternacht, in dem Augenblick, da eben das Jahr wechselt, hebt er sich halb vom Lager empor, starrt, als ob er eine Erscheinung hätte, ins Zimmer hinein, und, indem er mit der Hand zeigt: »Mutter! Mutter! Mutter!« spricht er. Was gibts? fragt sie. »Dort! Dort!« Wo? »Geschwind!« spricht er. – Was? – »Den Helm! Den Harnisch! Das Schwert!« – Wo willst du hin? fragt die Mutter. »Zu ihr«, spricht er, »zu ihr. So! so! so!« und sinkt zurück; «Ade, Mutter ade!« streckt alle Glieder von sich, und liegt wie tot.

KUNIGUNDE. Tot?

ROSALIE. Tot, ja!

KUNIGUNDE. Sie meint, einem Toten gleich.

ROSALIE. Sie sagt, tot! Stört sie nicht. – Nun?

BRIGITTE. Wir horchten an seiner Brust: es war so still darin, wie in einer leeren Kammer. Eine Feder ward ihm vorgehalten, seinen Atem zu prüfen: sie rührte sich nicht. Der Arzt meinte in der Tat, sein Geist habe ihn verlassen; rief ihm ängstlich seinen Namen ins Ohr; reizt' ihn, um ihn zu erwecken, mit Gerüchen; reizt' ihn mit Stiften und Nadeln, riß ihm ein Haar aus, daß sich das Blut zeigte; vergebens: er bewegte kein Glied und lag, wie tot.

KUNIGUNDE. Nun? Darauf?

BRIGITTE. Darauf, nachdem er einen Zeitraum so gelegen, fährt er auf, kehrt sich, mit dem Ausdruck der Betrübnis, der

Wand zu, und spricht: »Ach! Nun bringen sie die Lichter! Nun ist sie mir wieder verschwunden!« – gleichsam, als ob er durch den Glanz derselben verscheucht würde. – Und da die Gräfin sich über ihn neigt und ihn an ihre Brust hebt und spricht: Mein Friedrich! Wo warst du? »Bei ihr«, versetzt er, mit freudiger Stimme; »bei ihr, die mich liebt! bei der Braut, die mir der Himmel bestimmt hat! Geh, Mutter geh, und laß nun in allen Kirchen für mich beten: denn nun wünsch ich zu leben.«

KUNIGUNDE. Und bessert sich wirklich?

ROSALIE. Das eben ist das Wunder.

BRIGITTE. Bessert sich, mein Fräulein, bessert sich, in der Tat; erholt sich, von Stund an, gewinnt, wie durch himmlischen Balsam geheilt, seine Kräfte wieder, und ehe der Mond sich erneut, ist er so gesund wie zuvor.

KUNIGUNDE. Und erzählte? – Was erzählte er nun?

BRIGITTE. Ach, und erzählte, und fand kein Ende zu erzählen: wie der Engel ihn, bei der Hand, durch die Nacht geleitet; wie er sanft des Mädchens Schlafkämmerlein eröffnet, und alle Wände mit seinem Glanz erleuchtend, zu ihr eingetreten sei; wie es dagelegen, das holde Kind, mit nichts, als dem Hemdchen angetan, und die Augen bei seinem Anblick groß aufgemacht, und gerufen habe, mit einer Stimme, die das Erstaunen beklemmt: »Mariane!« welches jemand gewesen sein müsse, der in der Nebenkammer geschlafen; wie sie darauf, vom Purpur der Freude über und über schimmernd, aus dem Bette gestiegen, und sich auf Knieen vor ihm niedergelassen, das Haupt gesenkt, und: mein hoher Herr! gelispelt; wie der Engel ihm darauf, daß es eine Kaisertochter sei, gesagt, und ihm ein Mal gezeigt, das dem Kindlein rötlich auf dem Nacken verzeichnet war, – wie er, von unendlichem Entzücken durchbebt, sie eben beim Kinn gefaßt, um ihr ins Antlitz zu schauen: und wie die unselige Magd nun, die Mariane, mit Licht gekommen, und die ganze Erscheinung bei ihrem Eintritt wieder verschwunden sei.

KUNIGUNDE. Und nun meinst du, diese Kaisertochter sei ich?

BRIGITTE. Wer sonst?

ROSALIE. Das sag ich auch.

BRIGITTE. Die ganze Strahlburg, bei Eurem Einzug, als sie erfuhr, wer Ihr seid, schlug die Hände über den Kopf zusammen und rief: sie ists!

ROSALIE. Es fehlte nichts, als daß die Glocken ihre Zungen gelöst, und gerufen hätten: ja, ja, ja!

KUNIGUNDE *steht auf.* Ich danke dir, Mütterchen, für deine Erzählung. Inzwischen nimm diese Ohrringe zum Andenken, und entferne dich.

Brigitte ab.

Zehnter Auftritt

Kunigunde und Rosalie.

KUNIGUNDE *nachdem sie sich im Spiegel betrachtet, geht gedankenlos ans Fenster und öffnet es. – Pause.*
Hast du mir alles dort zurecht gelegt,
Was ich dem Grafen zugedacht, Rosalie?
Urkunden, Briefe, Zeugnisse?

ROSALIE *am Tisch zurück geblieben.* Hier sind sie.
In diesem Einschlag liegen sie beisammen.

KUNIGUNDE.
Gib mir doch –
Sie nimmt eine Leimrute, die draußen befestigt ist, herein.

ROSALIE. Was, mein Fräulein?

KUNIGUNDE *lebhaft.* Schau, o Mädchen!
Ist dies die Spur von einem Fittich nicht?

ROSALIE *indem sie zu ihr geht.*
Was habt Ihr da?

KUNIGUNDE. Leimruten, die, ich weiß
Nicht wer? an diesem Fenster aufgestellt!
– Sieh, hat hier nicht ein Fittich schon gestreift?

ROSALIE. Gewiß! Da ist die Spur. Was wars? Ein Zeisig?

KUNIGUNDE. Ein Finkenhähnchen wars, das ich vergebens
Den ganzen Morgen schon herangelockt.

ROSALIE. Seht nur dies Federchen. Das ließ er stecken!

KUNIGUNDE *gedankenvoll.*
Gib mir doch –

ROSALIE. Was, mein Fräulein? Die Papiere?

KUNIGUNDE *lacht und schlägt sie.*

Schelmin! – Die Hirse will ich, die dort steht.

Rosalie lacht, und geht und holt die Hirse.

Eilfter Auftritt

Ein Bedienter tritt auf. Die Vorigen.

DER BEDIENTE.

Graf Wetter vom Strahl, und die Gräfin seine Mutter!

KUNIGUNDE *wirft alles aus der Hand.*

Rasch! Mit den Sachen weg.

ROSALIE. Gleich, gleich!

Sie macht die Toilette zu und geht ab.

KUNIGUNDE. Sie werden mir willkommen sein.

Zwölfter Auftritt

Gräfin Helena, der Graf vom Strahl treten auf.
Fräulein Kunigunde.

KUNIGUNDE *ihnen entgegen.*

Verehrungswürdge! Meines Retters Mutter,
Wem dank ich, welchem Umstand, das Vergnügen,
Daß Ihr mir Euer Antlitz schenkt, daß Ihr
Vergönnt, die teuren Hände Euch zu küssen?

GRÄFIN. Mein Fräulein, Ihr demütigt mich. Ich kam,
Um Eure Stirn zu küssen, und zu fragen,
Wie Ihr in meinem Hause Euch befindet?

KUNIGUNDE. Sehr wohl. Ich fand hier alles, was ich brauchte.
Ich hatte nichts von Eurer Huld verdient,
Und Ihr besorgtet mich, gleich einer Tochter.
Wenn irgend etwas mir die Ruhe störte
So war es dies beschämende Gefühl;
Doch ich bedurfte nur den Augenblick,
Um diesen Streit in meiner Brust zu lösen.

Sie wendet sich zum Grafen.

Wie stehts mit Eurer linken Hand, Graf Friedrich?

DER GRAF VOM STRAHL.

Mit meiner Hand? mein Fräulein! Diese Frage,

Ist mir empfindlicher als ihre Wunde!
Der Sattel wars, sonst nichts, an dem ich mich
Unachtsam stieß, Euch hier vom Pferde hebend.
GRÄFIN. Ward sie verwundet? – Davon weiß ich nichts.
KUNIGUNDE. Es fand sich, als wir dieses Schloß erreichten,
Daß ihr, in hellen Tropfen, Blut entfloß.
DER GRAF VOM STRAHL.
Die Hand selbst, seht Ihr, hat es schon vergessen.
Wenns Freiburg war, dem ich im Kampf um Euch,
Dies Blut gezahlt, so kann ich wirklich sagen:
Schlecht war der Preis, um den er Euch verkauft.
KUNIGUNDE. Ihr denkt von seinem Werte so – nicht ich.
Indem sie sich zur Mutter wendet.
– Doch wie? Wollt Ihr Euch, Gnädigste, nicht setzen?
Sie holt einen Stuhl, der Graf bringt die andern. Sie lassen sich sämtlich nieder.
GRÄFIN. Wie denkt Ihr, über Eure Zukunft, Fräulein?
Habt Ihr die Lag, in die das Schicksal Euch
Versetzt, bereits erwogen? Wißt Ihr schon,
Wie Euer Herz darin sich fassen wird?
KUNIGUNDE *bewegt*. Verehrungswürdige und gnädge Gräfin,
Die Tage, die mir zugemessen, denk ich
In Preis und Dank, in immer glühender
Erinnrung des, was jüngst für mich geschehn,
In unauslöschlicher Verehrung Eurer,
Und Eures Hauses, bis auf den letzten Odem,
Der meine Brust bewegt, wenns mir vergönnt ist,
In Thurneck bei den Meinen hinzubringen.
Sie weint.
GRÄFIN. Wann denkt Ihr zu den Euren aufzubrechen?
KUNIGUNDE. Ich wünsche – weil die Tanten mich erwarten,
– Wenns sein kann, morgen, – oder mindestens –
In diesen Tagen, abgeführt zu werden.
GRÄFIN. Bedenkt Ihr auch, was dem entgegen steht?
KUNIGUNDE.
Nichts mehr, erlauchte Frau, wenn Ihr mir nur
Vergönnt, mich offen vor Euch zu erklären.
Sie küßt ihr die Hand; steht auf und holt die Papiere.
Nehmt dies von meiner Hand, Herr Graf vom Strahl.

DER GRAF VOM STRAHL *steht auf.*

Mein Fräulein! Kann ich wissen, was es ist?

KUNIGUNDE. Die Dokumente sinds, den Streit betreffend,
Um Eure Herrschaft Stauffen, die Papiere
Auf die ich meinen Anspruch gründete.

DER GRAF VOM STRAHL.

Mein Fräulein, Ihr beschämt mich, in der Tat!
Wenn dieses Heft, wie Ihr zu glauben scheint,
Ein Recht begründet: weichen will ich Euch,
Und wenn es meine letzte Hütte gälte!

KUNIGUNDE.

Nehmt, nehmt, Herr Graf vom Strahl! Die Briefe sind
Zweideutig, seh ich ein, der Wiederkauf,
Zu dem sie mich berechtigen, verjährt;
Doch wär mein Recht so klar auch, wie die Sonne,
Nicht gegen Euch mehr kann ichs geltend machen.

DER GRAF VOM STRAHL.

Niemals, mein Fräulein, niemals, in der Tat!
Mit Freuden nehm ich, wollt Ihr mir ihn schenken,
Von Euch den Frieden an; doch, wenn auch nur
Der Zweifel eines Rechts auf Stauffen Euer,
Das Dokument nicht, das ihn Euch belegt!
Bringt Eure Sache vor, bei Kaiser und bei Reich,
Und das Gesetz entscheide, wer sich irrte.

KUNIGUNDE *zur Gräfin.*

Befreit denn Ihr, verehrungswürdge Gräfin,
Von diesen leidgen Dokumenten mich,
Die mir in Händen brennen, widerwärtig
Zu dem Gefühl, das mir erregt ist, stimmen,
Und mir auf Gottes weiter Welt zu nichts mehr,
Lebt ich auch neunzig Jahre, helfen können.

GRÄFIN *steht gleichfalls auf.*

Mein teures Fräulein! Eure Dankbarkeit
Führt Euch zu weit. Ihr könnt, was Eurer ganzen
Familie angehört, in einer flüchtigen
Bewegung nicht, die Euch ergriff, veräußern.
Nehmt meines Sohnes Vorschlag an und laßt
In Wetzlar die Papiere untersuchen;

Versichert Euch, Ihr werdet wert uns bleiben,
Man mag auch dort entscheiden, wie man wolle.

KUNIGUNDE *mit Affekt.*

Nun denn, der Anspruch war mein Eigentum!
Ich brauche keinen Vetter zu befragen,
Und meinem Sohn vererb ich einst mein Herz!
Die Herrn in Wetzlar mag ich nicht bemühn:
Hier diese rasche Brust entscheidet so!

Sie zerreißt die Papiere und läßt sie fallen.

GRÄFIN. Mein liebes, junges, unbesonnes Kind,
Was habt Ihr da getan? – – Kommt her,
Weils doch geschehen ist, daß ich Euch küsse.

Sie umarmt sie.

KUNIGUNDE. Ich *will* daß dem Gefühl, das mir entflammt,
Im Busen ist, nichts fürder widerspreche!
Ich *will*, die Scheidewand *soll* niedersinken,
Die zwischen mir und meinem Retter steht!
Ich will mein ganzes Leben ungestört,
Durchatmen, ihn zu preisen, ihn zu lieben.

GRÄFIN *gerührt.*

Gut, gut, mein Töchterchen. Es ist schon gut,
Ihr seid zu sehr erschüttert.

DER GRAF VOM STRAHL. – Ich will wünschen,
Daß diese Tat Euch nie gereuen möge.

Pause.

KUNIGUNDE *trocknet sich die Augen.*

Wann darf ich nun nach Thurneck wiederkehren?

GRÄFIN.

Gleich! *Wann* Ihr wollt! Mein Sohn selbst wird Euch führen!

KUNIGUNDE. So seis – auf morgen denn!

GRÄFIN. Gut! Ihr begehrt es.
Obschon ich gern Euch länger bei mir sähe. –
Doch heut bei Tisch noch macht Ihr uns die Freude?

KUNIGUNDE *verneigt sich.*

Wenn ich mein Herz kann sammeln, wart ich auf.

Ab.

Dreizehnter Auftritt

Gräfin Helena. Der Graf vom Strahl.

DER GRAF VOM STRAHL.
So wahr, als ich ein Mann bin, die begehr ich
Zur Frau!
GRÄFIN.   Nun, nun, nun, nun!
DER GRAF VOM STRAHL.   Was! Nicht?
Du willst, daß ich mir eine wählen soll;
Doch die nicht? Diese nicht? Die nicht?
GRÄFIN.   Was willst du?
Ich sagte nicht, daß sie mir ganz mißfällt.
DER GRAF VOM STRAHL.
Ich will auch nicht, daß heut noch Hochzeit sei:
– Sie ist vom Stamm der alten sächsschen Kaiser.
GRÄFIN. Und der Silvesternachttraum spricht für sie?
Nicht? Meinst du nicht?
DER GRAF VOM STRAHL.   Was soll ichs bergen: ja!
GRÄFIN. Laß uns die Sach ein wenig überlegen.

Ab.

DRITTER AKT

Szene: Gebirg und Wald. Eine Einsiedelei.

Erster Auftritt

Theobald und Gottfried Friedeborn führen das Käthchen von einem Felsen herab.

THEOBALD. Nimm dich in acht, mein liebes Käthchen; der Gebirgspfad, siehst du, hat eine Spalte. Setze deinen Fuß hier auf diesen Stein, der ein wenig mit Moos bewachsen ist; wenn ich wüßte, wo eine Rose wäre, so wollte ich es dir sagen. – So!
GOTTFRIED. Doch hast wohl Gott, Käthchen, nichts von der Reise anvertraut, die du heut zu tun willens warst? – Ich glaubte, an dem Kreuzweg, wo das Marienbild steht, würden zwei Engel kommen, Jünglinge, von hoher Gestalt, mit schneeweißen Fittichen an den Schultern, und sagen: Ade, Theobald! Ade,

Gottfried! Kehrt zurück, von wo ihr gekommen seid; wir werden das Käthchen jetzt auf seinem Wege zu Gott weiter führen. – Doch es war nichts; wir mußten dich ganz bis ans Kloster herbringen.

THEOBALD. Die Eichen sind so still, die auf den Bergen verstreut sind: man hört den Specht, der daran pickt. Ich glaube, sie wissen, daß Käthchen angekommen ist, und lauschen auf das, was sie denkt. Wenn ich mich doch in die Welt auflösen könnte, um es zu erfahren. Harfenklang muß nicht lieblicher sein, als ihr Gefühl; es würde Israel hinweggelockt von David und seinen Zungen neue Psalter gelehrt haben. – Mein liebes Käthchen?

KÄTHCHEN. Mein lieber Vater!

THEOBALD. Sprich ein Wort.

KÄTHCHEN. Sind wir am Ziele?

THEOBALD. Wir sinds. Dort in jenem freundlichen Gebäude, das mit seinen Türmen zwischen die Felsen geklemmt ist, sind die stillen Zellen der frommen Augustinermönche; und hier, der geheiligte Ort, wo sie beten.

KÄTHCHEN. Ich fühle mich matt.

THEOBALD. Wir wollen uns setzen. Komm, gib mir deine Hand, daß ich dich stütze. Hier vor diesem Gitter ist eine Ruhebank, mit kurzem und dichtem Gras bewachsen: schau her, das angenehmste Plätzchen, das ich jemals sah.

Sie setzen sich.

GOTTFRIED. Wie befindest du dich?

KÄTHCHEN. Sehr wohl.

THEOBALD. Du scheinst doch blaß, und deine Stirne ist voll Schweiß?

Pause.

GOTTFRIED. Sonst warst du so rüstig, konntest meilenweit wandern, durch Wald und Feld, und brauchtest nichts, als einen Stein, und das Bündel das du auf der Schulter trugst, zum Pfühl, um dich wieder herzustellen; und heut bist du so erschöpft, daß es scheint, als ob alle Betten, in welchen die Kaiserin ruht, dich nicht wieder auf die Beine bringen würden.

THEOBALD. Willst du mit etwas erquickt sein.

GOTTFRIED. Soll ich gehen und dir einen Trunk Wasser schöpfen?
THEOBALD. Oder suchen wo dir eine Frucht blüht?
GOTTFRIED. Sprich, mein liebes Käthchen!
KÄTHCHEN. Ich danke dir, lieber Vater.
THEOBALD. Du dankst uns.
GOTTFRIED. Du verschmähst alles.
THEOBALD. Du begehrst nichts, als daß ich ein Ende mache: hingehe und dem Prior Hatto, – meinem alten Freund, sage: der alte Theobald sei da, der sein einzig liebes Kind begraben wolle.
KÄTHCHEN. Mein lieber Vater!
THEOBALD. Nun gut. Es soll geschehn. Doch bevor wir die entscheidenden Schritte tun, die nicht mehr zurück zu nehmen sind, will ich dir noch etwas sagen. Ich will dir sagen, was Gottfried und mir eingefallen ist, auf dem Wege hierher, und was, wie uns scheint, ins Werk zu richten notwendig ist, bevor wir den Prior in dieser Sache sprechen. – Willst du es wissen?
KÄTHCHEN. Rede!
THEOBALD. Nun wohlan, so merk auf, und prüfe dein Herz wohl! – Du willst in das Kloster der Ursulinerinnen gehen, das tief im einsamen kieferreichen Gebirge seinen Sitz hat. Die Welt, der liebliche Schauplatz des Lebens, reizt dich nicht mehr; Gottes Antlitz, in Abgezogenheit und Frömmigkeit angeschaut, soll dir Vater, Hochzeit, Kind, und der Kuß kleiner blühender Enkel sein.
KÄTHCHEN. Ja, mein lieber Vater.
THEOBALD *nach einer kurzen Pause.* Wie wärs, wenn du auf ein paar Wochen, da die Witterung noch schön ist, zu dem Gemäuer zurückkehrtest, und dir die Sache ein wenig überlegtest?
KÄTHCHEN. Wie?
THEOBALD. Wenn du wieder hingingst, mein ich, nach der Strahlburg, unter den Holunderstrauch, wo sich der Zeisig das Nest gebaut hat, am Hang des Felsens, du weißt, von wo das Schloß, im Sonnenstrahl funkelnd, über die Gauen des Landes herniederschaut?
KÄTHCHEN. Nein, mein lieber Vater!
THEOBALD. Warum nicht?
KÄTHCHEN. Der Graf, mein Herr, hat es mir verboten.

THEOBALD. Er hat es dir verboten. Gut. Und was er dir verboten hat, das darfst du nicht tun. Doch wie, wenn ich hinginge und ihn bäte, daß er es erlaubte?

KÄTHCHEN. Wie? Was sagst du?

THEOBALD. Wenn ich ihn ersuchte, dir das Plätzchen, wo dir so wohl ist, zu gönnen, und mir die Freiheit würde, dich daselbst mit dem, was du zur Notdurft brauchst, freundlich auszustatten?

KÄTHCHEN. Nein, mein lieber Vater.

THEOBALD. Warum nicht?

KÄTHCHEN *beklemmt.* Das würdest du nicht tun; und wenn du es tätest, so würde es der Graf nicht erlauben; und wenn der Graf es erlaubte, so würd ich doch von seiner Erlaubnis keinen Gebrauch machen.

THEOBALD. Käthchen! Mein liebes Käthchen! Ich will es tun. Ich will mich so vor ihm niederlegen, wie ich es jetzt vor dir tue, und sprechen: mein hoher Herr! erlaubt, daß das Käthchen unter dem Himmel, der über Eure Burg gespannt ist, wohne; reitet Ihr aus, so vergönnt, daß sie Euch von fern, auf einen Pfeilschuß, folge, und räumt ihr, wenn die Nacht kömmt, ein Plätzchen auf dem Stroh ein, das Euren stolzen Rossen untergeschüttet wird. Es ist besser, als daß sie vor Gram vergehe.

KÄTHCHEN *indem sie sich gleichfalls vor ihm niederlegt.* Gott im höchsten Himmel; du vernichtest mich! Du legst mir deine Worte kreuzweis, wie Messer, in die Brust! Ich will jetzt nicht mehr ins Kloster gehen, nach Heilbronn will ich mit dir zurückkehren, ich will den Grafen vergessen, und, wen du willst, heiraten; müßt auch ein Grab mir, von acht Ellen Tiefe, das Brautbett sein.

THEOBALD *der aufgestanden ist und sie aufhebt.* Bist du mir bös, Käthchen?

KÄTHCHEN. Nein, nein! Was fällt dir ein?

THEOBALD. Ich will dich ins Kloster bringen!

KÄTHCHEN. Nimmer und nimmermehr! Weder auf die Strahlburg, noch ins Kloster! – Schaff mir nur jetzt, bei dem Prior, ein Nachtlager, daß ich mein Haupt niederlege, und mich erhole; mit Tagesanbruch, wenn es sein kann, gehen wir zurück. *Sie weint.*

GOTTFRIED. Was hast du gemacht, Alter?
THEOBALD. Ach! Ich habe sie gekränkt!
GOTTFRIED *klingelt*. Prior Hatto ist zu Hause?
PFÖRTNER *öffnet*. Gelobt sei Jesus Christus!
THEOBALD. In Ewigkeit, Amen!
GOTTFRIED. Vielleicht besinnt sie sich!
THEOBALD. Komm, meine Tochter!

Alle ab.

Szene: Eine Herberge.

Zweiter Auftritt

Der Rheingraf vom Stein und Friedrich von Herrnstadt treten auf, ihnen folgt: Jakob Pech, der Gastwirt. Gefolge von Knechten.

RHEINGRAF *zu dem Gefolge*. Laßt die Pferde absatteln! Stellt Wachen aus, auf dreihundert Schritt um die Herberge, und laßt jeden ein, niemand aus! Füttert und bleibt in den Ställen, und zeigt euch, so wenig es sein kann; wenn Eginhardt mit Kundschaft aus der Thurneck zurückkommt, geb ich euch meine weitern Befehle.

Das Gefolge ab.

Wer wohnt hier?
JAKOB PECH. Halten zu Gnaden, ich und meine Frau, gestrenger Herr.
RHEINGRAF. Und hier?
JAKOB PECH. Vieh.
RHEINGRAF. Wie?
JAKOB PECH. Vieh. – Eine Sau mit ihrem Wurf, halten zu Gnaden; es ist ein Schweinstall, von Latten draußen angebaut.
RHEINGRAF. Gut. – Wer wohnt hier?
JAKOB PECH. Wo?
RHEINGRAF. Hinter dieser dritten Tür?
JAKOB PECH. Niemand, halten zu Gnaden.
RHEINGRAF. Niemand?
JAKOB PECH. Niemand gestrenger Herr, gewiß und wahrhaftig. Oder vielmehr jedermann. Es geht wieder aufs offne Feld hinaus.
RHEINGRAF. Gut. – Wie heißest du?

JAKOB PECH. Jakob Pech.
RHEINGRAF. Tritt ab, Jakob Pech. –

Der Gastwirt ab.

RHEINGRAF. Ich will mich hier, wie die Spinne, zusammen knäulen, daß ich aussehe, wie ein Häuflein argloser Staub; und wenn sie im Netz sitzt, diese Kunigunde, über sie herfahren – den Stachel der Rache tief eindrücken in ihre treulose Brust: töten, töten, töten, und ihr Gerippe, als das Monument einer Erzbuhlerin, in dem Gebälke der Steinburg aufbewahren!

FRIEDRICH. Ruhig, ruhig Albrecht! Eginhardt, den du nach Thurneck gesandt hast, ist noch, mit der Bestätigung dessen, was du argwohnst, nicht zurück.

RHEINGRAF. Da hast du recht, Freund; Eginhardt ist noch nicht zurück. Zwar in dem Zettel, den mir die Bübin schrieb, steht: ihre Empfehlung voran; es sei nicht nötig, daß ich mich fürder um sie bemühe; Stauffen sei ihr von dem Grafen vom Strahl, auf dem Wege freundlicher Vermittlung, abgetreten. Bei meiner unsterblichen Seele, hat dies irgend einen Zusammenhang, der rechtschaffen ist: so will ich es hinunterschlucken, und die Kriegsrüstung, die ich für sie gemacht, wieder auseinander gehen lassen. Doch wenn Eginhardt kommt und mir sagt, was mir das Gerüchte schon gesteckt, daß sie ihm mit ihrer Hand verlobt ist: so will ich meine Artigkeit, wie ein Taschenmesser, zusammenlegen, und ihr die Kriegskosten wieder abjagen: müßt ich sie umkehren, und ihr den Betrag helleweise aus den Taschen herausschütteln.

Dritter Auftritt

Eginhardt von der Wart tritt auf. Die Vorigen.

RHEINGRAF. Nun, Freund, alle Grüße treuer Brüderschaft über dich! – Wie stehts auf dem Schlosse zu Thurneck?

EGINHARDT. Freunde, es ist alles, wie der Ruf uns erzählt! Sie gehen mit vollen Segeln auf dem Ozean der Liebe, und ehe der Mond sich erneut, sind sie in den Hafen der Ehe eingelaufen.

RHEINGRAF. Der Blitz soll ihre Masten zersplittern, ehe sie ihn erreichen!

FRIEDRICH. Sie sind miteinander verlobt?

EGINHARDT. Mit dürren Worten, glaub ich, nein; doch wenn Blicke reden, Mienen schreiben und Händedrücke siegeln können, so sind die Ehepakten fertig.

RHEINGRAF. Wie ist es mit der Schenkung von Stauffen zugegangen? Das erzähle!

FRIEDRICH. Wann machte er ihr das Geschenk?

EGINHARDT. Ei! Vorgestern, am Morgen ihres Geburtstags, da die Vettern ihr ein glänzendes Fest in der Thurneck bereitet hatten. Die Sonne schien kaum rötlich auf ihr Lager: da findet sie das Dokument schon auf der Decke liegen; das Dokument, versteht mich, in ein Briefchen des verliebten Grafen eingewickelt, mit der Versicherung, daß es ihr Brautgeschenk sei, wenn sie sich entschließen könne, ihm ihre Hand zu geben.

RHEINGRAF. Sie nahm es? Natürlich! Sie stellte sich vor den Spiegel, knixte, und nahm es?

EGINHARDT. Das Dokument? Allerdings.

FRIEDRICH. Aber die Hand, die dagegen gefordert ward?

EGINHARDT. O die verweigerte sie nicht.

FRIEDRICH. Was! Nicht?

EGINHARDT. Nein. Gott behüte! Wann hätte sie je einem Freier ihre Hand verweigert?

RHEINGRAF. Aber sie hält, wenn die Glocke geht, nicht Wort?

EGINHARDT. Danach habt Ihr mich nicht gefragt.

RHEINGRAF. Wie beantwortete sie den Brief?

EGINHARDT. Sie sei so gerührt, daß ihre Augen, wie zwei Quellen, niederträufelten, und ihre Schrift ertränkten; – die Sprache, an die sie sich wenden müsse, ihr Gefühl auszudrücken, sei ein Bettler. – Er habe, auch ohne dieses Opfer, ein ewiges Recht an ihre Dankbarkeit, und es sei, wie mit einem Diamanten, in ihre Brust geschrieben; – kurz, einen Brief voll doppelsinniger Fratzen, der, wie der Schillertaft, zwei Farben spielt, und weder ja sagt, noch nein.

RHEINGRAF. Nun, Freunde; ihre Zauberei geht, mit diesem Kunststück zu Grabe! Mich betrog sie, und keinen mehr; die Reihe derer, die sie am Narrenseil geführt hat, schließt mit mir ab. – Wo sind die beiden reitenden Boten?

FRIEDRICH *in die Tür rufend.* He!

Vierter Auftritt

Zwei Boten treten auf. Die Vorigen.

RHEINGRAF *nimmt zwei Briefe aus dem Kollett.* Diese beiden Briefe nehmt ihr – diesen du, diesen du; und tragt sie – diesen hier du an den Dominikanerprior Hatto, verstehst du? Ich würd Glock sieben gegen Abend kommen, und Absolution in seinem Kloster empfangen. Diesen hier du an Peter Quanz, Haushofmeister in der Burg zu Thurneck; Schlag zwölf um Mitternacht stünd ich mit meinem Kriegshaufen vor dem Schloß, und bräche ein. Du gehst nicht eher in die Burg, du, bis es finster ist, und lässest dich vor keinem Menschen sehen; verstehst du mich? – Du brauchst das Tageslicht nicht zu scheuen. – Habt ihr mich verstanden?

DIE BOTEN. Gut.

RHEINGRAF *nimmt ihnen die Briefe wieder aus der Hand.* Die Briefe sind doch nicht verwechselt?

FRIEDRICH. Nein, nein.

RHEINGRAF. Nicht? – – Himmel und Erde!

EGINHARDT. Was gibts?

RHEINGRAF. Wer versiegelte sie?

FRIEDRICH. Die Briefe?

RHEINGRAF. Ja!

FRIEDRICH. Tod und Verderben! Du versiegeltest sie selbst!

RHEINGRAF *gibt den Boten die Briefe wieder.* Ganz recht! hier, nehmt! Auf der Mühle, beim Sturzbach, werd ich euch erwarten! – Kommt meine Freunde!

Alle ab.

Szene: Thurneck. Ein Zimmer in der Burg.

Fünfter Auftritt

Der Graf vom Strahl sitzt gedankenvoll an einem Tisch, auf welchem zwei Lichter stehen. Er hält eine Laute in der Hand, und tut einige Griffe darauf. Im Hintergrunde, bei seinen Kleidern und Waffen beschäftigt, Gottschalk.

STIMME *von außen.*
Macht auf! Macht auf! Macht auf!

GOTTSCHALK. Holla! – Wer ruft?

STIMME. Ich, Gottschalk, bins; ich bins, du lieber Gottschalk!
GOTTSCHALK. Wer?
STIMME. Ich!
GOTTSCHALK. Du?
STIMME. Ja!
GOTTSCHALK. Wer?
STIMME. Ich!
DER GRAF VON STRAHL *legt die Laute weg.* Die Stimme kenn ich!
GOTTSCHALK. Mein Seel! Ich hab sie auch schon wo gehört.
STIMME.
  Herr Graf vom Strahl! Macht auf! Herr Graf vom Strahl!
DER GRAF VOM STRAHL.
  Bei Gott! Das ist –
GOTTSCHALK. Das ist, so wahr ich lebe –
STIMME. Das Käthchen ists! Wer sonst! Das Käthchen ists,
  Das kleine Käthchen von Heilbronn!
DER GRAF VOM STRAHL *steht auf.* Wie? Was? zum Teufel!
GOTTSCHALK *legt alles aus der Hand.*
  Du, Mädel? Was? O Herzensmädel! Du?
Er öffnet die Tür.
DER GRAF VOM STRAHL.
  Ward, seit die Welt steht, so etwas –?
KÄTHCHEN *indem sie eintritt.* Ich bins.
GOTTSCHALK. Schaut her, bei Gott! Schaut her, sie ist es selbst!

Sechster Auftritt

Das Käthchen mit einem Brief. Die Vorigen.

DER GRAF VOM STRAHL.
  Schmeiß sie hinaus. Ich will nichts von ihr wissen.
GOTTSCHALK.
  Was! Hört ich recht –?
KÄTHCHEN. Wo ist der Graf vom Strahl?
DER GRAF VOM STRAHL.
  Schmeiß sie hinaus! Ich will nichts von ihr wissen!
GOTTSCHALK *nimmt sie bei der Hand.*
  Wie, gnädiger Herr, vergönnt –!
KÄTHCHEN *reicht ihm den Brief.* Hier! nehmt, Herr Graf!

DER GRAF VOM STRAHL *sich plötzlich zu ihr wendend.*

Was willst du hier? Was hast du hier zu suchen?

KÄTHCHEN *erschrocken.*

Nichts! – Gott behüte! Diesen Brief hier bitt ich –

DER GRAF VOM STRAHL.

Ich *will* ihn nicht! – Was ist dies für ein Brief?
Wo kommt er her? Und was enthält er mir?

KÄTHCHEN. Der Brief hier ist –

DER GRAF VOM STRAHL. Ich will davon nichts wissen!
Fort! Gib ihn unten in dem Vorsaal ab.

KÄTHCHEN. Mein hoher Herr! Laßt bitt ich, Euch bedeuten –

DER GRAF VOM STRAHL *wild.*

Die Dirne, die landstreichend unverschämte!
Ich will nichts von ihr wissen! Hinweg, sag ich!
Zurück nach Heilbronn, wo du hingehörst!

KÄTHCHEN. Herr meines Lebens! Gleich verlaß ich Euch!
Den Brief nur hier, der Euch sehr wichtig ist,
Erniedrigt Euch, von meiner Hand zu nehmen.

DER GRAF VOM STRAHL.

Ich aber *will* ihn nicht! Ich *mag* ihn nicht!
Fort! Augenblicks! Hinweg!

KÄTHCHEN. Mein hoher Herr!

DER GRAF VOM STRAHL *wendet sich.*

Die Peitsche her! An welchem Nagel hängt sie?
Ich will doch sehn, ob ich, vor losen Mädchen,
In meinem Haus nicht Ruh mir kann verschaffen.

Er nimmt die Peitsche von der Wand.

GOTTSCHALK.

O gnädger Herr! Was macht Ihr? Was beginnt Ihr?
Warum auch wollt Ihr, den nicht sie verfaßt,
Den Brief, nicht freundlich aus der Hand ihr nehmen?

DER GRAF VOM STRAHL.

Schweig, alter Esel, du, sag ich.

KÄTHCHEN *zu Gottschalk.* Laß, laß!

DER GRAF VOM STRAHL.

In Thurneck bin ich hier, weiß, was ich tue;
Ich will den Brief aus ihrer Hand nicht nehmen!
– Willst du jetzt gehn?

KÄTHCHEN *rasch*. Ja, mein verehrter Herr!
DER GRAF VOM STRAHL.
 Wohlan!
GOTTSCHALK *halblaut zu Käthchen da sie zittert*.
 Sei ruhig. Fürchte nichts.
DER GRAF VOM STRAHL. So fern dich! –
 Am Eingang steht ein Knecht, dem gib den Brief,
 Und kehr des Weges heim, von wo du kamst.
KÄTHCHEN. Gut, gut. Du wirst mich dir gehorsam finden.
 Peitsch mich nur nicht, bis ich mit Gottschalk sprach. –
  Sie kehrt sich zu Gottschalk um.
 Nimm du den Brief.
GOTTSCHALK. Gib her, mein liebes Kind.
 Was ist dies für ein Brief? Und was enthält er?
KÄTHCHEN. Der Brief hier ist vom Graf vom Stein, verstehst du?
 Ein Anschlag, der noch heut vollführt soll werden,
 Auf Thurneck, diese Burg, darin enthalten,
 Und auf das schöne Fräulein Kunigunde,
 Des Grafen, meines hohen Herren, Braut.
GOTTSCHALK. Ein Anschlag auf die Burg? Es ist nicht möglich!
 Und vom Graf Stein? – Wie kamst du zu dem Brief?
KÄTHCHEN. Der Brief ward Prior Hatto übergeben,
 Als ich mit Vater just, durch Gottes Fügung,
 In dessen stiller Klause mich befand.
 Der Prior, der verstand den Inhalt nicht,
 Und wollt ihn schon dem Boten wiedergeben;
 Ich aber riß den Brief ihm aus der Hand,
 Und eilte gleich nach Thurneck her, euch alles
 Zu melden, in die Harnische zu jagen;
 Denn heut, Schlag zwölf um Mitternacht, soll schon
 Der mörderische Frevel sich vollstrecken.
GOTTSCHALK. Wie kam der Prior Hatto zu dem Brief?
KÄTHCHEN. Lieber, das weiß ich nicht; es ist gleichviel.
 Er ist, du siehst, an irgend wen geschrieben,
 Der hier im Schloß zu Thurneck wohnhaft ist;
 Was er dem Prior soll, begreift man nicht.
 Doch daß es mit dem Anschlag richtig ist,
 Das hab ich selbst gesehn; denn kurz und gut,

Der Graf zieht auf die Thurneck schon heran:
Ich bin ihm, auf dem Pfad hieher, begegnet.
GOTTSCHALK. Du siehst Gespenster, Töchterchen!
KÄTHCHEN. Gespenster! –
Ich sage, nein! So wahr ich Käthchen bin!
Der Graf liegt draußen vor der Burg, und wer
Ein Pferd besteigen will, und um sich schauen,
Der kann den ganzen weiten Wald ringsum
Erfüllt von seinen Reisigen erblicken!
GOTTSCHALK.
– Nehmt doch den Brief, Herr Graf, und seht selbst zu.
Ich weiß nicht, was ich davon denken soll.
DER GRAF VON STRAHL
legt die Peitsche weg, nimmt den Brief und entfaltet ihn.
»Um zwölf Uhr, wenn das Glöckchen schlägt, bin ich
Vor Thurneck. Laß die Tore offen sein.
Sobald die Flamme zuckt, zieh ich hinein.
Auf niemand münz ich es, als Kunigunden,
Und ihren Bräutigam, den Graf vom Strahl:
Tu mir zu wissen, Alter, wo sie wohnen.«
GOTTSCHALK. Ein Höllenfrevel! – Und die Unterschrift?
DER GRAF VOM STRAHL. Das sind drei Kreuze.
Pause.
Wie stark fandst du den Kriegstroß, Katharina?
KÄTHCHEN.
Auf sechzig Mann, mein hoher Herr, bis siebzig.
DER GRAF VOM STRAHL.
Sahst du ihn selbst den Graf vom Stein?
KÄTHCHEN. Ihn nicht.
DER GRAF VOM STRAHL.
Wer führte seine Mannschaft an?
KÄTHCHEN. Zwei Ritter,
Mein hochverehrter Herr, die ich nicht kannte.
DER GRAF VOM STRAHL.
Und jetzt, sagst du, sie lägen vor der Burg?
KÄTHCHEN. Ja, mein verehrter Herr.
DER GRAF VOM STRAHL. Wie weit von hier?
KÄTHCHEN. Auf ein dreitausend Schritt, verstreut im Walde.

DER GRAF VOM STRAHL.
   Rechts, auf der Straße?
KÄTHCHEN.   Links, im Föhrengrunde,
   Wo überm Sturzbach sich die Brücke baut.
                    Pause.
GOTTSCHALK. Ein Anschlag, greuelhaft, und unerhört!
DER GRAF VOM STRAHL *steckt den Brief ein.*
   Ruf mir sogleich die Herrn von Thurneck her!
   – Wie hoch ists an der Zeit?
GOTTSCHALK.   Glock halb auf zwölf.
DER GRAF VOM STRAHL.
   So ist kein Augenblick mehr zu verlieren.
                Er setzt sich den Helm auf.
GOTTSCHALK.
   Gleich, gleich; ich gehe schon! – Komm, liebes Käthchen,
   Daß ich dir das erschöpfte Herz erquicke! –
   Wie großen Dank, bei Gott, sind wir dir schuldig?
   So in der Nacht, durch Wald und Feld und Tal –
DER GRAF VOM STRAHL.
   Hast du mir sonst noch, Jungfrau, was zu sagen?
KÄTHCHEN. Nein, mein verehrter Herr.
DER GRAF VOM STRAHL.   – Was suchst du da?
KÄTHCHEN *sich in den Busen fassend.*
   Den Einschlag, der vielleicht dir wichtig ist.
   Ich glaub, ich hab –? Ich glaub, er ist –?
                    Sie sieht sich um.
DER GRAF VOM STRAHL.   Der Einschlag?
KÄTHCHEN.
   Nein, hier.
        Sie nimmt das Kuvert und gibt es dem Grafen.
DER GRAF VOM STRAHL.
        Gib her!
             Er betrachtet das Papier.
             Dein Antlitz speit ja Flammen! –
   Du nimmst dir gleich ein Tuch um, Katharina,
   Und trinkst nicht ehr, bis du dich abgekühlt.
   – Du aber hast keins?
KÄTHCHEN.   Nein –

DER GRAF VOM STRAHL *macht sich die Schärpe los – wendet sich plötzlich,
und wirft sie auf den Tisch.* So nimm die Schürze.
Nimmt die Handschuh und zieht sie sich an.

Wenn du zum Vater wieder heim willst kehren,
Werd ich, wie sichs von selbst versteht –
Er hält inne.

KÄTHCHEN. Was wirst du?
DER GRAF VOM STRAHL *erblickt die Peitsche.*

Was macht die Peitsche hier?
GOTTSCHALK. Ihr selbst ja nahmt sie –!
DER GRAF VOM STRAHL *ergrimmt.*

Hab ich hier Hunde, die zu schmeißen sind?

*Er wirft die Peitsche, daß die Scherben niederklirren, durchs Fenster;
hierauf zu Käthchen:*

Pferd dir, mein liebes Kind, und Wagen geben,
Die sicher nach Heilbronn dich heimgeleiten.
– Wann denkst du heim?
KÄTHCHEN *zitternd.* Gleich, mein verehrter Herr.
DER GRAF VOM STRAHL *streichelt ihre Wangen.*

Gleich nicht! Du kannst im Wirtshaus übernachten.
Er weint.

– Was glotzt er da? Geh, nimm die Scherben auf!

*Gottschalk hebt die Scherben auf. Er nimmt die Schärpe vom Tisch,
und gibt sie Käthchen.*

Da! Wenn du dich gekühlt, gib mir sie wieder.
KÄTHCHEN *sie will seine Hand küssen.*

Mein hoher Herr!
DER GRAF VOM STRAHL *wendet sich von ihr ab.*

Leb wohl! Leb wohl! Leb wohl!
Getümmel und Glockenklang draußen.

GOTTSCHALK. Gott, der Allmächtige!
KÄTHCHEN. Was ist? Was gibts?
GOTTSCHALK.
Ist das nicht Sturm?
KÄTHCHEN. Sturm?
DER GRAF VOM STRAHL. Auf! Ihr Herrn von Thurneck!
Der Rheingraf, beim Lebendgen, ist schon da!
Alle ab.

*Szene: Platz vor dem Schloß. Es ist Nacht. Das Schloß
brennt. Sturmgeläute.*

Siebenter Auftritt

EIN NACHTWÄCHTER *tritt auf und stößt ins Horn.* Feuer! Feuer! Feuer! Erwacht ihr Männer von Thurneck, ihr Weiber und Kinder des Fleckens erwacht! Werft den Schlaf nieder, der, wie ein Riese, über euch liegt; besinnt euch, ersteht und erwacht! Feuer! Der Frevel zog auf Socken durchs Tor! Der Mord steht, mit Pfeil und Bogen, mitten unter euch, und die Verheerung, um ihm zu leuchten, schlägt ihre Fackel an alle Ecken der Burg! Feuer! Feuer! O daß ich eine Lunge von Erz und ein Wort hätte, das sich mehr schreien ließe, als dies: Feuer! Feuer! Feuer!

Achter Auftritt

*Der Graf vom Strahl. Die drei Herren von Thurneck. Gefolge.
Der Nachtwächter.*

DER GRAF VOM STRAHL. Himmel und Erde! Wer steckte das Schloß in Brand? – Gottschalk!
GOTTSCHALK *außerhalb der Szene.* He!
DER GRAF VOM STRAHL. Mein Schild, meine Lanze!
RITTER VON THURNECK. Was ist geschehn?
DER GRAF VOM STRAHL. Fragt nicht, nehmt was hier steht, fliegt auf die Wälle, kämpft und schlagt um euch, wie angeschossene Eber!
RITTER VON THURNECK. Der Rheingraf ist vor den Toren?
DER GRAF VOM STRAHL. Vor den Toren, ihr Herrn, und ehe ihr den Riegel vorschiebt, drin: Verräterei, im Innern des Schlosses, hat sie ihm geöffnet!
RITTER VON THURNECK. Der Mordanschlag, der unerhörte! – Auf!

Ab mit Gefolge.

DER GRAF VOM STRAHL. Gottschalk!
GOTTSCHALK *außerhalb.* He!
DER GRAF VOM STRAHL. Mein Schwert! Mein Schild! meine Lanze.

Neunter Auftritt

Das Käthchen tritt auf. Die Vorigen.

KÄTHCHEN *mit Schwert, Schild und Lanze.* Hier!
DER GRAF VOM STRAHL *indem er das Schwert nimmt und es sich umgürtet.* Was willst du?
KÄTHCHEN. Ich bringe dir die Waffen.
DER GRAF VOM STRAHL. Dich rief ich nicht!
KÄTHCHEN. Gottschalk rettet.
DER GRAF VOM STRAHL. Warum schickt er den Buben nicht? – Du dringst dich schon wieder auf?

Der Nachtwächter stößt wieder ins Horn.

Zehnter Auftritt

Ritter Flammberg mit Reisigen. Die Vorigen.

FLAMMBERG. Ei, so blase du, daß dir die Wangen bersten! Fische und Maulwürfe wissen, daß Feuer ist, was braucht es deines gotteslästerlichen Gesangs, um es uns zu verkündigen?
DER GRAF VOM STRAHL. Wer da?
FLAMMBERG. Strahlburgische!
DER GRAF VOM STRAHL. Flammberg?
FLAMMBERG. Er selbst!
DER GRAF VOM STRAHL. Tritt heran! – Verweil hier, bis wir erfahren, wo der Kampf tobt!

Eilfter Auftritt

Die Tanten von Thurneck treten auf. Die Vorigen.

ERSTE TANTE. Gott helf uns!
DER GRAF VOM STRAHL. Ruhig, ruhig.
ZWEITE TANTE. Wir sind verloren! Wir sind gespießt.
DER GRAF VOM STRAHL. Wo ist Fräulein Kunigunde, eure Nichte?
DIE TANTEN. Das Fräulein, unsre Nichte?
KUNIGUNDE *im Schloß.* Helft! Ihr Menschen! Helft!
DER GRAF VOM STRAHL. Gott im Himmel! War das nicht ihre Stimme?

Er gibt Schild und Lanze an Käthchen.

ERSTE TANTE. Sie rief! – Eilt, eilt!

ZWEITE TANTE. Dort erscheint sie im Portal!

ERSTE TANTE. Geschwind! Um aller Heiligen! Sie wankt, sie fällt!

ZWEITE TANTE. Eilt sie zu unterstützen!

Zwölfter Auftritt

Kunigunde von Thurneck. Die Vorigen.

DER GRAF VOM STRAHL *empfängt sie in seinen Armen.*

Meine Kunigunde!

KUNIGUNDE *schwach.*

Das Bild, das Ihr mir jüngst geschenkt, Graf Friedrich!
Das Bild mit dem Futtral!

DER GRAF VOM STRAHL. Was solls? Wo ists?

KUNIGUNDE. Im Feu'r! Weh mir! Helft! Rettet! Es verbrennt.

DER GRAF VOM STRAHL.

Laßt, laßt! Habt Ihr mich selbst nicht, Teuerste?

KUNIGUNDE.

Das Bild mit dem Futtral, Herr Graf vom Strahl!
Das Bild mit dem Futtral!

KÄTHCHEN *tritt vor.* Wo liegts, wo stehts?

Sie gibt Schild und Lanze an Flammberg.

KUNIGUNDE.

Im Schreibtisch! Hier, mein Goldkind, ist der Schlüssel!

Käthchen geht.

DER GRAF VOM STRAHL.

Hör, Käthchen!

KUNIGUNDE. Eile!

DER GRAF VOM STRAHL. Hör, mein Kind!

KUNIGUNDE. Hinweg!

Warum auch stellt Ihr wehrend Euch –?

DER GRAF VOM STRAHL. Mein Fräulein,

Ich will zehn andre Bilder Euch statt dessen –

KUNIGUNDE *unterbricht ihn.*

Dies brauch ich, dies; sonst keins! – Was es mir gilt,
Ist hier der Ort jetzt nicht, Euch zu erklären. –
Geh, Mädchen geh, schaff Bild mir und Futtral:
Mit einem Diamanten lohn ichs dir!

DER GRAF VOM STRAHL.
 Wohlan, so schaffs! Es ist der Törin recht!
 Was hatte sie an diesem Ort zu suchen?
KÄTHCHEN. Das Zimmer – rechts?
KUNIGUNDE.   Links, Liebchen; eine Treppe,
 Dort, wo der Altan, schau, den Eingang ziert!
KÄTHCHEN. Im Mittelzimmer?
KUNIGUNDE.   In dem Mittelzimmer!
 Du fehlst nicht, lauf; denn die Gefahr ist dringend!
KÄTHCHEN. Auf! Auf! Mit Gott! Mit Gott! Ich bring es Euch!
Ab.

Dreizehnter Auftritt

Die Vorigen, ohne Käthchen.

DER GRAF VOM STRAHL.
 Ihr Leut, hier ist ein Beutel Gold für den,
 Der in das Haus ihr folgt!
KUNIGUNDE.   Warum? Weshalb?
DER GRAF VOM STRAHL.
 Veit Schmidt! Hans, du! Karl Böttiger! Fritz Töpfer!
 Ist niemand unter euch?
KUNIGUNDE.   Was fällt Euch ein?
DER GRAF VOM STRAHL.
 Mein Fräulein, in der Tat, ich muß gestehn –
KUNIGUNDE. Welch ein besondrer Eifer glüht Euch an? –
 Was ist dies für ein Kind?
DER GRAF VOM STRAHL.   – Es ist die Jungfrau,
 Die heut mit so viel Eifer uns gedient.
KUNIGUNDE. Bei Gott, und wenns des Kaisers Tochter wäre!
 – Was fürchtet Ihr? Das Haus, wenn es gleich brennt,
 Steht, wie ein Fels, auf dem Gebälke noch;
 Sie wird, auf diesem Gang, nicht gleich verderben.
 Die Treppe war noch unberührt vom Strahl;
 Rauch ist das einzge Übel, das sie findet.
KÄTHCHEN *erscheint in einem brennenden Fenster.*
 Mein Fräulein! He! Hilf Gott! Der Rauch erstickt mich!
 – Es ist der rechte Schlüssel nicht.

DER GRAF VOM STRAHL *zu Kunigunden.* Tod und Teufel!
 Warum regiert Ihr Eure Hand nicht besser?
KUNIGUNDE. Der rechte Schlüssel nicht?
KÄTHCHEN *mit schwacher Stimme.* Hilf Gott! Hilf Gott!
DER GRAF VOM STRAHL.
 Komm herab, mein Kind!
KUNIGUNDE. Laßt, laßt!
DER GRAF VOM STRAHL. Komm herab, sag ich!
 Was sollst du ohne Schlüssel dort? Komm herab!
KUNIGUNDE.
 Laßt einen Augenblick –!
DER GRAF VOM STRAHL. Wie? Was, zum Teufel!
KUNIGUNDE. Der Schlüssel, liebes Herzens-Töchterchen,
 Hängt, jetzt erinnr' ich michs, am Stift des Spiegels,
 Der überm Putztisch glänzend eingefugt!
KÄTHCHEN. Am Spiegelstift?
DER GRAF VOM STRAHL. Beim Gott der Welt! Ich wollte,
 Er hätte nie gelebt, der mich gezeichnet,
 Und er, der mich gemacht hat, obenein!
 – So such!
KUNIGUNDE. Mein Augenlicht! Am Putztisch, hörst du?
KÄTHCHEN *indem sie das Fenster verläßt.*
 Wo ist der Putztisch? Voller Rauch ist alles.
DER GRAF VOM STRAHL.
 Such!
KUNIGUNDE.
   An der Wand rechts.
KÄTHCHEN *unsichtbar.* Rechts?
DER GRAF VOM STRAHL. Such, sag ich!
KÄTHCHEN *schwach.*
 Hilf Gott! Hilf Gott! Hilf Gott!
DER GRAF VOM STRAHL. Ich sage, such! –
 Verflucht die hündische Dienstfertigkeit!
FLAMMBERG.
 Wenn sie nicht eilt: das Haus stürzt gleich zusammen!
DER GRAF VOM STRAHL.
 Schafft eine Leiter her!
KUNIGUNDE. Wie, mein Geliebter?

DER GRAF VOM STRAHL. Schafft eine Leiter her! Ich will hinauf.
KUNIGUNDE.
  Mein teurer Freund! Ihr selber wollt –?
DER GRAF VOM STRAHL. Ich bitte!
  Räumt mir den Platz! Ich will das Bild Euch schaffen.
KUNIGUNDE. Harrt einen Augenblick noch, ich beschwör Euch.
  Sie bringt es gleich herab.
DER GRAF VOM STRAHL. Ich sage, laßt mich! –
  Putztisch und Spiegel ist, und Nagelstift,
  Ihr unbekannt, mir nicht; ich finds heraus,
  Das Bild von Kreid und Öl auf Leinewand,
  Und brings Euch her, nach Eures Herzens Wunsch.

Vier Knechte bringen eine Feuerleiter.

  – Hier! Legt die Leiter an!
ERSTER KNECHT *vorn, indem er sich umsieht.*
                    Holla! Da hinten!
EIN ANDERER *zum Grafen.*
  Wo?
DER GRAF VOM STRAHL.
    Wo das Fenster offen ist.
DIE KNECHTE *heben die Leiter auf.* O ha!
DER ERSTE *vorn.*
  Blitz! Bleibt zurück, ihr hinten da! Was macht ihr?
  Die Leiter ist zu lang!
DIE ANDEREN *hinten.* Das Fenster ein!
  Das Kreuz des Fensters eingestoßen! So!
FLAMMBERG *der mit geholfen.*
  Jetzt steht die Leiter fest und rührt sich nicht!
DER GRAF VOM STRAHL *wirft sein Schwert weg.*
  Wohlan denn!
KUNIGUNDE. Mein Geliebter! Hört mich an!
DER GRAF VOM STRAHL.
  Ich bin gleich wieder da!

Er setzt einen Fuß auf die Leiter.

FLAMMBERG *aufschreiend.* Halt! Gott im Himmel!
KUNIGUNDE *eilt erschreckt von der Leiter weg.*
  Was gibts?

DIE KNECHTE. Das Haus sinkt! Fort zurücke!
ALLE. Heiland der Welt! Da liegts in Schutt und Trümmern!

Das Haus sinkt zusammen, der Graf wendet sich, und drückt beide Hände vor die Stirne; alles, was auf der Bühne ist, weicht zurück und wendet sich gleichfalls ab. – Pause.

Vierzehnter Auftritt

Käthchen tritt rasch, mit einer Papierrolle, durch ein großes Portal, das stehen geblieben ist, auf; hinter ihr ein Cherub in der Gestalt eines Jünglings, von Licht umflossen, blondlockig, Fittiche an den Schultern und einen Palmzweig in der Hand.

KÄTHCHEN

so wie sie aus dem Portal ist, kehrt sie sich, und stürzt vor ihm nieder.

Schirmt mich, ihr Himmlischen! Was widerfährt mir?

DER CHERUB

berührt ihr Haupt mit der Spitze des Palmenzweigs, und verschwindet.

Pause.

Fünfzehnter Auftritt

Die Vorigen ohne den Cherub.

KUNIGUNDE *sieht sich zuerst um.*

Nun, beim lebendgen Gott, ich glaub, ich träume! –
Mein Freund! Schaut her!

DER GRAF VOM STRAHL *vernichtet.*

Flammberg!

Er stützt sich auf seine Schulter.

KUNIGUNDE.   Ihr Vettern! Tanten! –
Herr Graf! so hört doch an!

DER GRAF VOM STRAHL *schiebt sie von sich.*

Geht, geht! – – Ich bitt Euch!

KUNIGUNDE. Ihr Toren! Seid ihr Säulen Salz geworden?
Gelöst ist alles glücklich.

DER GRAF VOM STRAHL *mit abgewandtem Gesicht.*

Trostlos mir!

Die Erd hat nichts mehr Schönes. Laßt mich sein.

FLAMMBERG *zu den Knechten.*

Rasch, Brüder, rasch!

EIN KNECHT. Herbei, mit Hacken, Spaten!
EIN ANDERER. Laßt uns den Schutt durchsuchen, ob sie lebt!
KUNIGUNDE *scharf*. Die alten, bärtgen Gecken, die! das Mädchen,
    Das sie verbrannt zur Feuersasche glauben,
    Frisch und gesund am Boden liegt sie da,
    Die Schürze kichernd vor dem Mund, und lacht!
DER GRAF VOM STRAHL *wendet sich*.
    Wo?
KUNIGUNDE.
    Hier!
FLAMMBERG. Nein, sprecht! Es ist nicht möglich.
DIE TANTEN.
    Das Mädchen wär –?
ALLE. O Himmel! Schaut! Da liegt sie.
DER GRAF VOM STRAHL *tritt zu ihr und betrachtet sie*.
    Nun über dich schwebt Gott mit seinen Scharen!

            Er erhebt sie vom Boden.

    Wo kommst du her?
KÄTHCHEN. Weiß nit, mein hoher Herr.
DER GRAF VOM STRAHL.
    Hier stand ein Haus, dünkt mich, und du warst drin.
    – Nicht? Wars nicht so?
FLAMMBERG. – Wo warst du, als es sank?
KÄTHCHEN.
    Weiß nit, ihr Herren, was mir widerfahren.

            Pause.

DER GRAF VOM STRAHL.
    Und hat noch obenein das Bild.

            Er nimmt ihr die Rolle aus der Hand.

KUNIGUNDE *reißt sie an sich*. Wo?
DER GRAF VOM STRAHL. Hier.
KUNIGUNDE *erblaßt*.
DER GRAF VOM STRAHL.
    Nicht? Ists das Bild nicht? – Freilich!
DIE TANTEN. Wunderbar!
FLAMMBERG.
    Wer gab dir es? Sag an!

KUNIGUNDE *indem sie ihr mit der Rolle einen Streich auf die Backen gibt.*
                    Die dumme Trine!
Hatt ich ihr nicht gesagt, das Futteral?
DER GRAF VOM STRAHL.
Nun, beim gerechten Gott, das muß ich sagen –!
– Ihr wolltet das Futtral?
KUNIGUNDE.   Ja und nichts anders!
Ihr hattet Euren Namen drauf geschrieben;
Es war mir wert, ich hatts ihr eingeprägt.
DER GRAF VOM STRAHL.
Wahrhaftig, wenn es sonst nichts war –
KUNIGUNDE.   So? Meint Ihr?
Das kommt zu prüfen *mir* zu und nicht *Euch*.
DER GRAF VOM STRAHL.
Mein Fräulein, Eure Güte macht mich stumm.
KUNIGUNDE *zu Käthchen.*
Warum nahmst dus heraus, aus dem Futteral?
DER GRAF VOM STRAHL.
Warum nahmst dus heraus, mein Kind?
KÄTHCHEN.   Das Bild?
DER GRAF VOM STRAHL.   Ja!
KÄTHCHEN.
Ich nahm es nicht heraus, mein hoher Herr.
Das Bild, halb aufgerollt, im Schreibtischwinkel,
Den ich erschloß, lag neben dem Futtral.
KUNIGUNDE.
Fort! – das Gesicht der Äffin!
DER GRAF VOM STRAHL.   Kunigunde! –
KÄTHCHEN. Hätt ichs hinein erst wieder ordentlich
In das Futtral –?
DER GRAF VOM STRAHL.
             Nein, nein, mein liebes Käthchen!
Ich lobe dich, du hast es recht gemacht.
Wie konntest du den Wert der Pappe kennen?
KUNIGUNDE.
Ein Satan leitet' ihr die Hand!
DER GRAF VOM STRAHL.   Sei ruhig! –
Das Fräulein meint es nicht so bös. – Tritt ab.

KÄTHCHEN.

Wenn *du* mich nur nicht schlägst, mein hoher Herr!

Sie geht zu Flammberg und mischt sich im Hintergrund unter die Knechte.

Sechzehnter Auftritt

Die Herren von Thurneck. Die Vorigen.

RITTER VON THURNECK.

Triumph, ihr Herrn! Der Sturm ist abgeschlagen!
Der Rheingraf zieht mit blutgem Schädel heim!

FLAMMBERG. Was! Ist er fort?

VOLK. Heil, Heil!

DER GRAF VOM STRAHL. Zu Pferd, zu Pferd!
Laßt uns den Sturzbach ungesäumt erreichen,
So schneiden wir die ganze Rotte ab!

Alle ab.

VIERTER AKT

Szene: Gegend im Gebirg, mit Wasserfällen und einer Brücke.

Erster Auftritt

Der Rheingraf vom Stein, zu Pferd, zieht mit einem Troß Fußvolk über die Brücke. Ihnen folgt der Graf vom Strahl zu Pferd; bald darauf Ritter Flammberg mit Knechten und Reisigen zu Fuß. Zuletzt Gottschalk gleichfalls zu Pferd, neben ihm das Käthchen.

RHEINGRAF *zu dem Troß.* Über die Brücke, Kinder, über die Brücke! Dieser Wetter vom Strahl kracht, wie vom Sturmwind getragen, hinter uns drein; wir müssen die Brücke abwerfen, oder wir sind alle verloren!

Er reitet über die Brücke.

KNECHTE DES RHEINGRAFEN *folgen ihm.* Reißt die Brücke nieder!

Sie werfen die Brücke ab.

DER GRAF VOM STRAHL *erscheint in der Szene, sein Pferd tummelnd.* Hinweg! – Wollt ihr den Steg unberührt lassen?

KNECHTE DES RHEINGRAFEN *schießen mit Pfeilen auf ihn.* Hei! Diese Pfeile zur Antwort dir!

DER GRAF VOM STRAHL *wendet das Pferd*. Meuchelmörder! – He! Flammberg!

KÄTHCHEN *hält eine Rolle in die Höhe*. Mein hoher Herr!

DER GRAF VOM STRAHL *zu Flammberg*. Die Schützen her!

RHEINGRAF *über den Fluß rufend*. Auf Wiedersehn, Herr Graf! Wenn Ihr schwimmen könnt, so schwimmt; auf der Steinburg, diesseits der Brücke, sind wir zu finden.

Ab mit dem Troß.

DER GRAF VOM STRAHL. Habt Dank ihr Herrn! Wenn der Fluß trägt, so sprech ich bei euch ein!

Er reitet hindurch.

EIN KNECHT *aus seinem Troß*. Halt! zum Henker! nehmt Euch in acht!

KÄTHCHEN *am Ufer zurückbleibend*. Herr Graf vom Strahl!

EIN ANDERER KNECHT. Schafft Balken und Bretter her!

FLAMMBERG. Was! bist du ein Jud?

ALLE. Setzt hindurch! Setzt hindurch!

Sie folgen ihm.

DER GRAF VOM STRAHL. Folgt! Folgt! Es ist ein Forellenbach, weder breit noch tief! So recht! So recht! Laßt uns das Gesindel völlig in die Pfanne hauen!

Ab mit dem Troß.

KÄTHCHEN. Herr Graf vom Strahl! Herr Graf vom Strahl!

GOTTSCHALK *wendet mit dem Pferde um*. Ja, was lärmst und schreist du? – Was hast du hier im Getümmel zu suchen? Warum läufst du hinter uns drein?

KÄTHCHEN *hält sich an einem Stamm*. Himmel!

GOTTSCHALK *indem er absteigt*. Komm! Schürz und schwinge dich! Ich will das Pferd an die Hand nehmen, und dich hindurch führen.

DER GRAF VOM STRAHL *hinter der Szene*. Gottschalk!

GOTTSCHALK. Gleich, gnädiger Herr, gleich! Was befehlt Ihr?

DER GRAF VOM STRAHL. Meine Lanze will ich haben!

GOTTSCHALK *hilft das Käthchen in den Steigbügel*. Ich bringe sie schon!

KÄTHCHEN. Das Pferd ist scheu.

GOTTSCHALK *reißt das Pferd in den Zügel*. Steh, Mordmähre! – – – So zieh dir Schuh und Strümpfe aus!

KÄTHCHEN *setzt sich auf einen Stein*. Geschwind!

DER GRAF VOM STRAHL *außerhalb.* Gottschalk!

GOTTSCHALK. Gleich, gleich! Ich bringe die Lanze schon. – Was hast du denn da in der Hand?

KÄTHCHEN *indem sie sich auszieht.* Das Futteral, Lieber, das gestern – nun!

GOTTSCHALK. Was! Das im Feuer zurück blieb?

KÄTHCHEN. Freilich! Um das ich gescholten ward. Früh morgens, im Schutt, heut sucht ich nach und durch Gottes Fügung – – nun, so! *Sie zerrt sich am Strumpf.*

GOTTSCHALK. Je, was der Teufel! *Er nimmt es ihr aus der Hand.* Und unversehrt, bei meiner Treu, als wärs Stein! – Was steckt denn drin?

KÄTHCHEN. Ich weiß nicht.

GOTTSCHALK *nimmt ein Blatt heraus.* »Akte, die Schenkung, Stauffen betreffend, von Friedrich Grafen vom Strahl« – Je, verflucht!

DER GRAF VOM STRAHL *draußen.* Gottschalk!

GOTTSCHALK. Gleich, gnädiger Herr, gleich!

KÄTHCHEN *steht auf.* Nun bin ich fertig!

GOTTSCHALK. Nun, das mußt du dem Grafen geben! *Er gibt ihr das Futteral wieder.* Komm, reich mir die Hand, und folg mir! *Er führt sie und das Pferd durch den Bach.*

KÄTHCHEN *mit dem ersten Schritt ins Wasser.* Ah!

GOTTSCHALK. Du mußt dich ein wenig schürzen.

KÄTHCHEN. Nun, bei Leibe, schürzen nicht!

Sie steht still.

GOTTSCHALK. Bis an den Zwickel nur, Käthchen!

KÄTHCHEN. Nein! Lieber such ich mir einen Steg!

Sie kehrt um.

GOTTSCHALK *hält sie.* Bis an den Knöchel nur, Kind! bis an die äußerste, unterste Kante der Sohle!

KÄTHCHEN. Nein, nein, nein, nein; ich bin gleich wieder bei dir!

Sie macht sich los, und läuft weg.

GOTTSCHALK *kehrt aus dem Bach zurück, und ruft ihr nach.* Käthchen! Käthchen! Ich will mich umkehren! Ich will mir die Augen zuhalten! Käthchen! Es ist kein Steg auf Meilenweite zu finden! – – Ei so wollt ich, daß ihr der Gürtel platzte! Da läuft sie am Ufer entlang, der Quelle zu, den weißen schroffen Spitzen der

Berge; mein Seel, wenn sich kein Fährmann ihrer erbarmt, so geht sie verloren!

DER GRAF VOM STRAHL *draußen*. Gottschalk! Himmel und Erde! Gottschalk!

GOTTSCHALK. Ei, so schrei du! – – Hier, gnädiger Herr; ich komme schon.

Er leitet sein Pferd mürrisch durch den Bach.

Ab.

Szene: Schloß Wetterstrahl. Platz, dicht mit Bäumen bewachsen, am äußeren zerfallenen Mauernring der Burg. Vorn ein Holunderstrauch, der eine Art von natürlicher Laube bildet, worunter von Feldsteinen, mit einer Strohmatte bedeckt, ein Sitz. An den Zweigen sieht man ein Hemdchen und ein Paar Strümpfe usw. zum Trocknen aufgehängt.

Zweiter Auftritt

Käthchen liegt und schläft. Der Graf vom Strahl tritt auf.

DER GRAF VOM STRAHL *indem er das Futteral in den Busen steckt*. Gottschalk, der mir dies Futteral gebracht, hat mir gesagt, das Käthchen wäre wieder da. Kunigunde zog eben, weil ihre Burg niedergebrannt ist, in die Tore der meinigen ein; da kommt er und spricht: unter dem Holunderstrauch läge sie wieder da, und schliefe; und bat mich, mit tränenden Augen, ich möchte ihm doch erlauben, sie in den Stall zu nehmen. Ich sagte, bis der alte Vater, der Theobald sich aufgefunden, würd ich ihr in der Herberge ein Unterkommen verschaffen; und indessen hab ich mich herabgeschlichen, um einen Entwurf mit ihr auszuführen. – Ich *kann* diesem Jammer nicht mehr zusehen. Dies Mädchen, bestimmt, den herrlichsten Bürger von Schwaben zu beglücken, wissen will ich, warum ich verdammt bin, sie einer Metze gleich, mit mir herum zu führen; wissen, warum sie hinter mir herschreitet, einem Hunde gleich, durch Feuer und Wasser, mir Elenden, der nichts für sich hat, als das Wappen auf seinem Schild. – Es ist mehr, als der bloße sympathetische Zug des Herzens; es ist irgend von der Hölle angefacht, ein Wahn, der in ihrem

Busen sein Spiel treibt. So oft ich sie gefragt habe: Käthchen! Warum erschrakst du doch so, als du mich zuerst in Heilbronn sahst? hat sie mich immer zerstreut angesehen, und dann geantwortet: Ei, gestrenger Herr! Ihr wißts ja! – – – Dort ist sie! – Wahrhaftig, wenn ich sie so daliegen sehe, mit roten Backen und verschränkten Händchen, so kommt die ganze Empfindung der Weiber über mich, und macht meine Tränen fließen. Ich will gleich sterben, wenn sie mir nicht die Peitsche vergeben hat – ach! was sag ich? wenn sie nicht im Gebet für mich, der sie mißhandelte, eingeschlafen! – – – Doch rasch, ehe Gottschalk kommt, und mich stört. Dreierlei hat er mir gesagt: einmal, daß sie einen Schlaf hat, wie ein Murmeltier, zweitens, daß sie, wie ein Jagdhund, immer träumt, und drittens, daß sie im Schlaf spricht; und auf diese Eigenschaften hin, will ich meinen Versuch gründen. – Tue ich eine Sünde, so mag sie mir Gott verzeihen.

Er läßt sich auf Knieen vor ihr nieder und legt seine beiden Arme sanft um ihren Leib. – Sie macht eine Bewegung als ob sie erwachen wollte, liegt aber gleich wieder still.

DER GRAF VOM STRAHL.
Käthchen! Schläfst du?
KÄTHCHEN. Nein, mein verehrter Herr.
Pause.
DER GRAF VOM STRAHL. Und doch hast du die Augenlider zu.
KÄTHCHEN. Die Augenlider?
DER GRAF VOM STRAHL. Ja; und fest, dünkt mich.
KÄTHCHEN.
– Ach, geh!
DER GRAF VOM STRAHL.
Was! Nicht? Du hättst die Augen auf?
KÄTHCHEN. Groß auf, so weit ich kann, mein bester Herr;
Ich sehe dich ja, wie du zu Pferde sitzest.
DER GRAF VOM STRAHL.
So! – Auf dem Fuchs – nicht?
KÄTHCHEN. Nicht doch! Auf dem Schimmel.
Pause.
DER GRAF VOM STRAHL.
Wo bist du denn, mein Herzchen? Sag mir an.

KÄTHCHEN. Auf einer schönen grünen Wiese bin ich,
Wo alles bunt und voller Blumen ist.
DER GRAF VOM STRAHL.
Ach, die Vergißmeinnicht! Ach, die Kamillen!
KÄTHCHEN.
Und hier die Veilchen; schau! ein ganzer Busch.
DER GRAF VOM STRAHL.
Ich will vom Pferde niedersteigen, Käthchen,
Und mich ins Gras ein wenig zu dir setzen.
– Soll ich?
KÄTHCHEN. Das tu, mein hoher Herr.
DER GRAF VOM STRAHL *als ob er riefe.* He, Gottschalk! –
Wo laß ich doch das Pferd? – Gottschalk! Wo bist du?
KÄTHCHEN. Je, laß es stehn. Die Liese läuft nicht weg.
DER GRAF VOM STRAHL *lächelt.*
Meinst du? – Nun denn, so seis!

Pause. – Er rasselt mit seiner Rüstung.

                        Mein liebes Käthchen!

Er faßt ihre Hand.

KÄTHCHEN. Mein hoher Herr!
DER GRAF VOM STRAHL. Du bist mir wohl recht gut.
KÄTHCHEN. Gewiß! Von Herzen.
DER GRAF VOM STRAHL. Aber *ich* – was meinst du?
Ich nicht.
KÄTHCHEN *lächelnd.*
    O Schelm!
DER GRAF VOM STRAHL.
          Was, Schelm! Ich hoff –?
KÄTHCHEN.   O geh! –
Verliebt ja, wie ein Käfer, bist du mir.
DER GRAF VOM STRAHL.
Ein Käfer! Was! Ich glaub du bist –?
KÄTHCHEN.   Was sagst du?
DER GRAF VOM STRAHL *mit einem Seufzer.*
Ihr Glaub ist, wie ein Turm, so fest gegründet! –
Seis! Ich ergebe mich darin. – Doch, Käthchen,
Wenns ist, wie du mir sagst –
KÄTHCHEN.   Nun? Was beliebt?

DER GRAF VOM STRAHL.

Was, sprich, was soll draus werden?

KÄTHCHEN. Was draus soll werden?

DER GRAF VOM STRAHL.

Ja! hast dus schon bedacht?

KÄTHCHEN. Je, nun.

DER GRAF VOM STRAHL. – Was heißt das?

KÄTHCHEN. Zu Ostern, übers Jahr, wirst du mich heuern.

DER GRAF VOM STRAHL *das Lachen verbeißend.*

So! Heuern! In der Tat! Das wußt ich nicht!
Kathrinchen, schau! – Wer hat dir das gesagt?

KÄTHCHEN. Das hat die Mariane mir gesagt.

DER GRAF VOM STRAHL.

So! Die Mariane! Ei! – Wer ist denn das?

KÄTHCHEN. Das ist die Magd, die sonst das Haus uns fegte.

DER GRAF VOM STRAHL.

Und die, die wußt es wiederum – von wem?

KÄTHCHEN. Die sahs im Blei, das sie geheimnisvoll
In der Silvesternacht, mir zugegossen.

DER GRAF VOM STRAHL.

Was du mir sagst! Da prophezeite sie –?

KÄTHCHEN. Ein großer, schöner Ritter würd mich heuern.

DER GRAF VOM STRAHL.

Und nun meinst du so frischweg, das sei ich?

KÄTHCHEN. Ja, mein verehrter Herr.

Pause.

DER GRAF VOM STRAHL *gerührt.* – Ich will dir sagen,
Mein Kind, ich glaub, es ist ein anderer.
Der Ritter Flammberg. Oder sonst. Was meinst du?

KÄTHCHEN.

Nein, nein!

DER GRAF VOM STRAHL.

Nicht?

KÄTHCHEN. Nein, nein, nein!

DER GRAF VOM STRAHL. Warum nicht? Rede!

KÄTHCHEN. – Als ich zu Bett ging, da das Blei gegossen,
In der Silvesternacht, bat ich zu Gott,
Wenns wahr wär, was mir die Mariane sagte,

Möcht er den Ritter mir im Traume zeigen.
Und da erschienst du ja, um Mitternacht,
Leibhaftig, wie ich jetzt dich vor mir sehe,
Als deine Braut mich liebend zu begrüßen.

DER GRAF VOM STRAHL.
Ich wär dir –? Herzchen! Davon weiß ich nichts.
– Wann hätt ich dich –?

KÄTHCHEN.   In der Silvesternacht.
Wenn wiederum Silvester kommt, zwei Jahr.

DER GRAF VOM STRAHL.
Wo? In dem Schloß zu Strahl?

KÄTHCHEN.   Nicht! In Heilbronn;
Im Kämmerlein, wo mir das Bette steht.

DER GRAF VOM STRAHL.
Was du da schwatzst, mein liebes Kind. – Ich lag
Und obenein todkrank, im Schloß zu Strahl.

Pause. – Sie seufzt, bewegt sich, und lispelt etwas.

DER GRAF VOM STRAHL.
Was sagst du?

KÄTHCHEN.   Wer?

DER GRAF VOM STRAHL.
                 Du!

KÄTHCHEN.   Ich? Ich sagte nichts.

Pause.

DER GRAF VOM STRAHL *für sich.*
Seltsam, beim Himmel! In der Silvesternacht –

Er träumt vor sich nieder.

– Erzähl mir doch etwas davon, mein Käthchen!
Kam ich allein?

KÄTHCHEN.   Nein, mein verehrter Herr.

DER GRAF VOM STRAHL.
Nicht? – Wer war bei mir?

KÄTHCHEN.   Ach, so geh!

DER GRAF VOM STRAHL   So rede!

KÄTHCHEN. Das weißt du nicht mehr?

DER GRAF VOM STRAHL.   Nein, so wahr ich lebe.

KÄTHCHEN. Ein Cherubim, mein hoher Herr, war bei dir,
Mit Flügeln, weiß wie Schnee, auf beiden Schultern,

Und Licht – o Herr! das funkelte! das glänzte! –
Der führt', an seiner Hand, dich zu mir ein.
DER GRAF VOM STRAHL *starrt sie an.*
So wahr, als ich will selig sein, ich glaube,
Da hast du recht!
KÄTHCHEN. Ja, mein verehrter Herr.
DER GRAF VOM STRAHL *mit beklemmter Stimme.*
Auf einem härnen Kissen lagst du da,
Das Bettuch weiß, die wollne Decke rot?
KÄTHCHEN.
Ganz recht! so wars!
DER GRAF VOM STRAHL. Im bloßen leichten Hemdchen?
KÄTHCHEN.
Im Hemdchen? – Nein.
DER GRAF VOM STRAHL. Was! Nicht?
KÄTHCHEN. Im leichten Hemdchen?
DER GRAF VOM STRAHL.
Mariane, riefst du?
KÄTHCHEN. Mariane, rief ich!
Geschwind! Ihr Mädchen! Kommt doch her! Christine!
DER GRAF VOM STRAHL.
Sahst groß, mit schwarzem Aug, mich an?
KÄTHCHEN.
Ja, weil ich glaubt, es wär ein Traum.
DER GRAF VOM STRAHL. Stiegst langsam,
An allen Gliedern zitternd, aus dem Bett,
Und sankst zu Füßen mir –?
KÄTHCHEN. Und flüsterte –
DER GRAF VOM STRAHL *unterbricht sie.*
Und flüstertest, mein hochverehrter Herr!
KÄTHCHEN *lächelnd.*
Nun! Siehst du wohl? – Der Engel zeigte dir –
DER GRAF VOM STRAHL.
Das Mal – Schützt mich, ihr Himmlischen! Das hast du?
KÄTHCHEN. Je, freilich!
DER GRAF VOM STRAHL *reißt ihr das Tuch ab.*
Wo? Am Halse?
KÄTHCHEN *bewegt sich.* Bitte, bitte.

DER GRAF VOM STRAHL. O ihr Urewigen! – Und als ich jetzt,
  Dein Kinn erhob, ins Antlitz dir zu schauen?
KÄTHCHEN. Ja, da kam die unselige Mariane
  Mit Licht – – – und alles war vorbei;
  Ich lag im Hemdchen auf der Erde da,
  Und die Mariane spottete mich aus.
DER GRAF VOM STRAHL.
  Nun steht mir bei, ihr Götter: ich bin doppelt!
  Ein Geist bin ich und wandele zur Nacht!

Er läßt sie los und springt auf.

KÄTHCHEN *erwacht.*
  Gott, meines Lebens Herr! Was widerfährt mir!

Sie steht auf und sieht sich um.

DER GRAF VOM STRAHL.
  Was mir ein Traum schien, nackte Wahrheit ists:
  Im Schloß zu Strahl, todkrank am Nervenfieber,
  Lag ich danieder, und hinweggeführt,
  Von einem Cherubim, besuchte sie
  Mein Geist in ihrer Klause zu Heilbronn!
KÄTHCHEN.
  Himmel! Der Graf!

Sie setzt sich den Hut auf, und rückt sich das Tuch zurecht.

DER GRAF VOM STRAHL. Was tu ich jetzt? Was laß ich?

Pause.

KÄTHCHEN *fällt auf ihre beiden Kniee nieder.*
  Mein hoher Herr, hier lieg ich dir zu Füßen,
  Gewärtig dessen, was du mir verhängst!
  An deines Schlosses Mauer fandst du mich,
  Trotz des Gebots, das du mir eingeschärft;
  Ich schwörs, es war ein Stündchen nur zu ruhn,
  Und jetzt will ich gleich wieder weiter gehn.
DER GRAF VOM STRAHL.
  Weh mir! Mein Geist, von Wunderlicht geblendet,
  Schwankt an des Wahnsinns grausem Hang umher!
  Denn wie begreif ich die Verkündigung,
  Die mir noch silbern wiederklingt im Ohr,
  Daß sie die Tochter meines Kaisers sei?

GOTTSCHALK *draußen.*

Käthchen! He, junge Maid!

DER GRAF VOM STRAHL *erhebt sie rasch vom Boden.*

Geschwind erhebe dich!
Mach dir das Tuch zurecht! Wie siehst du aus?

Dritter Auftritt

Gottschalk tritt auf. Die Vorigen.

DER GRAF VOM STRAHL.

Gut, Gottschalk, daß du kommst! Du fragtest mich,
Ob du die Jungfrau in den Stall darfst nehmen;
Das aber schickt aus manchem Grund sich nicht;
Die Friedborn zieht aufs Schloß zu meiner Mutter.

GOTTSCHALK. Wie? Was? Wo? – Oben auf das Schloß hinauf?

DER GRAF VOM STRAHL.

Ja, und das gleich! Nimm ihre Sachen auf,
Und auf dem Pfad zum Schlosse folg ihr nach.

GOTTSCHALK.

Gotts Blitz auch, Käthchen! hast du das gehört?

KÄTHCHEN *mit einer zierlichen Verbeugung.*

Mein hochverehrter Herr! Ich nehm es an,
Bis ich werd wissen, wo mein Vater ist.

DER GRAF VOM STRAHL.

Gut, gut! Ich werd mich gleich nach ihm erkundgen.

Gottschalk bindet die Sachen zusammen; Käthchen hilft ihm.

Nun? Ists geschehn?

Er nimmt ein Tuch vom Boden auf, und übergibt es ihr.

KÄTHCHEN *errötend.* Was! Du bemühst dich mir?

Gottschalk nimmt das Bündel in die Hand.

DER GRAF VOM STRAHL.

Gib deine Hand!

KÄTHCHEN. Mein hochverehrter Herr!

Er führt sie über die Steine; wenn sie hinüber ist, läßt er sie vorangehen und folgt.
Alle ab.

Szene: Garten. Im Hintergrunde eine Grotte, im gotischen Stil.

Vierter Auftritt

Kunigunde, von Kopf zu Fuß in einen feuerfarbnen Schleier verhüllt, und Rosalie treten auf.

KUNIGUNDE. Wo ritt der Graf vom Strahl hin?
ROSALIE. Mein Fräulein, es ist dem ganzen Schloß unbegreiflich. Drei kaiserliche Kommissarien kamen spät in der Nacht, und weckten ihn auf; er verschloß sich mit ihnen, und heut, bei Anbruch des Tages schwingt er sich aufs Pferd, und verschwindet.
KUNIGUNDE. Schließ mir die Grotte auf.
ROSALIE. Sie ist schon offen.
KUNIGUNDE. Ritter Flammberg, hör ich, macht dir den Hof; zu Mittag, wann ich mich gebadet und angekleidet, werd ich dich fragen, was dieser Vorfall zu bedeuten?

Ab in die Grotte.

Fünfter Auftritt

Fräulein Eleonore tritt auf, Rosalie.

ELEONORE. Guten Morgen, Rosalie.
ROSALIE. Guten Morgen, mein Fräulein! – Was führt Euch so früh schon hierher?
ELEONORE. Ei, ich will mich mit Käthchen, dem kleinen, holden Gast, den uns der Graf ins Schloß gebracht, weil die Luft so heiß ist, in dieser Grotte baden.
ROSALIE. Vergebt! – Fräulein Kunigunde ist in der Grotte.
ELEONORE. Fräulein Kunigunde? – Wer gab euch den Schlüssel?
ROSALIE. Den Schlüssel? – Die Grotte war offen.
ELEONORE. Habt ihr das Käthchen nicht darin gefunden?
ROSALIE. Nein, mein Fräulein. Keinen Menschen.
ELEONORE. Ei, das Käthchen, so wahr ich lebe, ist drin!
ROSALIE. In der Grotte? Unmöglich!
ELEONORE. Wahrhaftig! In der Nebenkammern eine, die dunkel und versteckt sind. – Sie war vorangegangen; ich sagte nur,

als wir an die Pforte kamen, ich wollte mir ein Tuch von der
Gräfin zum Trocknen holen. – O Herr meines Lebens; da ist
sie schon!

Sechster Auftritt

Käthchen aus der Grotte. Die Vorigen.

ROSALIE *für sich.* Himmel! Was seh ich dort?
KÄTHCHEN *zitternd.*   Eleonore!
ELEONORE. Ei, Käthchen! Bist du schon im Bad gewesen?
  Schaut, wie das Mädchen funkelt, wie es glänzet!
  Dem Schwane gleich, der in die Brust geworfen,
  Aus des Kristallsees blauen Fluten steigt!
  – Hast du die jungen Glieder dir erfrischt?
KÄTHCHEN. Eleonore! Komm hinweg.
ELEONORE.   Was fehlt dir?
ROSALIE *schreckenblaß.*
  Wo kommst du her? Aus jener Grotte dort?
  Du hattest in den Gängen dich versteckt?
KÄTHCHEN. Eleonore! Ich beschwöre dich!
KUNIGUNDE *im Innern der Grotte.*
  Rosalie!
ROSALIE.   Gleich, mein Fräulein!
                    Zu Käthchen. Hast sie gesehn?
ELEONORE. Was gibts? Sag an! – Du bleichst?
KÄTHCHEN *sinkt in ihre Arme.*   Eleonore!
ELEONORE.
  Hilf, Gott im Himmel! Käthchen! Kind! Was fehlt dir?
KUNIGUNDE *in der Grotte.*
  Rosalie!
ROSALIE *zu Käthchen.*
        Nun, beim Himmel! Dir wär besser,
  Du rissest dir die Augen aus, als daß sie
  Der Zunge anvertrauten, was sie sahn!
                Ab in die Grotte.

Siebenter Auftritt

Käthchen und Eleonore.

ELEONORE. Was ist geschehn, mein Kind? Was schilt man dich?
Was macht an allen Gliedern so dich zittern?
Wär dir der Tod, in jenem Haus, erschienen,
Mit Hipp und Stundenglas, von Schrecken könnte
Dein Busen grimmiger erfaßt nicht sein!

KÄTHCHEN.
Ich will dir sagen –

Sie kann nicht sprechen.

ELEONORE. Nun, sag an! Ich höre.

KÄTHCHEN. – Doch du gelobst mir, nimmermehr, Lenore,
Wem es auch sei, den Vorfall zu entdecken.

ELEONORE. Nein, keiner Seele; nein! Verlaß dich drauf.

KÄTHCHEN. Schau, in die Seitengrotte hatt ich mich,
Durch die verborgne Türe eingeschlichen;
Das große Prachtgewölb war mir zu hell.
Und nun, da mich das Bad erquickt, tret ich
In jene größre Mitte scherzend ein,
Und denke du, du seiest, die darin rauscht:
Und eben von dem Rand ins Becken steigend,
Erblickt mein Aug –

ELEONORE. Nun, was? wen? Sprich!

KÄTHCHEN. Was sag ich!
Du mußt sogleich zum Grafen, Leonore,
Und von der ganzen Sach ihn unterrichten.

ELEONORE. Mein Kind! Wenn ich nur wüßte, was es wäre?

KÄTHCHEN. – Doch ihm nicht sagen, nein, ums Himmels willen,
Daß es von mir kommt. Hörst du? Eher wollt ich,
Daß er den Greuel nimmermehr entdeckte.

ELEONORE. In welchen Rätseln sprichst du, liebstes Käthchen?
Was für ein Greul? Was ists, das du erschaut?

KÄTHCHEN. Ach, Leonor', ich fühle, es ist besser,
Das Wort kommt über meine Lippen nie!
Durch mich kann er, durch mich, enttäuscht nicht werden!

ELEONORE. Warum nicht? Welch ein Grund ist, ihm zu bergen –?
Wenn du nur sagtest –

KÄTHCHEN *wendet sich.* Horch!
ELEONORE. Was gibts?
KÄTHCHEN. Es kommt!
ELEONORE. Das Fräulein ists, sonst niemand, und Rosalie.
KÄTHCHEN. Fort! Gleich! Hinweg!
ELEONORE. Warum?
KÄTHCHEN. Fort, Rasende!
ELEONORE. Wohin?
KÄTHCHEN. Hier fort, aus diesem Garten will ich –
ELEONORE. Bist du bei Sinnen?
KÄTHCHEN. Liebe Leonore!
Ich bin verloren, wenn sie mich hier trifft!
Fort! In der Gräfin Arme flücht ich mich!

Ab.

Achter Auftritt

Kunigunde und Rosalie aus der Grotte.

KUNIGUNDE *gibt Rosalien einen Schlüssel.*
Hier, nimm! – Im Schubfach, unter meinem Spiegel;
Das Pulver, in der schwarzen Schachtel, rechts,
Schütt es in Wein, in Wasser oder Milch,
Und sprich: komm her, mein Käthchen! – Doch du nimmst
Vielleicht sie lieber zwischen deine Kniee?
Gift, Tod und Rache! Mach es, wie du willst,
Doch sorge mir, daß sies hinunterschluckt.
ROSALIE.
Hört mich nur an, mein Fräulein –
KUNIGUNDE. Gift! Pest! Verwesung!
Stumm mache sie und rede nicht!
Wenn sie vergiftet, tot ist, eingesargt,
Verscharrt, verwest, zerstiebt, als Myrtenstengel,
Von dem, was sie jetzt sah, im Winde flüstert;
So komm und sprich von Sanftmut und Vergebung,
Pflicht und Gesetz und Gott und Höll und Teufel,
Von Reue und Gewissensbissen mir.
ROSALIE. Sie hat es schon entdeckt, es hilft zu nichts.
KUNIGUNDE. Gift! Asche! Nacht! Chaotische Verwirrung!

Das Pulver reicht, die Burg ganz wegzufressen,
Mit Hund und Katzen hin! – Tu, wie ich sagte!
Sie buhlt mir so zur Seite um sein Herz,
Wie ich vernahm, und ich – des Todes sterb ich,
Wenn ihn das Affenangesicht nicht rührt;
Fort! In die Dünste mit ihr hin: die Welt,
Hat nicht mehr Raum genug, für mich und sie!

Ab.

FÜNFTER AKT

Szene: Worms. Freier Platz vor der kaiserlichen Burg, zur Seite ein Thron; im Hintergrunde die Schranken des Gottesgerichts.

Erster Auftritt

Der Kaiser auf dem Thron. Ihm zur Seite der Erzbischof von Worms, Graf Otto von der Flühe und mehrere andere Ritter, Herren und Trabanten. Der Graf vom Strahl, im leichten Helm und Harnisch, und Theobald, von Kopf zu Fuß in voller Rüstung; beide stehen dem Thron gegenüber.

DER KAISER. Graf Wetterstrahl, du hast, auf einem Zuge,
Der durch Heilbronn dich, vor drei Monden, führte,
In einer Törin Busen eingeschlagen;
Den alten Vater jüngst verließ die Dirne,
Und, statt sie heimzusenden, birgst du sie
Im Flügel deiner väterlichen Burg.
Nun sprengst du, solchen Frevel zu beschönen,
Gerüchte, lächerlich und gottlos, aus;
Ein Cherubim, der dir zu Nacht erschienen,
Hab dir vertraut, die Maid, die bei dir wohnt,
Sei meiner kaiserlichen Lenden Kind.
Solch eines abgeschmackt prophetschen Grußes
Spott ich, wie sichs versteht, und meinethalb
Magst du die Krone selbst aufs Haupt ihr setzen;
Von Schwaben einst, begreifst du, erbt sie nichts,
Und meinem Hof auch bleibt sie fern zu Worms.
Hier aber steht ein tiefgebeugter Mann,
Dem du, zufrieden mit der Tochter nicht,

Auch noch die Mutter willst zur Metze machen;
Denn er, sein Lebelang fand er sie treu,
Und rühmt des Kinds unsel'gen Vater *sich*.
Darum, auf seine schweren Klagen, riefen wir
Vor unsern Thron dich her, die Schmach, womit
Du ihre Gruft geschändet, darzutun;
Auf, rüste dich, du Freund der Himmlischen:
Denn du bist da, mit einem Wort von Stahl,
Im Zweikampf ihren Ausspruch zu beweisen!

DER GRAF VOM STRAHL *mit dem Erröten des Unwillens.*
Mein kaiserlicher Herr! Hier ist ein Arm,
Von Kräften strotzend, markig, stahlgeschient,
Geschickt im Kampf dem Teufel zu begegnen;
Treff ich auf jene graue Scheitel dort,
Flach schmettr' ich sie, wie einen Schweizerkäse,
Der gärend auf dem Brett des Sennen liegt.
Erlaß, in deiner Huld und Gnade, mir,
Ein Märchen, aberwitzig, sinnverwirrt,
Dir darzutun, das sich das Volk aus zwei
Ereignissen, zusammen seltsam freilich,
Wie die zwei Hälften eines Ringes, passend,
Mit müßgem Scharfsinn, an einander setzte.
Begreif, ich bitte dich, in deiner Weisheit,
Den ganzen Vorfall der Silvesternacht,
Als ein Gebild des Fiebers, und so wenig
Als es mich kümmern würde, träumtest du,
Ich sei ein Jud, so wenig kümmre dich,
Daß ich gerast, die Tochter jenes Mannes
Sei meines hochverehrten Kaisers Kind!

ERZBISCHOF. Mein Fürst und Herr, mit diesem Wort, fürwahr,
Kann sich des Klägers wackres Herz beruhgen.
Geheimer Wissenschaft, sein Weib betreffend,
Rühmt er sich nicht; schau, was er der Mariane
Jüngst, in geheimer Zwiesprach, vorgeschwatzt:
Er hat es eben jetzo widerrufen!
Straft um den Wunderbau der Welt ihn nicht,
Der ihn, auf einen Augenblick, verwirrt.
Er gab, vor einer Stund, o Theobald,

Mir seine Hand, das Käthchen, wenn du kommst
Zu Strahl, in seiner Burg, dir abzuliefern;
Geh hin und tröste dich und hole sie,
Du alter Herr, und laß die Sache ruhn!

THEOBALD. Verfluchter Heuchler, du, wie kannst du leugnen,
Daß deine Seele ganz durchdrungen ist,
Vom Wirbel bis zur Sohle, von dem Glauben,
Daß sie des Kaisers Bänkeltochter sei?
Hast du den Tag nicht, bei dem Kirchenspiel,
Erforscht, wann sie geboren, nicht berechnet,
Wohin die Stunde der Empfängnis fällt;
Nicht ausgemittelt, mit verruchtem Witze,
Daß die erhabne Majestät des Kaisers
Vor sechzehn Lenzen durch Heilbronn geschweift?
Ein Übermütiger, aus eines Gottes Kuß,
Auf einer Furie Mund gedrückt, entsprungen;
Ein glanzumfloßner Vatermördergeist,
An jeder der granitnen Säulen rüttelnd,
In dem urewgen Tempel der Natur;
Ein Sohn der Hölle, den mein gutes Schwert
Entlarven jetzo, oder, rückgewendet,
Mich selbst zur Nacht des Grabes schleudern soll!

DER GRAF VOM STRAHL.

Nun, den Gott selbst verdamme, gifterfüllter
Verfolger meiner, der dich nie beleidigt,
Und deines Mitleids eher würdig wäre,
So seis, Mordraufer, denn, so wie du willst.
Ein Cherubim, der mir, in Glanz gerüstet,
Zu Nacht erschien, als ich im Tode lag,
Hat mir, was leugn' ichs länger, Wissenschaft,
Entschöpft dem Himmelsbronnen, anvertraut.
Hier vor des höchsten Gottes Antlitz steh ich,
Und die Behauptung schmettr' ich dir ins Ohr:
Käthchen von Heilbronn, die dein Kind du sagst,
Ist meines höchsten Kaisers dort; komm her,
Mich von dem Gegenteil zu überzeugen!

DER KAISER. Trompeter, blast, dem Lästerer zum Tode!

Trompetenstöße.

THEOBALD *zieht.*

Und wäre gleich mein Schwert auch eine Binse,
Und einem Griffe, locker, wandelbar,
Von gelbem Wachs geknetet, eingefügt,
So wollt ich doch von Kopf zu Fuß dich spalten,
Wie einen Giftpilz, der der Heid entblüht,
Der Welt zum Zeugnis, Mordgeist, daß du logst!

DER GRAF VOM STRAHL *er nimmt sich sein Schwert ab und gibt es weg.*

Und wär mein Helm gleich und die Stirn, die drunter,
Durchsichtig, messerrückendünn, zerbrechlich,
Die Schale eines ausgenommen Eis,
So sollte doch dein Sarraß, Funken sprühend,
Abprallen, und in alle Ecken splittern,
Als hättst du einen Diamant getroffen,
Der Welt zum Zeugnis, daß ich wahr gesprochen!
Hau, und laß jetzt mich sehn, wes Sache rein?

Er nimmt sich den Helm ab und tritt dicht vor ihn.

THEOBALD *zurückweichend.*

Setz dir den Helm auf!

DER GRAF VOM STRAHL *folgt ihm.*

Hau!

THEOBALD. Setz dir den Helm auf!

DER GRAF VOM STRAHL *stößt ihn zu Boden.*

Dich lähmt der bloße Blitz aus meiner Wimper?

Er windet ihm das Schwert aus der Hand, tritt über ihm und setzt ihm den Fuß auf die Brust.

Was hindert mich, im Grimm gerechten Siegs,
Daß ich den Fuß ins Hirn dir drücke? – Lebe!

Er wirft das Schwert vor des Kaisers Thron.

Mag es die alte Sphinx, die Zeit, dir lösen,
Das Käthchen aber ist, wie ich gesagt,
Die Tochter meiner höchsten Majestät!

VOLK *durcheinander.*

Himmel! Graf Wetterstrahl hat obgesiegt!

DER KAISER *erblaßt und steht auf.*

Brecht auf, ihr Herrn!

ERZBISCHOF. Wohin?

EIN RITTER *aus dem Gefolge.* Was ist geschehn?

GRAF OTTO. Allmächtger Gott! Was fehlt der Majestät?
Ihr Herren, folgt! Es scheint, ihr ist nicht wohl?
Ab.

Szene: Ebendaselbst. Zimmer im kaiserlichen Schloß.

Zweiter Auftritt

DER KAISER *wendet sich unter der Tür.* Hinweg! Es soll mir niemand folgen! Den Burggrafen von Freiburg und den Ritter von Waldstätten laßt herein; das sind die einzigen Männer, die ich sprechen will! *Er wirft die Tür zu.* --- Der Engel Gottes, der dem Grafen vom Strahl versichert hat, das Käthchen sei meine Tochter: ich glaube, bei meiner kaiserlichen Ehre, er hat recht! Das Mädchen ist, wie ich höre, funfzehn Jahr alt; und vor sechszehn Jahren, weniger drei Monaten, genau gezählt, feierte ich der Pfalzgräfin, meiner Schwester, zu Ehren das große Turnier in Heilbronn! Es mochte ohngefähr eilf Uhr abends sein, und der Jupiter ging eben, mit seinem funkelnden Licht, im Osten auf, als ich, vom Tanz sehr ermüdet, aus dem Schloßtor trat, um mich in dem Garten, der daran stößt, unerkannt, unter dem Volk, das ihn erfüllte, zu erlaben; und ein Stern, mild und kräftig, wie der, leuchtete, wie ich gar nicht zweifle, bei ihrer Empfängnis. Gertrud, so viel ich mich erinnere, hieß sie, mit der ich mich in einem, von dem Volk minder besuchten, Teil des Gartens, beim Schein verlöschender Lampen, während die Musik, fern von dem Tanzsaal her, in den Duft der Linden niedersäuselte, unterhielt; und Käthchens Mutter heißt Gertrud! Ich weiß, daß ich mir, als sie sehr weinte, ein Schaustück, mit dem Bildnis Papst Leos, von der Brust los machte, und es ihr, als ein Andenken von mir, den sie gleichfalls nicht kannte, in das Mieder steckte; und ein solches Schaustück, wie ich eben vernehme, besitzt das Käthchen von Heilbronn! O Himmel! Die Welt wankt aus ihren Fugen! Wenn der Graf vom Strahl, dieser Vertraute der Auserwählten, von der Buhlerin, an die er geknüpft ist, loslassen kann: so werd ich die Verkündigung wahrmachen, den Theobald, unter welchem Vorwand es sei, bewegen müssen, daß er mir dies Kind abtrete, und sie mit ihm verheiraten müssen: will ich nicht wagen, daß der Cherub zum zweitenmal zur Erde steige und das ganze Geheimnis, das ich hier den vier Wänden anvertraut, ausbringe!

Ab.

Dritter Auftritt

Burggraf von Freiburg und Georg von Waldstätten treten auf. Ihnen folgt Ritter Flammberg.

FLAMMBERG *erstaunt.* Herr Burggraf von Freiburg! – Seid Ihr es, oder ist es Euer Geist? O eilt nicht, ich beschwör Euch –!

FREIBURG *wendet sich.* Was willst du?

GEORG. Wen suchst du?

FLAMMBERG. Meinen bejammernswürdigen Herrn, den Grafen vom Strahl! Fräulein Kunigunde, seine Braut – o hätten wir sie Euch nimmermehr abgewonnen! Den Koch hat sie bestechen wollen, dem Käthchen Gift zu reichen –: Gift, ihr gestrengen Herren, und zwar aus dem abscheulichen, unbegreiflichen und rätselhaften Grunde, weil das Kind sie im Bade belauschte!

FREIBURG. Und das begreift ihr nicht?

FLAMMBERG. Nein!

FREIBURG. So will ich es dir sagen. Sie ist eine mosaische Arbeit, aus allen drei Reichen der Natur zusammengesetzt. Ihre Zähne gehören einem Mädchen aus München, ihre Haare sind aus Frankreich verschrieben, ihrer Wangen Gesundheit kommt aus den Bergwerken in Ungarn, und den Wuchs, den ihr an ihr bewundert, hat sie einem Hemde zu danken, das ihr der Schmied, aus schwedischem Eisen, verfertigt hat. – Hast du verstanden?

FLAMMBERG. Was!

FREIBURG. Meinen Empfehl an deinen Herrn! *Ab.*

GEORG. Den meinigen auch! – Der Graf ist bereits nach der Strahlburg zurück; sag ihm, wenn er den Hauptschlüssel nehmen, und sie in der Morgenstunde, wenn ihre Reize auf den Stühlen liegen, überraschen wolle, so könne er seine eigne Bildsäule werden und sich, zur Verewigung seiner Heldentat, bei der Köhlerhütte aufstellen lassen! *Ab.*

Szene: Schloß Wetterstrahl. Kunigundens Zimmer.

Vierter Auftritt

Rosalie, bei der Toilette des Fräuleins beschäftigt. Kunigunde tritt ungeschminkt, wie sie aus dem Bette kömmt, auf; bald darauf der Graf vom Strahl.

KUNIGUNDE *indem sie sich bei der Toilette niedersetzt.*

Hast du die Tür besorgt?

ROSALIE.   Sie ist verschlossen.

KUNIGUNDE. Verschlossen! Was! Verriegelt, will ich wissen! Verschlossen *und* verriegelt, jedesmal!

Rosalie geht, die Tür zu verriegeln; der Graf kommt ihr entgegen.

ROSALIE *erschrocken.*

Mein Gott! Wie kommt Ihr hier herein, Herr Graf?
– Mein Fräulein!

KUNIGUNDE *sieht sich um.* Wer?

ROSALIE.   Seht, bitt ich Euch!

KUNIGUNDE.   Rosalie!

Sie erhebt sich schnell, und geht ab.

Fünfter Auftritt

Der Graf vom Strahl und Rosalie.

DER GRAF VOM STRAHL *steht wie vom Donner gerührt.*

Wer war die unbekannte Dame?

ROSALIE.   – Wo?

DER GRAF VOM STRAHL.

Die, wie der Turm von Pisa, hier vorbeiging? –
Doch, hoff ich, nicht –?

ROSALIE.   Wer?

DER GRAF VOM STRAHL.   Fräulein Kunigunde?

ROSALIE. Bei Gott, ich glaub, Ihr scherzt! Sybille, meine Stiefmutter, gnädger Herr –

KUNIGUNDE *drinnen.*   Rosalie!

ROSALIE. Das Fräulein, das im Bett liegt, ruft nach mir. – Verzeiht, wenn ich –! *Sie holt einen Stuhl.*

            Wollt Ihr Euch gütigst setzen?

Sie nimmt die Toilette und geht ab.

Sechster Auftritt

DER GRAF VOM STRAHL *vernichtet.*

Nun, du allmächtger Himmel, meine Seele,
Sie ist doch wert nicht, daß sie also heiße!
Das Maß, womit sie, auf dem Markt der Welt,
Die Dinge mißt, ist falsch; scheusel'ge Bosheit
Hab ich für milde Herrlichkeit erstanden!
Wohin flücht ich, Elender, vor mir selbst?
Wenn ein Gewitter wo in Schwaben tobte,
Mein Pferd könnt ich, in meiner Wut, besteigen,
Und suchen, wo der Keil mein Haupt zerschlägt!
Was ist zu tun, mein Herz? Was ist zu lassen?

Siebenter Auftritt

Kunigunde, in ihrem gewöhnlichen Glanz, Rosalie und die alte Sybille, die schwächlich, auf Krücken, durch die Mitteltür abgeht.

KUNIGUNDE. Sieh da, Graf Friederich! Was für ein Anlaß
Führt Euch so früh in meine Zimmer her?

DER GRAF VOM STRAHL *indem er die Sybille mit den Augen verfolgt.*

Was! Sind die Hexen doppelt?

KUNIGUNDE *sieht sich um.* Wer?

DER GRAF VOM STRAHL *faßt sich.* Vergebt! –
Nach Eurem Wohlsein wollt ich mich erkunden.

KUNIGUNDE. Nun? – Ist zur Hochzeit alles vorbereitet?

DER GRAF VOM STRAHL *indem er näher tritt und sie prüft.*

Es ist, bis auf den Hauptpunkt, ziemlich alles –

KUNIGUNDE *weicht zurück.*

Auf wann ist sie bestimmt?

DER GRAF VOM STRAHL. Sie wars – auf morgen.

KUNIGUNDE *nach einer Pause.*

Ein Tag mit Sehnsucht längst von mir erharrt!
– Ihr aber seid nicht froh, dünkt mich, nicht heiter?

DER GRAF VOM STRAHL *verbeugt sich.*

Erlaubt! ich bin der Glücklichste der Menschen!

ROSALIE *traurig.*

Ists wahr, daß jenes Kind, das Käthchen, gestern,
Das Ihr im Schloß beherberget habt –?

DER GRAF VOM STRAHL. O Teufel!
KUNIGUNDE *betreten.*
  Was fehlt Euch? Sprecht!
ROSALIE *für sich.* Verwünscht!
DER GRAF VOM STRAHL *faßt sich.* – Das Los der Welt!
  Man hat sie schon im Kirchhof beigesetzt.
KUNIGUNDE. Was Ihr mir sagt!
ROSALIE. Jedoch noch nicht begraben?
KUNIGUNDE. Ich muß sie doch im Leichenkleid, noch sehn.

Achter Auftritt

Ein Diener tritt auf. Die Vorigen.

DIENER. Gottschalk schickt einen Boten, gnädger Herr,
  Der Euch im Vorgemach zu sprechen wünscht!
KUNIGUNDE. Gottschalk?
ROSALIE. Von wo?
DER GRAF VOM STRAHL. Vom Sarge der Verblichnen!
  Laßt Euch im Putz, ich bitte sehr, nicht stören!

Ab.

Neunter Auftritt

Kunigunde und Rosalie.

Pause.

KUNIGUNDE *ausbrechend.*
  Er weiß, umsonst ists, alles hilft zu nichts,
  Er hats gesehn, es ist um mich getan!
ROSALIE. Er weiß es nicht!
KUNIGUNDE. Er weiß!
ROSALIE. Er weiß es nicht!
  Ihr klagt, und ich, vor Freuden möcht ich hüpfen.
  Er steht im Wahn, daß die, die hier gesessen,
  Sybille, meine Mutter, sei gewesen;
  Und nimmer war ein Zufall glücklicher
  Als daß sie just in Eurem Zimmer war;
  Schnee, im Gebirg gesammelt, wollte sie,
  Zum Waschen eben Euch ins Becken tragen.

KUNIGUNDE.

Du sahst, wie er mich prüfte, mich ermaß.

ROSALIE.

Gleichviel! Er traut den Augen nicht! Ich bin
So fröhlich, wie ein Eichhorn in den Fichten!
Laßt sein, daß ihm von fern ein Zweifel kam;
Daß Ihr Euch zeigtet, groß und schlank und herrlich,
Schlägt seinen Zweifel völlig wieder nieder.
Des Todes will ich sterben, wenn er nicht,
Den Handschuh jedem hinwirft, der da zweifelt,
Daß ihr die Königin der Frauen seid.
O seid nicht mutlos! Kommt und zieht Euch an;
Der nächsten Sonne Strahl, was gilts begrüßt Euch,
Als Gräfin Kunigunde Wetterstrahl!

KUNIGUNDE.

Ich wollte, daß die Erde mich verschlänge!

Ab.

Szene: Das Innere einer Höhle mit der Aussicht auf eine Landschaft.

Zehnter Auftritt

Käthchen, in einer Verkleidung, sitzt traurig auf einem Stein, den Kopf an die Wand gelehnt. Graf Otto von der Flühe, Wenzel von Nachtheim, Hans von Bärenklau, in der Tracht kaiserlicher Reichsräte, und Gottschalk treten auf. Gefolge, zuletzt der Kaiser und Theobald, welche in Mänteln verhüllt, im Hintergrunde bleiben.

GRAF OTTO *eine Pergamentrolle in der Hand.*

Jungfrau von Heilbronn! Warum herbergst du,
Dem Sperber gleich, in dieser Höhle Raum?

KÄTHCHEN *steht auf.*

O Gott! Wer sind die Herrn?

GOTTSCHALK.   Erschreckt sie nicht! –
Der Anschlag einer Feindin, sie zu töten,
Zwang uns, in diese Berge sie zu flüchten.

GRAF OTTO. Wo ist dein Herr, der Reichsgraf, dem du dienst?

KÄTHCHEN. Ich weiß es nicht.

GOTTSCHALK.   Er wird sogleich erscheinen!

GRAF OTTO *gibt ihr das Pergament.*

Nimm diese Rolle hier; es ist ein Schreiben,
Verfaßt von kaiserlicher Majestät.
Durchfleuchs und folge mir; hier ist kein Ort,
Jungfraun, von deinem Range, zu bewirten;
Worms nimmt fortan, in seinem Schloß, dich auf!
DER KAISER *im Hintergrund.* Ein lieber Anblick!
THEOBALD. O ein wahrer Engel!

Eilfter Auftritt

Der Graf vom Strahl tritt auf. Die Vorigen.

DER GRAF VOM STRAHL *betroffen.*

Reichsrät, in festlichem Gepräng, aus Worms!
GRAF OTTO. Seid uns gegrüßt, Herr Graf!
DER GRAF VOM STRAHL. – Was bringt Ihr mir?
GRAF OTTO. Ein kaiserliches Schreiben dieser Jungfrau!
Befragt sie selbst; sie wird es Euch bedeuten.
DER GRAF VOM STRAHL.
O Herz, was pochst du?
Zu Käthchen.
Kind, was hältst du da?

KÄTHCHEN.
Weiß nit, mein hoher Herr. –
GOTTSCHALK. Gib, gib, mein Herzchen.
DER GRAF VOM STRAHL *liest.*

»Der Himmel, wisset, hat mein Herz gestellt,
Das Wort des Auserwählten einzulösen.
Das Käthchen ist nicht mehr des Theobalds,
Des Waffenschmieds, der mir sie abgetreten,
Das Käthchen fürderhin ist meine Tochter,
Und Katharina heißt sie jetzt von Schwaben.«
Er durchblättert die andern Papiere.
Und hier: »Kund sei« – Und hier: »das Schloß zu Schwabach« –
Kurze Pause.
Nun möcht ich vor der Hochgebenedeiten
In Staub mich werfen, ihren Fuß ergreifen,
Und mit des Danks glutheißer Träne waschen.

KÄTHCHEN *setzt sich.*

Gottschalk, hilf, steh mir bei; mir ist nicht wohl!

DER GRAF VOM STRAHL *zu den Räten.*

Wo ist der Kaiser? Wo der Theobald?

DER KAISER *indem beide ihre Mäntel abwerfen.*

Hier sind sie!

KÄTHCHEN *steht auf.*

    Gott im hohen Himmel! Vater!
Sie eilt auf ihn zu; er empfängt sie.

GOTTSCHALK *für sich.*

Der Kaiser! Ei, so wahr ich bin! Da steht er!

DER GRAF VOM STRAHL.

Nun, sprich du – Göttlicher! Wie nenn ich dich?
– Sprich, las ich recht?

DER KAISER.   Beim Himmel, ja, das tatst du!
Die einen Cherubim zum Freunde hat,
Der kann mit Stolz ein Kaiser Vater sein!
Das Käthchen ist die Erst' itzt vor den Menschen,
Wie sies vor Gott längst war; wer sie begehrt,
Der muß bei mir jetzt würdig um sie frein.

DER GRAF VOM STRAHL *beugt ein Knie vor ihm.*

Nun, hier auf Knieen bitt ich: gib sie mir!

DER KAISER. Herr Graf! Was fällt Ihm ein?

DER GRAF VOM STRAHL.   Gib, gib sie mir!
Welch andern Zweck ersänn ich deiner Tat?

DER KAISER. So! Meint Er das? – Der Tod nur ist umsonst,
Und die Bedingung setz ich dir.

DER GRAF VOM STRAHL.   Sprich! Rede!

DER KAISER *ernst.* In deinem Haus den Vater nimmst du auf!

DER GRAF VOM STRAHL.

Du spottest!

DER KAISER. Was! du weigerst dich?

DER GRAF VOM STRAHL.   In Händen!
In meines Herzens Händen nehm ich ihn!

DER KAISER *zu Theobald.*

Nun, Alter; hörtest du?

THEOBALD *führt ihm Käthchen zu.* So gib sie ihm!
Was Gott fügt, heißt es, soll der Mensch nicht scheiden.

DER GRAF VOM STRAHL *steht auf, und nimmt Käthchens Hand.*

Nun denn, zum Sel'gen hast du mich gemacht! –
Laßt einen Kuß mich, Väter, einen Kuß nur
Auf ihre himmelsüßen Lippen drücken.
Hätt ich zehn Leben, nach der Hochzeitsnacht,
Opfr' ich sie jauchzend jedem von euch hin!

DER KAISER. Fort jetzt! daß er das Rätsel ihr erkläre!

Ab.

Zwölfter Auftritt

Der Graf vom Strahl und das Käthchen.

DER GRAF VOM STRAHL *indem er sie bei der Hand nimmt, und sich setzt.*

Nun denn, mein Käthchen, komm! komm her, o Mädchen!
Mein Mund hat jetzt dir etwas zu vertraun.

KÄTHCHEN. Mein hoher Herr! Sprich! Was bedeutet mir –?

DER GRAF VOM STRAHL.

Zuerst, mein süßes Kind, muß ich dir sagen,
Daß ich mit Liebe dir, unsäglich, ewig,
Durch alle meine Sinne zugetan.
Der Hirsch, der von der Mittagsglut gequält,
Den Grund zerwühlt, mit spitzigem Geweih,
Er sehnt sich so begierig nicht,
Vom Felsen in den Waldstrom sich zu stürzen,
Den reißenden, als ich, jetzt, da du mein bist,
In alle deine jungen Reize mich.

KÄTHCHEN *schamrot.*

Jesus! Was sprichst du? Ich versteh dich nicht.

DER GRAF VOM STRAHL.

Vergib mir, wenn mein Wort dich oft gekränkt,
Beleidigt; meine roh mißhandelnde
Gebärde dir zuweilen weh getan.
Denk ich, wie lieblos einst mein Herz geeifert,
Dich von mir wegzustoßen – und seh ich gleichwohl jetzo dich
So voll von Huld und Güte vor mir stehn,
Sieh, so kommt Wehmut, Käthchen, über mich,
Und meine Tränen halt ich nicht zurück.

Er weint.

KÄTHCHEN *ängstlich.*

Himmel! Was fehlt dir? Was bewegt dich so?
Was hast du mir getan? Ich weiß von nichts.

DER GRAF VOM STRAHL.

O Mädchen, wenn die Sonne wieder scheint,
Will ich den Fuß in Gold und Seide legen,
Der einst auf meiner Spur sich wund gelaufen.
Ein Baldachin soll diese Scheitel schirmen,
Die einst der Mittag hinter mir versengt.
Arabien soll sein schönstes Pferd mir schicken,
Geschirrt in Gold, mein süßes Kind zu tragen,
Wenn mich ins Feld der Klang der Hörner ruft;
Und wo der Zeisig sich das Nest gebaut,
Der zwitschernde, in dem Holunderstrauch,
Soll sich ein Sommersitz dir auferbaun,
In heitern, weitverbreiteten Gemächern,
Mein Käthchen, kehr ich wieder, zu empfangen.

KÄTHCHEN. Mein Friederich! Mein angebeteter!
Was soll ich auch von dieser Rede denken?
Du willst? – Du sagst? –

Sie will seine Hand küssen.

DER GRAF VOM STRAHL *zieht sie zurück.*

Nichts, nichts, mein süßes Kind.

Er küßt ihre Stirn.

KÄTHCHEN. Nichts?

DER GRAF VOM STRAHL.

Nichts. Vergib. Ich glaubt, es wäre morgen.
– Was wollt ich doch schon sagen? – Ja, ganz recht,
Ich wollte dich um einen Dienst ersuchen.

Er wischt sich die Tränen ab.

KÄTHCHEN *kleinlaut.*

Um einen Dienst? Nun, welchen? Sag nur an.

Pause.

DER GRAF VOM STRAHL.

Ganz recht. Das wars. – Du weißt, ich mache morgen Hochzeit.
Es ist zur Feier alles schon bereitet;
Am nächsten Mittag bricht der Zug,
Mit meiner Braut bereits zum Altar auf.

Nun sann ich mir ein Fest aus, süßes Mädchen,
Zu welchem du die Göttin spielen sollst.
Du sollst, aus Lieb zu deinem Herrn, für morgen
Die Kleidung, die dich deckt, beiseite legen,
Und in ein reiches Schmuckgewand dich werfen,
Das Mutter schon für dich zurecht gelegt.
– Willst du das tun?

KÄTHCHEN *hält ihre Schürze vor die Augen.*

Ja, ja, es soll geschehn.

DER GRAF VOM STRAHL.

Jedoch recht schön; hörst du? Schlicht aber prächtig!
Recht, wies Natur und Weis in dir erheischt.
Man wird dir Perlen und Smaragden reichen;
Gern möcht ich daß du alle Fraun im Schloß,
Selbst noch die Kunigunde überstrahlst. –
Was weinst du?

KÄTHCHEN. – Ich weiß nicht, mein verehrter Herr.
Es ist ins Aug mir was gekommen.

DER GRAF VOM STRAHL. Ins Auge? Wo?

Er küßt ihr die Tränen aus den Augen.

Nun komm nur fort. Es wird sich schon erhellen.

Er führt sie ab.

Szene: Schloßplatz, zur Rechten, im Vordergrund, ein Portal. Zur Linken, mehr in der Tiefe, das Schloß, mit einer Rampe. Im Hintergrunde die Kirche.

Dreizehnter Auftritt

Marsch. Ein Aufzug. Ein Herold eröffnet ihn; darauf Trabanten. Ein Baldachin von vier Mohren getragen. In der Mitte des Schloßplatzes stehen der Kaiser, der Graf vom Strahl, Theobald, Graf Otto von der Flühe, der Rheingraf vom Stein, der Burggraf von Freiburg und das übrige Gefolge des Kaisers und empfangen den Baldachin. Unter dem Portal, rechts Fräulein Kunigunde von Thurneck im Brautschmuck, mit ihren Tanten und Vettern, um sich dem Zuge anzuschließen. Im Hintergrunde Volk, worunter Flammberg, Gottschalk, Rosalie usw.

DER GRAF VOM STRAHL. Halt hier, mit dem Baldachin! – Herold, tue dein Amt!

DER HEROLD *ablesend.* »Kund und zu wissen sei hiermit jedermann, daß der Reichsgraf, Friedrich Wetter vom Strahl, heut seine Vermählung feiert, mit Katharina, Prinzessin von Schwaben, Tochter unsers durchlauchtigsten Herrn Herrn und Kaisers. Der Himmel segne das hohe Brautpaar, und schütte das ganze Füllhorn von Glück, das in den Wolken schwebt, über ihre teuren Häupter aus!«

KUNIGUNDE *zu Rosalie.* Ist dieser Mann besessen, Rosalie?

ROSALIE. Beim Himmel! Wenn er es nicht ist, so ist es darauf angelegt, uns dazu zu machen. –

BURGGRAF VON FREIBURG. Wo ist die Braut?

RITTER VON THURNECK. Hier, ihr verehrungswürdigen Herren!

FREIBURG. Wo?

THURNECK. Hier steht das Fräulein, unsere Muhme, unter diesem Portal!

FREIBURG. Wir suchen die Braut des Grafen vom Strahl. – Ihr Herren, an euer Amt! Folgt mir und laßt uns sie holen.

Burggraf von Freiburg, Georg von Waldstätten und der Rheingraf vom Stein, besteigen die Rampe und gehen ins Schloß.

DIE HERREN VON THURNECK. Hölle, Tod und Teufel! Was haben diese Anstalten zu bedeuten?

Vierzehnter Auftritt

Käthchen im kaiserlichen Brautschmuck, geführt von Gräfin Helena und Fräulein Eleonore, ihre Schleppe von drei Pagen getragen; hinter ihr Burggraf von Freiburg usw. steigen die Rampe herab.

GRAF OTTO. Heil dir, o Jungfrau!

RITTER FLAMMBERG *und* GOTTSCHALK. Heil dir, Käthchen von Heilbronn, kaiserliche Prinzessin von Schwaben!

VOLK. Heil dir! Heil! Heil dir!

HERRNSTADT *und* VON DER WART *die auf dem Platz geblieben.* Ist dies die Braut?

FREIBURG. Dies ist sie.

KÄTHCHEN. Ich? Ihr hohen Herren! Wessen?

DER KAISER. Dessen, den dir der Cherub geworben. Willst du diesen Ring mit ihm wechseln?

THEOBALD. Willst du dem Grafen deine Hand geben?

DER GRAF VOM STRAHL *umfaßt sie.* Käthchen! Meine Braut! Willst du mich?

KÄTHCHEN. Schütze mich Gott und alle Heiligen!

Sie sinkt; die Gräfin empfängt sie.

DER KAISER. Wohlan, so nehmt sie, Herr Graf vom Strahl, und führt sie zur Kirche!

Glockenklang.

KUNIGUNDE. Pest, Tod und Rache! Diesen Schimpf sollt ihr mir büßen!

Ab, mit Gefolge.

DER GRAF VOM STRAHL. Giftmischerin!

Marsch: Der Kaiser stellt sich mit Käthchen und dem Grafen vom Strahl unter den Baldachin; die Damen und Ritter folgen. Trabanten beschließen den Zug. – Alle ab.

Ende

DIE HERMANNSSCHLACHT

EIN DRAMA

Wehe, mein Vaterland, dir! Die Leier, zum Ruhm dir,
                                              zu schlagen,
Ist, getreu dir im Schoß, mir, deinem Dichter, verwehrt.

PERSONEN

HERMANN, Fürst der Cherusker
THUSNELDA, seine Gemahlin
RINOLD }
ADELHART } seine Knaben
EGINHARDT, sein Rat
LUITGAR }
ASTOLF } dessen Söhne, seine Hauptleute
WINFRIED }
EGBERT ein andrer cheruskischer Anführer
GERTRUD }
BERTHA } Frauen der Thusnelda
MARBOD, Fürst der Sueven, Verbündeter des Hermann
ATTARIN, sein Rat
KOMAR, ein suevischer Hauptmann
WOLF, Fürst der Katten }
THUISKOMAR, Fürst der Sicambrier }
DAGOBERT, Fürst der Marsen } Mißvergnügte
SELGAR, Fürst der Brukterer }
FUST, Fürst der Cimbern }
GUELTAR, Fürst der Nervier } Verbündete des Varus
ARISTAN, Fürst der Ubier }
QUINTILIUS VARUS, römischer Feldherr
VENTIDIUS, Legat von Rom
SCÄPIO, sein Geheimschreiber
SEPTIMIUS }
CRASSUS } römische Anführer
TEUTHOLD, ein Waffenschmied
CHILDERICH, ein Zwingerwärter
EINE ALRAUNE
ZWEI ÄLTESTEN VON TEUTOBURG
DREI CHERUSKISCHE HAUPTLEUTE
DREI CHERUSKISCHE BOTEN
FELDHERRN, HAUPTLEUTE, KRIEGER, VOLK

ERSTER AKT

Szene: Gegend im Wald, mit einer Jagdhütte.

Erster Auftritt

Wolf, Fürst der Katten, Thuiskomar, Fürst der Sicambrier, Dagobert, Fürst der Marsen, Selgar, Fürst der Brukterer, und andere treten, mit Pfeil und Bogen, auf.

WOLF *indem er sich auf dem Boden wirft.*
Es ist umsonst, Thuskar, wir sind verloren!
Rom, dieser Riese, der, das Mittelmeer beschreitend,
Gleich dem Koloß von Rhodus, trotzig,
Den Fuß auf Ost und Westen setzet,
Des Parthers mutgen Nacken hier,
Und dort den tapfern Gallier niedertretend:
Er wirft auch jetzt uns Deutsche in den Staub.
Gueltar, der Nervier, und Fust, der Fürst der Cimbern,
Erlagen dem Augustus schon;
Holm auch, der Friese, wehrt sich nur noch sterbend;
Aristan hat, der Ubier,
Der ungroßmütigste von allen deutschen Fürsten,
In Varus' Arme treulos sich geworfen;
Und Hermann, der Cherusker, endlich,
Zu dem wir, als dem letzten Pfeiler, uns,
Im allgemeinen Sturz Germanias, geflüchtet,
Ihr seht es, Freunde, wie er uns verhöhnt:
Statt die Legionen mutig aufzusuchen,
In seine Forsten spielend führt er uns,
Und läßt den Hirsch uns und den Ur besiegen.
THUISKOMAR *zu Dagobert und Selgar, die im Hintergrund auf und nieder gehen.*
Er *muß* hier diese Briefe lesen!
– Ich bitt euch, meine Freunde, wanket nicht,
Bis die Verräterei des Varus ihm eröffnet.
Ein förmlicher Vertrag ward jüngst,
Geschlossen zwischen mir und ihm:
Wenn ich dem Fürsten mich der Friesen nicht verbände,
So solle dem August mein Erbland heilig sein;
Und hier, seht diesen Brief, ihr Herrn,

Mein Erbland ist von Römern überflutet.
Der Krieg, so schreibt der falsche Schelm,
In welchem er mit Holm, dem Friesen, liege,
Erfordere, daß ihm Sicambrien sich öffne:
Und meine Freundschaft für Augustus laß ihn hoffen,
Ich werd ihm diesen dreisten Schritt,
Den Not ihm dringend abgepreßt, verzeihn.
Laßt Hermann, wenn er kömmt, den Gaunerstreich uns [melden:
So kommt gewiß, Freund Dagobert,
Freund Selgar, noch der Bund zustande,
Um dessenthalb wir hier bei ihm versammelt sind.

DAGOBERT. Freund Thuiskomar! Ob *ich* dem Bündnis mich,
Das diese Fremdlinge aus Deutschland soll verjagen,
Anschließen werd, ob nicht: darüber, weißt du,
Entscheidet hier ein Wort aus Selgars Munde!
Augustus trägt, Roms Kaiser, mir,
Wenn ich mich seiner Sache will vermählen,
Das ganze, jüngst dem Ariovist entrißne,
Reich der Narisker an –

Wolf und Thuiskomar machen eine Bewegung.

Nichts! Nichts! Was fahrt ihr auf? Ich will es nicht!
Dem Vaterlande bleib ich treu,
Ich schlag es aus, ich bin bereit dazu.
Doch der hier, Selgar, soll, der Fürst der Brukterer,
Den Strich mir, der mein Eigentum,
An dem Gestad der Lippe überlassen;
Wir lagen längst im Streit darum.
Und wenn er mir Gerechtigkeit verweigert,
Selbst jetzt noch, da er meiner Großmut braucht,
So werd ich mich in euren Krieg nicht mischen.

SELGAR. Dein Eigentum! Sieh da! Mit welchem Rechte
Nennst du, was mir verpfändet, dein,
Bevor das Pfand, das Horst, mein Ahnherr, zahlte,
An seinen Enkel du zurückgezahlt?
Ist jetzt der würdge Augenblick,
Zur Sprache solche Zwistigkeit zu bringen?
Eh ich, Unedelmütgem, dir
Den Strich am Lippgestade überlasse,

Eh will an Augusts Heere ich
Mein ganzes Reich, mit Haus und Hof verlieren!

THUISKOMAR *dazwischen tretend.*

O meine Freunde!

EIN FÜRST *ebenso.*   Selgar! Dagobert!

Man hört Hörner in der Ferne.

EIN CHERUSKER *tritt auf.*

Hermann, der Fürst, kommt!

THUISKOMAR.   Laßt den Strich, ich bitt euch,
Ruhn, an der Lippe, bis entschieden ist,
Wem das gesamte Reich Germaniens gehört!

WOLF *indem er sich erhebt.*

Da hast du recht! Es bricht der Wolf, o Deutschland,
In deine Hürde ein, und deine Hirten streiten
Um eine Handvoll Wolle sich.

Zweiter Auftritt

Thusnelda, den Ventidius aufführend. Ihr folgt Hermann, Scäpio, ein Gefolge von Jägern und ein leerer römischer Wagen mit vier breitgespannten weißen Rossen.

THUSNELDA. Heil dem Ventidius Carbo! Römerritter!
Dem kühnen Sieger des gehörnten Urs!

DAS GEFOLGE.

Heil! Heil!

THUISKOMAR. Was! Habt ihr ihn?

HERMANN.   Hier, seht, ihr Freunde!
Man schleppt ihn bei den Hörnern schon herbei!

Der erlegte Auerochs wird herangeschleppt.

VENTIDIUS. Ihr deutschen Herrn, der Ruhm gehört nicht mir!
Er kommt Thusnelden, Hermanns Gattin,
Kommt der erhabenen Cheruskerfürstin zu!
Ihr Pfeil, auf mehr denn hundert Schritte,
Warf mit der Macht des Donnerkeils ihn nieder,
Und, Sieg! rief, wem ein Odem ward;
Der Ur hob plötzlich nur, mit pfeildurchbohrtem Nacken
Noch einmal sich vom Sand empor:
Da kreuzt ich seinen Nacken durch noch einen.

THUSNELDA. Du häufst, Ventidius, Siegsruhm auf die Scheitel,
Die du davon entkleiden willst.
Das Tier schoß, von dem Pfeil gereizt, den ich entsendet,
Mit wuterfüllten Sätzen auf mich ein,
Und schon verloren glaubt ich mich;
Da half dein beßrer Schuß dem meinen nach,
Und warf es völlig leblos vor mir nieder.
SCÄPIO. Bei allen Helden des Homers!
Dir ward ein Herz von par'schem Marmel, Fürstin!
Des Todes Nacht schlug über mich zusammen,
Als es gekrümmt, mit auf die Brust
Gesetzten Hörnern, auf dich ein,
Das rachentflammte Untier, wetterte:
Und du, du wichst, du wanktest nicht – was sag ich?
Sorg überflog, mit keiner Wolke,
Den heitern Himmel deines Angesichts!
THUSNELDA *mutwillig.* Was sollt ich fürchten, Scäpio,
So lang Ventidius mir zur Seite stand.
VENTIDIUS. Du warst des Todes gleichwohl, wenn ich fehlte.
WOLF *finster.* – Stand sie im Freien, als sie schoß?
VENTIDIUS.   Die Fürstin?
SCÄPIO. Nein – hier im Wald. Warum?
VENTIDIUS.   Ganz in der Nähe,
Wo kreuzend durch die Forst die Wildbahn bricht.
WOLF *lachend.*
Nun denn, beim Himmel –!
THUSKOMAR.   Wenn sie im Walde stand –
WOLF. Ein Auerochs ist keine Katze,
Und geht, soviel bekannt mir, auf die Wipfel
Der Pinien und Eichen nicht.
HERMANN *abbrechend.* Kurz, Heil ruf ich Ventidius noch einmal,
Des Urs, des hornbewehrten, Sieger,
Und der Thusnelda Retter obenein!
THUSNELDA *zu Hermann.*
Vergönnst du mein Gebieter mir,
Nach Teutoburg nunmehr zurückzukehren?
                  Sie gibt den Pfeil und Bogen weg.
HERMANN *wendet sich.* Holla! Die Pferd!

VENTIDIUS *halblaut, zu Thusnelden.*

                    Wie, Göttliche, du willst –?
            Sie sprechen heimlich zusammen.

THUISKOMAR *die Pferde betrachtend.*

  Schau, die Quadriga, die August dir schenkte?

SELGAR. Die Pferd aus Rom?

HERMANN *zerstreut.*   Aus Rom, beim Jupiter!
  Ein Zug, wie der Pelid ihn nicht geführt!

VENTIDIUS *zu Thusnelda.*

  Darf ich in Teutoburg –?

THUSNELDA.   Ich bitte dich.

HERMANN. Ventidius Carbo! Willst du sie begleiten?

VENTIDIUS.

  Mein Fürst! Du machst zum Sel'gen mich –
    Er gibt Pfeil und Bogen gleichfalls weg; offiziös.

                           Wann wohl vergönnst du,
  Vor deinem Thron, o Herr, in Ehrfurcht
  Dir eine Botschaft des Augustus zu entdecken?

HERMANN. Wenn du begehrst, Ventidius!

VENTIDIUS.   So werd ich
  Dir mit der nächsten Sonne Strahl erscheinen.

HERMANN. Auf denn! – Ein Roß dem Scäpio, ihr Jäger!
  – Gib deine Hand, Thusnelda, mir!

  Er hebt, mit Ventidius, Thusnelda in den Wagen; Ventidius folgt ihr.

THUSNELDA *sich aus dem Wagen herausbeugend.*

  Ihr Herrn, wir sehn uns an der Tafel doch?

HERMANN *zu den Fürsten.*

  Wolf! Selgar! Redet!

DIE FÜRSTEN.   Zu deinem Dienst, Erlauchte!
  Wir werden gleich nach dem Gezelt dir folgen.

HERMANN.

  Wohlauf, ihr Jäger! Laßt das Horn dann schmettern,
  Und bringt sie im Triumph nach Teutoburg!
    Der Wagen fährt ab; Hörnermusik.

Dritter Auftritt

Hermann, Wolf, Thuiskomar, Dagobert und Selgar lassen sich, auf eine Rasenbank, um einen steinernen Tisch nieder, der vor der Jagdhütte steht.

HERMANN. Setzt euch, ihr Freunde! Laßt den Becher
   Zur Letzung jetzt der müden Glieder kreisen!
   Das Jagen selbst ist weniger das Fest,
   Als dieser heitre Augenblick,
   Mit welchem sich das Fest der Jagd beschließet!

Knaben bedienen ihn mit Wein.

WOLF. O könnten wir, beim Mahle, bald
   Ein andres größres Siegsfest selig feiern!
   Wie durch den Hals des Urs Thusneldens sichre Hand
   Den Pfeil gejagt: o Hermann! könnten wir
   Des Krieges ehrnen Bogen spannen,
   Und, mit vereinter Kraft, den Pfeil der Schlacht
                                          zerschmetternd
   So durch den Nacken hin des Römerheeres jagen,
   Das in den Feldern Deutschlands aufgepflanzt!

THUISKOMAR. Hast du gehört, was mir geschehn?
   Daß Varus treulos den Vertrag gebrochen,
   Und mir Sicambrien mit Römern überschwemmt?
   Sieh, Holm, der Friesen wackern Fürsten,
   Der durch das engste Band der Freundschaft mir verbunden:
   Als jüngst die Rach Augustus' auf ihn fiel,
   Mir die Legionen fern zu halten,
   Gab ich der Rach ihn des Augustus preis.
   So lang an dem Gestad der Ems der Krieg nun wütet,
   Mit keinem Wort, ich schwörs, mit keinem Blick,
   Bin ich zu Hülfe ihm geeilt;
   Ich hütet, in Calpurns, des Römerboten, Nähe,
   Die Mienen, Hermann, die sich traurend
   Auf des verlornen Schwagers Seite stellten:
   Und jetzt – noch um den Lohn seh ich
   Mich der fluchwürdigen Feigherzigkeit betrogen:
   Varus führt die Legionen mir ins Land,
   Und gleich, als wär ich Augusts Feind,
   Wird es jedwedem Greul des Krieges preisgegeben.

HERMANN. Ich hab davon gehört, Thuiskar.
  Ich sprach den Boten, der die Nachricht
  Dir eben aus Sicambrien gebracht.
THUISKOMAR. Was nun – was wird für dich davon die Folge sein?
  Marbod, der herrschensgierge Suevenfürst,
  Der, fern von den Sudeten kommend,
  Die Oder rechts und links die Donau überschwemmt,
  Und seinem Szepter (so erklärt er)
  Ganz Deutschland siegreich unterwerfen will:
  Am Weserstrom, im Osten deiner Staaten,
  Mit einem Heere steht er da,
  Und den Tribut hat er dir abgefordert.
  Du weißt, wie oft dir Varus schon
  Zu Hülfe schelmisch die Kohorten bot.
  Nur allzuklar ließ er die Absicht sehn,
  Den Adler auch im Land Cheruskas aufzupflanzen;
  Den schlausten Wendungen der Staatskunst nur
  Gelang es, bis auf diesen Tag,
  Dir den bösartgen Gast entfernt zu halten.
  Nun ist er bis zur Lippe vorgerückt;
  Nun steht er, mit drei Legionen,
  In deines Landes Westen drohend da;
  Nun mußt du, wenn er es in Augusts Namen fordert,
  Ihm deiner Plätze Tore öffnen:
  Du hast nicht mehr die Macht, es ihm zu wehren.
HERMANN. Gewiß. Da siehst du richtig. Meine Lage
  Ist in der Tat bedrängter als jemals.
THUISKOMAR. Beim Himmel, wenn du schnell nicht hilfst,
  Die Lage eines ganz Verlornen!
  – Daß *ich*, mein wackrer Freund, dich in dies Irrsal stürzte,
  Durch Schritte, wenig klug und überlegt,
  Gewiß, ich fühls mit Schmerz, im Innersten der Brust.
  Ich hätte nimmer, fühl ich, Frieden
  Mit diesen Kindern des Betruges schließen,
  Und diesen Varus, gleich dem Wolf der Wüste,
  In einem ewgen Streit, bekriegen sollen.
  – Das aber ist geschehn, und wenig frommt, du weißt,
  In das Vergangene sich reuig zu versenken.

Was wirst du, fragt sich, nun darauf beschließen?
HERMANN. Ja! Freund! Davon kann kaum die Red noch sein. –
  Nach allem, was geschehn, find ich
  Läuft nun mein Vorteil ziemlich mit des Varus,
  Und wenn er noch darauf besteht,
  So nehm ich ihn in meinen Grenzen auf.
THUISKOMAR *erstaunt*.
  Du nimmst ihn – was?
DAGOBERT. In deines Landes Grenze? –
SELGAR. Wenn Varus drauf besteht, du nimmst ihn auf?
THUISKOMAR. Du Rasender! Hast du auch überlegt? –
DAGOBERT. Warum?
SELGAR. Weshalb, sag an?
DAGOBERT. Zu welchem Zweck?
HERMANN. – Mich gegen Marbod zu beschützen,
  Der den Tribut mir trotzig abgefordert.
THUISKOMAR. Dich gegen Marbod zu beschützen!
  Und du weißt nicht, Unseliger, daß er
  Den Marbod schelmisch gegen dich erregt,
  Daß er mit Geld und Waffen heimlich
  Ihn unterstützt, ja, daß er Feldherrn
  Ihm zugesandt, die in der Kunst ihn tückisch,
  Dich aus dem Feld zu schlagen, unterrichten?
HERMANN. Ihr Freund', ich bitt euch, kümmert euch
  Um meine Wohlfahrt nicht! Bei Wodan, meinem hohen Herrn!
  So weit im Kreise mir der Welt
  Das Heer der muntern Gedanken reichet,
  Erstreb ich und bezweck ich nichts,
  Als jenem Römerkaiser zu erliegen.
  Das aber möcht ich gern mit Ruhm, ihr Brüder,
  Wies einem deutschen Fürsten ziemt:
  Und *daß* ich das vermög, im ganzen vollen Maße,
  Wie sichs die freie Seele glorreich denkt –
  Will ich allein stehn, und mit euch mich –
  – Die manch ein andrer Wunsch zur Seite lockend zieht, –
  In dieser wichtgen Sache nicht verbinden.
DAGOBERT. Nun, bei den Nornen! Wenn du sonst nichts willst,
  Als dem August erliegen –?! *Er lacht.*

SELGAR. — Man kann nicht sagen,
Daß hoch Arminius das Ziel sich stecket!
HERMANN. So! –
Ihr würdet beide euren Witz vergebens
Zusammenlegen, dieses Ziel,
Das vor der Stirn euch dünket, zu erreichen.
Denn setzt einmal, ihr Herrn, ihr stündet
(Wohin ihr es im Lauf der Ewigkeit nicht bringt)
Dem Varus kampfverbunden gegenüber;
Im Grund morastger Täler er,
Auf Gipfeln waldbekränzter Felsen ihr:
So dürft er dir nur, Dagobert,
Selgar, dein Lippgestad verbindlich schenken:
Bei den fuchshaarigen Alraunen, seht,
Den Römer laßt ihr beid im Stich,
Und fallt euch, wie zwei Spinnen, selber an.
WOLF *einlenkend*. Du hältst nicht eben hoch im Wert uns, Vetter!
Es scheint, das Bündnis nicht sowohl,
Als die Verbündeten mißfallen dir.
HERMANN. Verzeiht! – Ich nenn euch meine wackern Freunde,
Und will mit diesem Wort, das glaubt mir, mehr, als euren
Verletzten Busen höflich bloß versöhnen.
Die Zeit stellt, heißen Drangs voll, die Gemüter
Auf eine schwere Prob; und manchen kenn ich besser,
Als er in diesem Augenblick sich zeigt.
Wollt ich auf Erden irgend was *erringen*,
Ich würde glücklich sein, könnt ich mit Männern mich,
Wie hier um mich versammelt sind, verbinden;
Jedoch, weil alles zu *verlieren* bloß
Die Absicht ist – so läßt, begreift ihr,
Solch ein Entschluß nicht wohl ein Bündnis zu:
Allein muß ich, in solchem Kriege, stehn,
Verknüpft mit niemand, als nur meinem Gott.
THUISKOMAR. Vergib mir, Freund, man sieht nicht ein,
Warum notwendig wir erliegen sollen;
Warum es soll unmöglich ganz,
Undenkbar sein (wenn es auch schwer gleich sein mag),
Falls wir nur sonst vereint, nach alter Sitte, wären,

Den Adler Roms, in einer muntern Schlacht,
Aus unserm deutschen Land hinwegzujagen.
HERMANN. Nein, nein! Das eben ists! Der Wahn, Thuiskar,
Der stürzt just rettungslos euch ins Verderben hin!
Ganz Deutschland ist verloren schon,
Dir der Sicambern Thron, der Thron der Katten dir,
Der Marsen dem, mir der Cherusker,
Und auch der Erb, bei Hertha! schon benannt:
Es gilt nur bloß noch jetzt, sie abzutreten.
Wie wollt ihr doch, ihr Herrn, mit diesem Heer des Varus
Euch messen – an eines Haufens Spitze,
Zusammen aus den Waldungen gelaufen,
Mit der Kohorte, der gegliederten,
Die, wo sie geht und steht, des Geistes sich erfreut?
Was habt ihr, sagt doch selbst, das Vaterland zu schirmen,
Als nur die nackte Brust allein,
Und euren Morgenstern; indessen jene dort
Gerüstet mit der ehrnen Waffe kommen,
Die ganze Kunst des Kriegs entfaltend,
In den vier Himmelsstrichen ausgelernt?
Nein, Freunde, so gewiß der Bär dem schlanken Löwen
Im Kampf erliegt, so sicherlich
Erliegt ihr, in der Feldschlacht, diesen Römern.
WOLF.
Es scheint, du hältst dies Volk des fruchtumblühten Latiens
Für ein Geschlecht von höhrer Art,
Bestimmt, uns roh're Kauze zu beherrschen?
HERMANN. Hm! In gewissem Sinne sag ich: ja.
Ich glaub, der Deutsch' erfreut sich einer größern
Anlage, der Italier doch hat seine mindre
In diesem Augenblicke mehr entwickelt.
Wenn sich der Barden Lied erfüllt,
Und, unter *einem* Königsszepter,
Jemals die ganze Menschheit sich vereint,
So läßt, daß es ein Deutscher führt, sich denken,
Ein Britt', ein Gallier, oder wer ihr wollt;
Doch nimmer jener Latier, beim Himmel!
Der keine andre Volksnatur

Verstehen kann und ehren, als nur seine.
Dazu am Schluß der Ding auch kommt es noch;
Doch bis die Völker sich, die diese Erd umwogen,
Noch jetzt vom Sturm der Zeit gepeitscht,
Gleich einer See, ins Gleichgewicht gestellt,
Kann es leicht sein, der Habicht rupft
Die Brut des Aars, die, noch nicht flügg,
Im stillen Wipfel einer Eiche ruht.
WOLF. Mithin ergibst du wirklich völlig dich
In das Verhängnis – beugst den Nacken
Dem Joch, das dieser Römer bringt,
Ohn auch ein Glied nur sträubend zu bewegen?
HERMANN. Behüte Wodan mich! Ergeben! Seid ihr toll?
Mein Alles, Haus und Hof, die gänzliche
Gesamtheit des, was mein sonst war,
Als ein verlornes Gut in meiner Hand noch ist,
Das, Freunde, setz ich dran, im Tod nur,
Wie König Porus, glorreich es zu lassen!
Ergeben! – Einen Krieg, bei Mana! will ich
Entflammen, der in Deutschland rasselnd,
Gleich einem dürren Walde, um sich greifen,
Und auf zum Himmel lodernd schlagen soll!
THUISKOMAR. Und gleichwohl – unbegreiflich bist du, Vetter!
Gleichwohl nährst keine Hoffnung du,
In solchem tüchtgen Völkerstreit zu siegen?
HERMANN. Wahrhaftig, nicht die mindeste,
Ihr Freunde. Meine ganze Sorge soll
Nur sein, wie ich, nach meinen Zwecken,
Geschlagen werd. – Welch ein wahnsinnger Tor
Müßt ich doch sein, wollt ich mir und der Heeresschar,
Die ich ins Feld des Todes führ, erlauben,
Das Aug, von dieser finstern Wahrheit ab,
Buntfarbgen Siegesbildern zuzuwenden,
Und gleichwohl dann gezwungen sein,
In dem gefährlichen Momente der Entscheidung,
Die ungeheure Wahrheit anzuschaun?
Nein! Schritt vor Schritt will ich das Land der großen Väter
Verlieren – über jeden Waldstrom schon im voraus,

Mir eine goldne Brücke baun,
In jeder Mordschlacht denken, wie ich in
Den letzten Winkel nur mich des Cheruskerlands
Zurückezieh: und triumphieren,
Wie nimmer Marius und Sylla triumphierten,
Wenn ich – nach einer runden Zahl von Jahren,
Versteht sich – im Schatten einer Wodanseiche,
Auf einem Grenzstein, mit den letzten Freunden,
Den schönen Tod der Helden sterben kann.

DAGOBERT. Nun denn, beim Styxfluß –!

SELGAR.   Das gestehst du, Vetter,
Auf diesem Weg nicht kömmst du eben weit.

DAGOBERT. Gleich einem Löwen grimmig steht er auf,
Warum? Um, wie ein Krebs, zurückzugehn.

HERMANN.
Nicht weit? Hm! – Seht, das möcht ich just nicht sagen.
Nach Rom – ihr Herren, Dagobert und Selgar!
Wenn mir das Glück ein wenig günstig ist.
Und wenn nicht ich, wie ich fast zweifeln muß,
Der Enkel einer doch, wag ich zu hoffen,
Die hier in diesem Paar der Lenden ruhn!

WOLF *umarmt ihn.* Du Lieber, Wackrer, Göttlicher –!
Wahrhaftig, du gefällst mir. – Kommt, stoßt an!
Hermann soll, der Befreier Deutschlands, leben!

HERMANN *sich losmachend.*
Kurz, wollt ihr, wie ich schon einmal euch sagte,
Zusammenraffen Weib und Kind,
Und auf der Weser rechtes Ufer bringen,
Geschirre, goldn' und silberne, die ihr
Besitzet, schmelzen, Perlen und Juwelen
Verkaufen oder sie verpfänden,
Verheeren eure Fluren, eure Herden
Erschlagen, eure Plätze niederbrennen,
So bin ich euer Mann –:

WOLF.   Wie? Was?

HERMANN.   Wo nicht –?

THUISKOMAR. Die eignen Fluren sollen wir verheeren –?

DAGOBERT. Die Herden töten –?

SELGAR. Unsre Plätze niederbrennen –?

HERMANN. Nicht? Nicht? Ihr wollt es nicht?

THUISKOMAR. Das eben, Rasender, das ist es ja,
Was wir in diesem Krieg verteidigen wollen!

HERMANN *abbrechend.*
Nun denn, ich glaubte, eure Freiheit wärs. *Er steht auf.*

THUISKOMAR. Was? – Allerdings. Die Freiheit –

HERMANN. Ihr vergebt mir!

THUISKOMAR. Wohin, ich bitte dich?

SELGAR. Was fällt dir ein?

HERMANN. Ihr Herrn, ihr hörts; so kann ich euch nicht helfen.

DAGOBERT *bricht auf.*
Laß dir bedeuten, Hermann.

HERMANN *in die Szene rufend.* Horst! Die Pferde!

SELGAR *ebenso.* Ein Augenblick! Hör an! Du mißverstehst uns!
Die Fürsten brechen sämtlich auf.

HERMANN. Ihr Herrn, zur Mittagstafel sehn wir uns.
Er geht ab; Hörnermusik.

WOLF. O Deutschland! Vaterland! Wer rettet dich,
Wenn es ein Held, wie Siegmars Sohn nicht tut!

Alle ab.

ZWEITER AKT

Szene: Teutoburg. Das Innere eines großen und prächtigen Fürstenzelts, mit einem Thron.

Erster Auftritt

Hermann auf dem Thron. Ihm zur Seite Eginhardt. Ventidius, der Legat von Rom, steht vor ihm.

HERMANN. Ventidius! Deine Botschaft, in der Tat,
Erfreut zugleich mich und bestürzt mich.
– Augustus, sagst du, beut zum drittenmal,
Mir seine Hülfe gegen Marbod an.

VENTIDIUS. Ja, mein erlauchter Herr. Die drei Legionen,
Die, in Sicambrien, am Strom der Lippe stehn,

Betrachte sie wie dein! Quintilius Varus harrt,
Ihr großer Feldherr, deines Winkes nur,
In die Cheruskerplätze einzurücken.
Drei Tage, mehr bedarf es nicht, so steht er
Dem Marbod schon, am Bord der Weser, gegenüber,
Und zahlt, vorn an der Pfeile Spitzen,
Ihm das Metall, das er gewagt,
Dir als Tribut, der Trotzge, abzufodern.

HERMANN.
Freund, dir ist selbst bekannt, wie manchem bittern Drangsal
Ein Land ist heillos preis gestellt,
Das einen Heereszug erdulden muß.
Da finden Raub und Mord und Brand sich,
Der höllentstiegene Geschwisterreigen, ein,
Und selbst das Beil oft hält sie nicht zurück.
Meinst du nicht, alles wohl erwogen,
Daß ich im Stande wär, allein
Cheruska vor dem Marbod zu beschützen?

VENTIDIUS.
Nein, nein, mein Fürst! Den Wahn, ich bitte dich, entferne!
Gewiß, die Scharen, die du führst, sie bilden
Ein würdig kleines Heer, jedoch bedenke,
Mit welchem Feind du es zu tun!
Marbod, das Kind des Glücks, der Fürst der Sueven ists,
Der, von den Riesenbergen niederrollend,
Stets siegreich, wie ein Ball von Schnee, sich groß gewälzt.
Wo ist der Wall um solchem Sturz zu wehren?
Die Römer werden Mühe haben,
Die weltbesiegenden, wie mehr, o Herr, denn du,
Dein Reich vor der Verschüttung zu beschirmen.

HERMANN. Freilich! Freilich! Du hast zu sehr nur recht.
Das Schicksal, das im Reich der Sterne waltet,
Ihn hat es, in der Luft des Kriegs,
Zu einem Helden rüstig groß gezogen,
Dagegen mir, du weißt, das sanfte Ziel sich steckte:
Dem Weib, das mir vermählt, der Gatte,
Ein Vater meinen süßen Kindern,
Und meinem Volk ein guter Fürst zu sein.

Seit jener Mordschlacht, die den Ariovist vernichtet,
Hab ich im Felde mich nicht mehr gezeigt;
Die Weisung werd ich nimmermehr vergessen:
Es war, im Augenblick der gräßlichen Verwirrung,
Als ob ein Geist erstünde und mir sagte,
Daß mir das Schicksal hier nicht günstig wäre. –

VENTIDIUS. Gewiß! Die Weisheit, die du mir entfaltest,
Füllt mit Bewunderung mich. – Zudem muß ich dir sagen,
Daß so, wie nun die Sachen dringend stehn,
O Herr, dir keine Wahl mehr bleibt,
Daß du dich zwischen Marbod und Augustus
Notwendig jetzt entscheiden mußt;
Daß dieses Sueven Macht, im Reich Germaniens,
Zu ungeheuer anwuchs; daß Augustus
Die Oberherrschaft keinem gönnen kann,
Der, auf ein Heer, wie Marbod, trotzend,
Sich selbst sie nur verdanken will; ja, wenn
Er je ein Oberhaupt der Deutschen anerkennt,
Ein Fürst es sein muß, das begreifst du,
Den er, durch einen Schritt, verhängnisvoll wie diesen,
Auf immer seinem Thron verbinden kann.

HERMANN *nach einer kurzen Pause.*

Wenn du die Aussicht mir eröffnen könntest,
Ventidius, daß *mir*
Die höchste Herrschgewalt in Deutschland zugedacht:
So würd Augustus, das versichr' ich dich,
Den wärmsten Freund würd er an mir erhalten. –
Denn dieses Ziel, das darf ich dir gestehn,
Reizt meinen Ehrgeiz, und mit Neid
Seh ich den Marbod ihm entgegeneilen.

VENTIDIUS. Mein Fürst! Das ist kein Zweifel mehr.
Glaub nicht, was Meuterei hier ausgesprengt,
Ein Neffe werd Augusts, sobald es nur erobert,
In Deutschland, als Präfekt, sich niederlassen;
Und wenn gleich Scipio, Agricola, Licin,
Durch meinen großen Kaiser eingesetzt,
Nariska, Markoland und Nervien jetzt verwalten:
Ein Deutscher kann das Ganze nur beherrschen!

Der Grundsatz, das versichr' ich dich,
Steht, wie ein Felsen, bei Senat und Volk!
Wenn aber, das entscheide selbst,
Ein Deutscher solch ein Amt verwalten soll:
Wer kann es sein, o Herr, als der allein,
Durch dessen Hülfe uns ersprießlich,
Sich solch ein Herrschamt allererst errichtet?

HERMANN *vom Thron herabsteigend.*

Nun denn, Legat der römischen Cäsaren,
So werf ich, was auch säum ich länger,
Mit Thron und Reich, in deine Arme mich!
Cheruskas ganze Macht leg ich,
Als ein Vasall, zu Augusts Füßen nieder.
Laß Varus kommen, mit den Legionen;
Ich will fortan, auf Schutz und Trutz
Mich wider König Marbod ihm verbinden!

VENTIDIUS. Nun, bei den Uraniden! Dieser Tag,
Er ist der schönste meines Lebens!
Ich eile dem August, o Herr, dein Wort zu melden.
Man wird in Rom die Zirken öffnen,
Die Löwen kämpfen, die Athleten, lassen,
Und Freudenfeuer in die Nächte schicken!
– Wann darf Quintilius jetzt die Lippe überschreiten?

HERMANN. Wann es sein Vorteil will.

VENTIDIUS.   Wohlan, so wirst
Du morgen schon in Teutoburg ihn sehn.
– Vergönne, daß ich die Minute nütze. *Ab.*

Zweiter Auftritt

Hermann und Eginhardt
Pause.

HERMANN. Ging er?

EGINHARDT.   Mich dünkte, ja. Er bog sich links.

HERMANN.
  Mich dünkte, rechts.

EGINHARDT.   Still!

HERMANN.   Rechts! Der Vorhang rauschte.
Er bog sich in Thusneldens Zimmer hin.

Dritter Auftritt

Thusnelda tritt, einen Vorhang öffnend, zur Seite auf. Die Vorigen.

HERMANN. Thuschen!
THUSNELDA. Was gibts?
HERMANN. Geschwind! Ventidius sucht dich.
THUSNELDA. Wo?
HERMANN. Von dem äußern Gang.
THUSNELDA. So? Desto besser.
  So bin ich durch den mittlern ihm entflohn.
HERMANN. Thuschen! Geschwind! Ich bitte dich!
THUSNELDA. Was hast du?
HERMANN. Zurück, mein Herzchen! liebst du mich! Zurücke!
  In deine Zimmer wieder! Rasch! Zurücke!
THUSNELDA *lächelnd*.
  Ach, laß mich gehn.
HERMANN. Was? Nicht? Du weigerst mir –?
THUSNELDA. Laß mich mit diesem Römer aus dem Spiele.
HERMANN. Dich aus dem Spiel? Wie! Was! Bist du bei Sinnen?
  Warum? Weshalb?
THUSNELDA. – Er tut mir leid, der Jüngling.
HERMANN.
  Dir leid? Gewiß, beim Styx, weil er das Untier gestern –?
THUSNELDA. Gewiß! Bei Braga! Bei der sanften Freya:
  Er war so rüstig bei der Hand!
  Er *wähnte* doch, mich durch den Schuß zu retten,
  Und wir verhöhnen ihn!
HERMANN. Ich glaub, beim Himmel,
  Die römische Tarantel hat –?
  Er wähnt ja auch, du Törin, du,
  Daß wir den Wahn der Tat ihm danken!
  Fort, Herzchen, fort!
EGINHARDT. Da ist er selber schon!
HERMANN. Er riecht die Fährt ihr ab, ich wußt es wohl.
  – Du sei mir klug, ich rat es dir!
  Komm, Eginhardt, ich hab dir was zu sagen.

Ab.

Vierter Auftritt

Thusnelda nimmt eine Laute und setzt sich nieder. Ventidius und Scäpio treten auf.

VENTIDIUS *noch unter dem Eingang.*
 Scäpio! Hast du gehört?
SCÄPIO. Du sagst, der Bote –?
VENTIDIUS *flüchtig.* Der Bote, der nach Rom geht, an Augustus,
 Soll zwei Minuten warten; ein Geschäft
 Für Livia liegt, die Kaiserin, mir noch ob.
SCÄPIO. Genug! Es soll geschehn. *Ab.*
VENTIDIUS. Harr meiner draußen.

Fünfter Auftritt

Thusnelda und Ventidius.

VENTIDIUS. Vergib, erlauchte Frau, dem Freund des Hauses,
 Wenn er den Fuß, unaufgerufen,
 In deine göttergleiche Nähe setzt.
 Von deiner Lippe hört ich gern,
 Wie du die Nacht, nach jenem Schreck, der gestern
 Dein junges Herz erschütterte, geschlummert?
THUSNELDA. Nicht eben gut, Ventidius. Mein Gemüt
 War von der Jagd noch ganz des wilden Urs erfüllt.
 Vom Bogen sandt ich tausendmal den Pfeil,
 Und immerfort sah ich das Tier,
 Mit eingestemmten Hörnern, auf mich stürzen.
 Ein fürchterlicher Tod, Ventidius,
 Solch einem Ungeheu'r erliegen!
 Arminius sagte scherzend heut,
 Ich hätte durch die ganze Nacht,
 Ventidius! Ventidius! gerufen.
VENTIDIUS *läßt sich leidenschaftlich vor ihr nieder, und ergreift ihre Hand.*
 Wie selig bin ich, Königin,
 Dir ein Gefühl entlockt zu haben!
 Was für ein Strahl der Wonne strömt,
 Mir unerträglich, alle Glieder lähmend,
 Durch den entzückten Busen hin,

Sagt mir dein süßer Mund, daß du, bei dem Gedanken
An mich, empfindest – wärs auch die unscheinbare
Empfindung nur des Danks, verehrte Frau,
Die jedem Glücklichen geworden wäre,
Der, als ein Retter, dir zur Seite stand!

THUSNELDA. Ventidius! Was willst du mir? Steh auf!

VENTIDIUS.
Nicht ehr, Vergötterte, als bis du meiner Brust
Ein Zeichen, gleichviel welches, des
Gefühls, das ich in dir entflammt, verehrt!
Sei es das Mindeste, was Sinne greifen mögen,
Das Herz gestaltet es zum Größesten.
Laß es den Strauß hier sein, der deinen Busen ziert,
Hier diese Schleife, diese goldne Locke –
Ja, Kön'gin, eine Locke laß es sein!

THUSNELDA.
Ich glaub, du schwärmst. Du weißt nicht, wo du bist.

VENTIDIUS. Gib eine Locke, Abgott meiner Seelen,
Von diesem Haupthaar mir, das von der Juno Scheiteln
In üppgern Wogen nicht zur Ferse wallt!
Sieh, dem Arminius gönn ich alles:
Das ganze duftende Gefäß von Seligkeiten,
Das ich in meinen Armen zitternd halte,
Sein ists; ich gönn es ihm: es möge sein verbleiben.
Die einzge Locke fleh ich nur für mich,
Die, in dem Hain, beim Schein des Monds,
An meine Lippe heiß gedrückt,
Mir deines Daseins Traum ergänzen soll!
Die kannst du mir, geliebtes Weib, nicht weigern,
Wenn du nicht grausam mich verhöhnen willst.

THUSNELDA. Ventidius, soll ich meine Frauen rufen?

VENTIDIUS. Und müßt ich so, in Anbetung gestreckt,
Zu deinen Füßen flehend liegen,
Bis das Giganten-Jahr des Platon abgerollt,
Bis die graubärt'ge Zeit ein Kind geworden,
Und der verliebten Schäfer Paare wieder
An Milch- und Honigströmen zärtlich wandeln:
Von diesem Platz entweichen werd ich nicht,

Bis jener Wunsch, den meine Seele
Gewagt hat dir zu nennen, mir erfüllt.

Thusnelda steht auf und sieht ihn an. Ventidius läßt sie betreten los und erhebt sich. Thusnelda geht und klingelt.

Sechster Auftritt

Gertrud und Bertha treten auf. Die Vorigen.

THUSNELDA.
Gertrud; wo bleibst du? Ich rief nach meinen Kindern.
GERTRUD. Sie sind im Vorgemach. *Sie wollen beide gehen.*
THUSNELDA.   Wart! Einen Augenblick!
Gertrud, du bleibst! – Du, Bertha, kannst sie holen.

Bertha ab.

Siebenter Auftritt

Thusnelda setzt sich wieder nieder, ergreift die Laute, und tut einige Griffe darauf, Ventidius läßt sich hinter ihr, auf einem Sessel, nieder. Gertrud.

Pause.

THUSNELDA *spielt und singt.*

  Ein Knabe sah den Mondenschein
   In eines Teiches Becken;
  Er faßte mit der Hand hinein,
   Den Schimmer einzustecken;
  Da trübte sich des Wassers Rand,
  Das glänzge Mondesbild verschwand,
   Und seine Hand war –

VENTIDIUS *steht auf. Er hat, während dessen, unbemerkt eine Locke von Thusneldens Haar geschnitten, wendet sich ab, und drückt sie leidenschaftlich an seine Lippe.*

THUSNELDA *hält inne.*
Was hast du?
VENTIDIUS *entzückt.*
    – Was ich um das Gold der Afern,
Die Seide Persiens, die Perlen von Korinth,
Um alles, was die Römerwaffen
Je in dem Kreis der Welt erbeuteten, nicht lasse.

THUSNELDA. Ich glaub, du treibst die Dreistigkeit so weit,
Und nahmst mir –

Sie legt die Laute weg.

VENTIDIUS. Nichts, nichts, als diese Locke!
Doch selbst der Tod nicht trennt mich mehr von ihr.

Er beugt ehrfurchtsvoll ein Knie vor ihr und geht ab.

THUSNELDA *steht auf.* Ventidius Carbo, du beleidigst mich! –
Gib sie mir her, sag ich! – Ventidius Carbo!

Achter Auftritt

Hermann mit einer Pergamentrolle. Hinter ihm Eginhardt. – Die Vorigen.

HERMANN. Was gibts, mein Thuschen? Was erhitzt dich so?
THUSNELDA *erzürnt.* Nein, dies ist unerträglich, Hermann!
HERMANN. Was hast du? Sprich! Was ist geschehn, mein Kind?
THUSNELDA. Ich bitte dich, verschone fürder
Mit den Besuchen dieses Römers mich.
Du wirfst dem Walfisch, wie das Sprichwort sagt,
Zum Spielen eine Tonne vor;
Doch wenn du irgend dich auf offnem Meere noch
Erhalten kannst, so bitt ich dich,
Laß es was anders, als Thusnelden, sein.
HERMANN. Was wollt er dir, mein Herzchen, sag mir an?
THUSNELDA. Er kam und bat, mit einer Leidenschaft,
Die wirklich alle Schranken niederwarf,
Gestreckt auf Knieen, wie ein Glücklicher,
Um eine Locke mich –
HERMANN. Du gabst sie ihm –?
THUSNELDA. Ich –? ihm die Locke geben!
HERMANN. Was! Nicht? Nicht?
THUSNELDA. Ich weigerte die Locke ihm. Ich sagte,
Ihn hätte Wahnsinn, Schwärmerei ergriffen,
Erinnert ihn, an welchem Platz er wäre –
HERMANN. Da kam er her und schnitt die Locke ab –?
THUSNELDA. Ja, in der Tat! Es scheint, du denkst, ich scherze.
Inzwischen ich auf jenem Sessel mir
Ein Lied zur Zither sang, löst er,
Mit welchem Werkzeug weiß ich nicht, bis jetzt,

Mir eine Locke heimlich von der Scheitel,
Und gleich, als hätt er sie, der Törichte,
Von meiner Gunst davongetragen,
Drückt' er sie, glühend vor Entzücken, an die Lippen,
Und ging, mit Schritten des Triumphes,
Als du erschienst, mit seiner Beut hinweg.

HERMANN *mit Humor*. Ei, Thuschen, was! So sind wir glückliche
Geschöpfe ja, so wahr ich lebe,
Daß er die andern dir gelassen hat.

THUSNELDA.
Wie? Was? Wir wären glücklich –?

HERMANN. Ja, beim Himmel!
Käm er daher, mit seinen Leuten,
Die Scheitel ratzekahl dir abzuscheren:
Ein Schelm, mein Herzchen, will ich sein,
Wenn ich die Macht besitz, es ihm zu wehren.

THUSNELDA *zuckt die Achseln*.
– Ich weiß nicht, was ich von dir denken soll.

HERMANN. Bei Gott, ich auch nicht. Varus rückt
Mit den Kohorten morgen bei mir ein. –

THUSNELDA *streng*. Armin, du hörst, ich wiederhol es dir,
Wenn irgend dir dein Weib was wert ist,
So nötigst du mich nicht, das Herz des Jünglings ferner
Mit falschen Zärtlichkeiten, zu entflammen.
Bekämpf ihn, wenn du willst, mit Waffen des Betrugs,
Da, wo er mit Betrug dich angreift;
Doch hier, wo, gänzlich unbesonnen,
Sein junges Herz sich dir entfaltet,
Hier wünsch ich lebhaft, muß ich dir gestehn,
Daß du auf offne Weise ihm begegnest.
Sag ihm, mit einem Wort, bestimmt doch ungehässig,
Daß seine kaiserliche Sendung
An dich, und nicht an deine Gattin sei gerichtet.

HERMANN *sieht sie an*.
Entflammen? Wessen Herz? Ventidius Carbos?
Thuschen! Sieh mich mal an! – Bei unsrer Hertha!
Ich glaub, du bildst dir ein, Ventidius liebt dich?

THUSNELDA. Ob er mich liebt?

HERMANN. Nein, sprich, im Ernst, das glaubst du?
So, was ein Deutscher lieben nennt,
Mit Ehrfurcht und mit Sehnsucht, wie ich dich?

THUSNELDA.
Gewiß, glaub mir, ich fühls, und fühls mit Schmerz,
Daß ich den Irrtum leider selbst,
Der dieses Jünglings Herz ergriff, verschuldet.
Er hätte, ohne die betrügerischen Schritte,
Zu welchen du mich aufgemuntert,
Sich nie in diese Leidenschaft verstrickt;
Und wenn du das Geschäft, ihn offen zu enttäuschen,
Nicht übernehmen willst, wohlan:
Bei unsrer nächsten Zwiesprach werd ichs selbst.

HERMANN. Nun, Thuschen, ich versichre dich,
Ich liebe meinen Hund mehr, als er dich.
Du machst, beim Styx, dir überflüsse Sorge.
Ich zweifle nicht, o ja, wenn ihn dein schöner Mund
Um einen Dienst ersucht, er tut ihn dir:
Doch wenn er die Orange ausgesaugt,
Die Schale, Herzchen, wirft er auf den Schutt.

THUSNELDA *empfindlich.*
Dich macht, ich seh, dein Römerhaß ganz blind.
Weil als dämonenartig dir
Das Ganz' erscheint, so kannst du dir
Als sittlich nicht den Einzelnen gedenken.

HERMANN. Meinst du? Wohlan! Wer recht hat, wird sich zeigen.
Wie er die Lock, auf welche Weise,
Gebrauchen will, das weiß ich nicht;
Doch sie im Stillen an den Mund zu drücken,
Das kannst du sicher glauben, ist es nicht.
– Doch, Thuschen, willst du jetzt allein mich lassen?

THUSNELDA. O ja. Sehr gern.

HERMANN. Du bist mir doch nicht bös?

THUSNELDA. Nein, nein! Versprich mir nur, für immer mich
Mit diesem Toren aus dem Spiel zu lassen!

HERMANN. Topp! Meine Hand drauf! In drei Tagen,
Soll sein Besuch dir nicht zur Last mehr fallen!

Thusnelda und Gertrud ab.

Neunter Auftritt

Hermann und Eginhardt.

HERMANN. Hast du mir den geheimen Boten
 An Marbod, Fürst von Suevien, besorgt?
EGINHARDT. Er steht im Vorgemach.
HERMANN.   Wer ist es?
EGINHARDT. Mein Fürst und Herr, es ist mein eigner Sohn!
 Ich konnte keinen Schlechteren
 Für diese wichtige Botschaft dir bestellen.
HERMANN. Ruf ihn herein!
EGINHARDT.   Luitogar, erscheine!

Zehnter Auftritt

Luitgar tritt auf. – Die Vorigen.

HERMANN. Du bist entschlossen, hör ich, Luitgar,
 An Marbod heimlich eine Botschaft zu besorgen?
LUITGAR. Ich bins, mein hoher Herr.
HERMANN.   Kann ich gewiß sein,
 Daß das, was ich dir anvertraue,
 Vor morgen nacht in seinen Händen ist?
LUITGAR. Mein Fürst, so sicher, als ich morgen lebe,
 So sicher auch ist es ihm überbracht.
HERMANN. Gut. – Meine beide blonden Jungen wirst du,
 Den Rinold und den Adelhart,
 Empfangen, einen Dolch, und dieses Schreiben hier,
 Dem Marbod, Herrn des Suevenreiches,
 Von mir zu überliefern. – Die drei Dinge
 Erklären sich, genau erwogen, selbst,
 Und einer mündlichen Bestellung braucht es nicht;
 Doch, um dich in den Stand zu setzen,
 Sogleich jedwedem Irrtum zu begegnen,
 Der etwa nicht von mir berechnet wäre,
 Will ich umständlich, von dem Schritt,
 Zu dem ich mich entschloß, dir Kenntnis geben.
LUITGAR. Geruhe deinen Knecht zu unterrichten.

HERMANN. Die Knaben schick ich ihm zuvörderst und den Dolch,
Damit dem Brief er Glauben schenke.
Wenn irgend in dem Brief ein Arges ist enthalten,
Soll er den Dolch sofort ergreifen,
Und in der Knaben weiße Brüste drücken.
LUITGAR. Wohl, mein erlauchter Herr.
HERMANN. Augustus hat
Das Angebot der drei Legionen,
Die Varus führt, zum Schutze wider Marbod,
Zum drittenmal mir heute wiederholt.
Gründe von zwingender Gewalt bestimmten mich,
Die Truppen länger nicht mehr abzulehnen.
Sie rücken morgen in Cheruska ein,
Und werden, in drei Tagen schon,
Am Weserstrom, ins Angesicht ihm sehn.
Varus will schon am Idus des Augusts
(Also am Tag *nach* unserem
Hochheilgen Nornentag, das merk dir wohl),
Mit seinem Römerheer die Weser überschiffen,
Und Hermann wird, auf *einen* Marsch,
Mit dem Cheruskerheer, zu gleichem Zweck, ihm folgen.
An dem Alraunentag, Luitgar,
(Also am Tag *vor* unserm Nornentag)
Brech ich von Teutoburg mit meinen Scharen auf.
Jenseits der Weser wollen wir
Vereint auf Marbods Haufen plötzlich fallen;
Und wenn wir ihn erdrückt (wie kaum zu zweifeln steht),
Soll *mir*, nach dem Versprechen Augusts,
Die Oberherrschaft in Germanien werden.
LUITGAR. Ich faß, o Herr, dich und bewundre
Schon im voraus, was noch erfolgen wird.
HERMANN. Ich weiß inzwischen, daß Augustus sonst
Ihm mit der Herrschaft von Germanien geschmeichelt.
Mir ist von guter Hand bekannt,
Daß Varus heimlich ihn mit Geld,
Und Waffen selbst versehn, mich aus dem Feld zu schlagen.
Das Schicksal Deutschlands lehrt nur allzudeutlich mich,
Daß Augusts letzte Absicht sei,

Uns beide, mich wie ihn, zugrund zu richten,
Und wenn er, Marbod, wird vernichtet sein,
Der Suevenfürst, so fühl ich lebhaft,
Wird an Arminius die Reihe kommen.
LUITGAR. Du kennst, ich seh, die Zeit, wie wenige.
HERMANN. Da ich nun – *soll* ich einen Oberherrn erkennen,
Weit lieber einem Deutschen mich,
Als einem Römer unterwerfen will:
Von allen Fürsten Deutschlands aber *ihm*,
Marbod, um seiner Macht, und seines Edelmuts,
Der Thron am unzweideutigsten gebührt:
So unterwerf ich mich hiermit demselben,
Als meinem Herrn und hohen König,
Und zahl ihm den Tribut, Luitogar, den er
Durch einen Herold, jüngst mir abgefordert.
LUITGAR *betreten.*
Wie mein erlauchter Herr! Hört ich auch recht?
Du unterwirfst –? Ich bitte dich, mein Vater!
Eginhardt winkt ihm, ehrfurchtsvoll zu schweigen.
HERMANN. Dagegen, hoff ich, übernimmt nun *er*,
Als Deutschlands Oberherrscher, die Verpflichtung,
Das Vaterland von dem Tyrannenvolk zu säubern.
Er wird den Römeradler länger nicht
Um einen Tag, steht es in seiner Macht,
Auf Hermanns, seines Knechts, Gefilden dulden.
Und da der Augenblick sich eben günstig zeigt,
Dem Varus, eh der Mond noch wechselte,
Das Grab in dem Cheruskerland zu graben,
So wag ich es, sogleich dazu
In Ehrfurcht *ihm* den Kriegsplan vorzulegen.
EGINHARDT. Jetzt merk wohl auf, Luitogar,
Und laß kein Wort Arminius' dir entschlüpfen.
LUITGAR. Mein Vater! Meine Brust ist Erz
Und ein Demantengriffel seine Rede!
HERMANN. Der Plan ist einfach und begreift sich leicht. –
Varus kommt, in der Nacht der düstern Alraunen,
Im Teutoburger Walde an,
Der zwischen mir liegt und der Weser Strom.

Er denkt am folgenden, dem Tag der letzten Nornen,
Des Stroms Gestade völlig zu erreichen,
Um, an dem Idus des Augusts,
Mit seinem Heer darüber hin zu gehn.
Nun aber überschifft, am Tag schon der Alraunen,
Marbod der Weser Strom und rückt
Ihm bis zum Wald von Teutoburg entgegen.
Am gleichen Tag brech ich, dem Heer des Varus folgend,
Aus meinem Lager auf, und rücke
Von hinten ihm zu diesem Walde nach.
Wenn nun der Tag der Nornen purpurn
Des Varus Zelt bescheint, so siehst du, Freund Luitgar,
Ist ihm der Lebensfaden schon durchschnitten.
Denn nun fällt Marbod ihn von vorn,
Von hinten ich ihn grimmig an,
Erdrückt wird er von unsrer Doppelmacht:
Und keine andre Sorge bleibt uns,
Als die nur, eine Hand voll Römer zu verschonen;
Die, von dem Fall der übrigen,
Die Todespost an den Augustus bringen.
– Ich denk der Plan ist gut. Was meinst du, Luitgar?

LUITGAR. O Hermann! Wodan hat ihn selbst dir zugeflüstert!
Sieh, wenn du den Cheruskern ihn wirst nennen,
Sie werden, was sie nimmer tun,
Sieg! vor dem ersten Keulenschlag schon rufen!

HERMANN. Wohlan! In dem Vertraun itzt, das ich hege,
Er, Marbod, auch, werd diesen Plan,
Nach seiner höhren Weisheit billigen,
Nimmt er für mich die Kraft nun des Gesetzes an.
An dem Alraunentag rück ich nunmehr so fehllos,
Als wär es sein Gebot, aus meinem Lager aus,
Und steh, am Nornentag, vorm Teutoburger Wald.
Ihm aber – überlaß ich es in Ehrfurcht,
Nach dem Entwurf, das Seinige zu tun.
– Hast du verstanden?

LUITGAR.   Wohl, mein erlauchter Herr.

HERMANN. Sobald wir über Varus' Leiche uns
Begegnet – beug ich ein Knie vor ihm,

Und harre seines weiteren Befehls.
– Weißt du noch sonst was, Eginhardt?

EGINHARDT. Nichts, mein Gebieter.

HERMANN. Oder du, Luitgar?

LUITGAR *zögernd.* Nichts mindestens, das von Bedeutung wäre. –
Laß deiner Weisheit ganz mich unterwerfen.

HERMANN. – Nun? Sags nur dreist heraus, du siehst so starr
Auf diese kleine Rolle nieder,
Als hättst du nicht das Herz, sie zu ergreifen.

LUITGAR. Mein Fürst, die Wahrheit dir zu sagen,
Die Möglichkeit, daß mich ein Unfall träf, erschreckt mich.
Laß uns, in keinem Stück, der Gunst des Glücks vertraun.
Vergönne mir, ich bitte dich,
Zwei Freund ins Lager Marbods mitzunehmen,
Damit, wenn *mir* Verhindrung käme,
Ein andrer, und ein dritter noch,
Das Blatt in seine Hände bringen kann.

HERMANN. Nichts, nichts, Luitgar! Welch ein Wort entfiel dir?
Wer wollte die gewaltgen Götter
Also versuchen?! Meinst du, es ließe
Das große Werk sich ohne sie vollziehn?
Als ob ihr Blitz drei Boten minder,
Als einen einzelnen, zerschmettern könnte!
Du gehst allein; und triffst du mit der Botschaft
Zu spät bei Marbod, oder gar nicht, ein:
Seis! mein Geschick ists, das ich tragen werde.

LUITGAR. Gib mir die Botschaft! Nur der Tod verhindert,
Daß er sie morgen in den Händen hält.

HERMANN. Komm. So gebraucht ich dich. Hier ist die Rolle,
Und Dolch und Kinder händg' ich gleich dir ein.

Alle ab.

DRITTER AKT

Szene: Platz vor einem Hügel, auf welchem das Zelt Hermanns steht. Zur Seite eine Eiche, unter welcher ein großes Polster liegt, mit prächtigen Tigerfellen überdeckt. Im Hintergrunde sieht man die Wohnungen der Horde.

Erster Auftritt

Hermann, Eginhardt, zwei Ältesten der Horde und andere stehen vor dem Zelt und schauen in die Ferne.

HERMANN. Das ist Thuiskon, was jetzt Feuer griff?
ERSTER ÄLTESTER. Vergib mir, Herthakon.
HERMANN.   Ja, dort zur Linken.
 Der Ort, der brannte längst. Zur Rechten, mein ich.
ERSTER ÄLTESTER. Zur Rechten, meinst du. Das ist Helakon.
 Thuiskon kann man hier vom Platz nicht sehn.
HERMANN. Was! Helakon! Das liegt in Asche schon.
 Ich meine, was jetzt eben Feuer griff?
ERSTER ÄLTESTER.
 Ganz recht! Das ist Thuiskon, mein Gebieter!
 Die Flamme schlägt jetzt übern Wald empor. –

Pause.

HERMANN. Auf diesem Weg rückt, dünkt mich, Varus an?
ERSTER ÄLTESTER. Varus? Vergib. Von deinem Jagdhaus Orla.
 Das ist der Ort, wo heut er übernachtet.
HERMANN. Ja, Varus in Person. Doch die drei Haufen,
 Die er ins Land mir führt –?
ZWEITER ÄLTESTER *vortretend.*   Die ziehn, mein König,
 Durch Thuiskon, Helakon und Herthakon.

Pause.

HERMANN *indem er vom Hügel herabschreitet.*
 Man soll aufs beste, will ich, sie empfangen.
 An Nahrung weder, reichlicher,
 Wie der Italier sie gewohnt, soll mans
 Noch auch an Met, an Fellen für die Nacht,
 Noch irgend sonst, wie sie auch heiße,
 An einer Höflichkeit gebrechen lassen.

Denn meine guten Freunde sinds,
Von August mir gesandt, Cheruska zu beschirmen,
Und das Gesetz der Dankbarkeit erfodert,
Nichts, was sie mir verbinden kann, zu sparen.

ERSTER ÄLTESTER. Was dein getreuer Lagerplatz besitzt,
Das zweifle nicht, wird er den Römern geben.

ZWEITER ÄLTESTER.
Warum auch soll er warten, bis mans nimmt?

Zweiter Auftritt

Drei Hauptleute treten eilig nach einander auf. – Die Vorigen.

DER ERSTE HAUPTMANN *indem er auftritt.*
Mein Fürst, die ungeheuren
Unordnungen, die sich dies Römerheer erlaubt,
Beim Himmel! übersteigen allen Glauben.
Drei deiner blühndsten Plätze sind geplündert,
Entflohn die Horden, alle Hütten und Gezelte –
Die unerhörte Tat! – den Flammen preisgegeben!

HERMANN *heimlich und freudig.*
Geh, geh, Siegrest! Spreng aus, es wären sieben!

DER ERSTE HAUPTMANN.
Was? – Was gebeut mein König?

EGINHARDT.   Hermann sagt –
Er nimmt ihn beiseite.

DER ERSTE ÄLTESTE. Dort kommt ein neuer Unglücksbote schon!

DER ZWEITE HAUPTMANN *tritt auf.*
Mein Fürst, man schickt von Herthakon mich her,
Dir eine gräßliche Begebenheit zu melden!
Ein Römer ist, in diesem armen Ort,
Mit einer Wöchnerin in Streit geraten,
Und hat, da sie den Vater rufen wollte,
Das Kind, das sie am Busen trug, ergriffen,
Des Kindes Schädel, die Hyäne, rasend
An seiner Mutter Schädel eingeschlagen.
Die Feldherrn, denen man die Greueltat gemeldet,
Die Achseln haben sie gezuckt, die Leichen
In eine Grube heimlich werfen lassen.

HERMANN *ebenso.* Geh! Fleuch! Verbreit es in dem Platz, Govin!
Versichere von mir, den Vater hätten sie
Lebendig, weil er zürnte, nachgeworfen!

DER ZWEITE HAUPTMANN.
Wie? Mein erlauchter Herr!

EGINHARDT *nimmt ihn beim Arm.* Ich will dir sagen –

Er spricht heimlich mit ihm.

ERSTER ÄLTESTER. Beim Himmel! Da erscheint der dritte schon!

DER DRITTE HAUPTMANN *tritt auf.*
Mein Fürst, du mußt, wenn du die Gnade haben willst,
Verzuglos dich nach Helakon verfügen.
Die Römer fällten dort, man sagt mir, aus Versehen,
Der tausendjährgen Eichen eine,
Dem Wodan, in dem Hain der Zukunft, heilig.
Ganz Helakon hierauf, Thuiskon, Herthakon,
Und alles, was den Kreis bewohnt,
Mit Spieß und Schwert stand auf, die Götter zu verteidgen.
Den Aufruhr rasch zu dämpfen, steckten
Die Römer plötzlich alle Läger an:
Das Volk, so schwer bestraft, zerstreute jammernd sich,
Und heult jetzt um die Asche seiner Hütten. –
Komm, bitt ich dich, und steure der Verwirrung.

HERMANN. Gleich, gleich! – Man hat mir hier gesagt,
Die Römer hätten die Gefangenen gezwungen,
Zeus, ihrem Greulgott, in den Staub zu knien?

DER DRITTE HAUPTMANN.
Nein, mein Gebieter, davon weiß ich nichts.

HERMANN. Nicht? Nicht? – Ich hab es von dir selbst gehört!

DER DRITTE HAUPTMANN.
Wie? Was?

HERMANN *in den Bart.*
          Wie! Was! Die deutschen Uren!
– Bedeut ihm, was die List sei, Eginhardt.

EGINHARDT. Versteh, Freund Ottokar! Der König meint –

Er nimmt ihn beim Arm und spricht heimlich mit ihm.

ERSTER ÄLTESTER.
Nun solche Zügellosigkeit, beim hohen Himmel,

In Freundes Land noch obenein,
Ward doch, seitdem die Welt steht, nicht erlebt!
ZWEITER ÄLTESTER.
Schickt Männer aus, zu löschen!
HERMANN *der wieder in die Ferne gesehn.* Hör, Eginhardt!
Was ich dir sagen wollte –
EGINHARDT.   Mein Gebieter!
HERMANN *heimlich.* Hast du ein Häuflein wackrer Leute wohl,
Die man zu einer List gebrauchen könnte?
EGINHARDT. Mein Fürst, die War' ist selten, wie du weißt.
– Was wünschest du, sag an?
HERMANN.   Was? Hast du sie?
Nun hör, schick sie dem Varus, Freund,
Wenn er zur Weser morgen weiter rückt,
Schick sie in Römerkleidern doch vermummt ihm nach.
Laß sie, ich bitte dich, auf allen Straßen,
Die sie durchwandern, sengen, brennen, plündern:
Wenn sies geschickt vollziehn, will ich sie lohnen!
EGINHARDT. Du sollst die Leute haben. Laß mich machen.

Er mischt sich unter die Hauptleute.

Dritter Auftritt

Thusnelda tritt aus dem Zelt. – Die Vorigen.

HERMANN *heiter.*
Ei, Thuschen! Sieh! Mein Stern! Was bringst du mir?
Er sieht wieder, mit vorgeschützter Hand, in die Ferne hinaus.
THUSNELDA. Ei nun! Die Römer, sagt man, ziehen ein;
Die muß Arminius' Frau doch auch begrüßen.
HERMANN. Gewiß, gewiß! So wills die Artigkeit.
Doch weit sind sie im Felde noch;
Komm her und laß den Zug heran uns plaudern!
Er winkt ihr, sich unter der Eiche niederzulassen.
THUSNELDA *den Sitz betrachtend.*
Der Sybarit! Sieh da! Mit seinen Polstern!
Schämst du dich nicht? – Wer traf die Anstalt hier?
Sie setzt sich nieder.

HERMANN. Ja, Kind! Die Zeiten, weißt du, sind entartet. –
Holla, schafft Wein mir her, ihr Knaben,
Damit der Perserschach vollkommen sei!

Er läßt sich an Thusneldens Seite nieder und umarmt sie.

Nun, Herzchen, sprich, wie gehts dir, mein Planet?
Was macht Ventidius, dein Mond? Du sahst ihn?

Es kommen Knaben und bedienen ihn mit Wein.

THUSNELDA. Ventidius? Der grüßt dich.
HERMANN. So! Du sahst ihn?
THUSNELDA. Aus meinem Zimmer eben ging er fort!
– Sieh mich mal an!
HERMANN. Nun?
THUSNELDA. Siehst du nichts?
HERMANN. Nein, Thuschen.
THUSNELDA. Nichts? Gar nichts? Nicht das Mindeste?
HERMANN. Nein, in der Tat! Was soll ich sehn?
THUSNELDA. Nun wahrlich,
Wenn Varus auch so blind, wie du,
Der Feldherr Roms, den wir erwarten,
So war die ganze Mühe doch verschwendet.

HERMANN *indem er dem Knaben, der ihn bedient, den Becher zurückgibt.*

Ja, so! Du hast, auf meinen Wunsch, den Anzug
Heut mehr gewählt, als sonst –
THUSNELDA. So! Mehr gewählt!
Geschmückt bin ich, beim hohen Himmel,
Daß ich die Straßen Roms durchschreiten könnte!
HERMANN. Potz! Bei der großen Hertha! Schau! – Hör, du!
Wenn ihr den Adler seht, so ruft ihr mich.

Der Knabe, der ihn bedient, nickt mit dem Kopf.

THUSNELDA. Was?
HERMANN. Und Ventidius war bei dir?
THUSNELDA. Ja, allerdings. Und zeigte mir am Putztisch,
Wie man, in Rom, das Haar sich ordnet,
Den Gürtel legt, das Kleid in Falten wirft.
HERMANN. Schau, wie er göttlich dir den Kopf besorgt!
Der Kopf, beim Styx, von einer Juno!
Bis auf das Diadem sogar,
Das dir vom Scheitel blitzend niederstrahlt!

THUSNELDA. Das ist das schöne Prachtgeschenk,
   Das du aus Rom mir jüngsthin mitgebracht.
HERMANN. So? Der geschnittne Stein, gefaßt in Perlen?
   Ein Pferd war, dünkt mich, drauf?
THUSNELDA.   Ein wildes, ja,
   Das seinen Reiter abwirft. – *Er betrachtet das Diadem.*
HERMANN.   Aber, Thuschen! Thuschen!
   Wie wirst du aussehn, liebste Frau,
   Wenn du mit einem kahlen Kopf wirst gehn?
THUSNELDA.
   Wer? Ich?
HERMANN. Du, ja! – Wenn Marbod erst geschlagen ist,
   So läuft kein Mond ins Land, beim Himmel!
   Sie scheren dich so kahl wie eine Ratze.
THUSNELDA.
   Ich glaub, du träumst, du schwärmst! Wer wird den Kopf
                                                  mir –?
HERMANN. Wer? Ei, Quintilius Varus und die Römer,
   Mit denen ich alsdann verbunden bin.
THUSNELDA. Die Römer! Was!
HERMANN.   Ja, was zum Henker, denkst du?
   – Die römschen Damen müssen doch,
   Wenn sie sich schmücken, hübsche Haare haben?
THUSNELDA. Nun haben denn die römschen Damen keine?
HERMANN.
   Nein, sag ich! Schwarze! Schwarz und fett, wie Hexen!
   Nicht hübsche, trockne, goldne, so wie du!
THUSNELDA. Wohlan! So mögen sie! Der triftge Grund!
   Wenn sie mit hübschen nicht begabt,
   So mögen sie mit schmutzgen sich behelfen.
Hermann. So! In der Tat! Da sollen die Kohorten
   Umsonst wohl übern Rhein gekommen sein?
THUSNELDA. Wer? Die Kohorten?
HERMANN.   Ja, die Varus führt.
THUSNELDA *lacht*. Das muß ich sagen! Der wird doch
   Um meiner Haare nicht gekommen sein?
HERMANN. Was? Allerdings! Bei unsrer großen Hertha!
   Hat dir Ventidius das noch nicht gesagt?

THUSNELDA. Ach, geh! Du bist ein Affe.
HERMANN.   Nun, ich schwörs dir. –
Wer war es schon, der jüngst beim Mahl erzählte,
Was einer Frau in Ubien begegnet?
THUSNELDA. Wem? Einer Ubierin?
HERMANN.   Das weißt du nicht mehr?
THUSNELDA. Nein, Lieber! – Daß drei Römer sie, meinst du,
In Staub gelegt urplötzlich und gebunden –?
HERMANN. Nun ja! Und ihr nicht bloß, vom Haupt hinweg,
Das Haar, das goldene, die Zähne auch,
Die elfenbeinernen, mit einem Werkzeug,
Auf offner Straße, aus dem Mund genommen?
THUSNELDA.
Ach, geh! Laß mich zufrieden.
HERMANN.   Das glaubst du nicht?
THUSNELDA. Ach, was! Ventidius hat mir gesagt,
Das wär ein Märchen.
HERMANN.   Ein Märchen! So!
Ventidius hat ganz recht, wahrhaftig,
Sein Schäfchen, für die Schurzeit, sich zu kirren.
THUSNELDA. Nun, der wird doch den Kopf mir selber nicht –?
HERMANN. Ventidius? Hm! Ich steh für nichts, mein Kind.
THUSNELDA *lacht.*
Was? Er? Er, mir? Nun, das muß ich gestehn –!
HERMANN. Du lachst. Es sei. Die Folge wird es lehren.
Pause.
THUSNELDA *ernsthaft.* Was denn, in aller Welt, was machen sie
In Rom, mit diesen Haaren, diesen Zähnen?
HERMANN. Was du für Fragen tust, so wahr ich lebe!
THUSNELDA. Nun ja! Wie nutzen sie, bei allen Nornen!
Auf welche Art gebrauchen sie die Dinge?
Sie können doch die fremden Locken nicht
An ihre eignen knüpfen, nicht die Zähne
Aus ihrem eignen Schädel wachsen machen?
HERMANN. Aus ihrem eignen Schädel wachsen machen!
THUSNELDA. Nun also! Wie verfahren sie? So sprich!
HERMANN *mit Laune.* Die schmutzgen Haare schneiden sie sich ab,
Und hängen unsre trocknen um die Platte!

Die Zähne reißen sie, die schwarzen, aus,
Und stecken unsre weißen in die Lücken!

THUSNELDA. Was!

HERMANN. In der Tat! Ein Schelm, wenn ich dir lüge. –

THUSNELDA *glühend*. Bei allen Rachegöttern! Allen Furien!
Bei allem, was die Hölle finster macht!
Mit welchem Recht, wenn dem so ist,
Vom Kopf uns aber nehmen sie sie weg?

HERMANN. Ich weiß nicht, Thuschen, wie du heut dich stellst.
Steht August nicht, mit den Kohorten,
In allen Ländern siegreich aufgepflanzt?
Für wen erschaffen ward die Welt, als Rom?
Nimmt August nicht dem Elefanten
Das Elfenbein, das Öl der Bisamkatze,
Dem Panthertier das Fell, dem Wurm die Seide?
Was soll der Deutsche hier zum voraus haben?

THUSNELDA *sieht ihn an*.
Was wir zum voraus sollen –?

HERMANN. Allerdings.

THUSNELDA. Daß du verderben müßtest, mit Vernünfteln!
Das sind ja Tiere, Querkopf, der du bist,
Und keine Menschen!

HERMANN. Menschen! Ja, mein Thuschen,
Was ist der Deutsche in der Römer Augen?

Thusnelda. Nun, doch kein Tier, hoff ich –?

HERMANN. Was? – Eine Bestie,
Die auf vier Füßen in den Wäldern läuft!
Ein Tier, das, wo der Jäger es erschaut,
Just einen Pfeilschuß wert, mehr nicht,
Und ausgeweidet und gepelzt dann wird!

THUSNELDA. Ei, die verwünschte Menschenjägerei!
Ei, der Dämonenstolz! Der Hohn der Hölle!

HERMANN *lacht*. Nun wird ihr bang, um ihre Zähn und Haare.

THUSNELDA. Ei, daß wir, wie die grimmgen Eber, doch
Uns über diese Schützen werfen könnten!

HERMANN *ebenso*. Wie sie nur aussehn wird! Wie'n Totenkopf!

THUSNELDA. Und diese Römer nimmst du bei dir auf?

HERMANN. Ja, Thuschen! Liebste Frau, was soll ich machen?

Soll ich, um deiner gelben Haare,
Mit Land und Leut in Kriegsgefahr mich stürzen?
THUSNELDA. Um meiner Haare! Was? Gilt es sonst nichts?
Meinst du, wenn Varus so gestimmt, er werde
Das Fell dir um die nackten Schultern lassen?
HERMANN. Sehr wahr, beim Himmel! Das bedacht ich nicht.
Es sei! Ich will die Sach mir überlegen.
THUSNELDA. Dir überlegen! – Er rücket ja schon ein!
HERMANN. Je nun, mein Kind. Man schlägt ihn wieder 'naus.

Sie sieht ihn an.

THUSNELDA.
Ach, geh! Ein Geck bist du, ich sehs, und äffst mich!
Nicht, nicht? Gestehs mir nur: du scherztest bloß?
HERMANN *küßt sie.* Ja. – Mit der Wahrheit, wie ein Abderit.
– Warum soll sich, von seiner Not,
Der Mensch, auf muntre Art, nicht unterhalten? –
Die Sach ist zehnmal schlimmer, als ichs machte,
Und doch auch, wieder so betrachtet,
Bei weitem nicht so schlimm. – Beruhge dich.

Pause.

THUSNELDA. Nun, meine goldnen Locken kriegt er nicht!
Die Hand, die in den Mund mir käme,
Wie jener Frau, um meiner Zähne:
Ich weiß nicht, Hermann, was ich mit ihr machte.
HERMANN *lacht.* Ja, liebste Frau, da hast du recht! Beiß zu!
Danach wird weder Hund noch Katze krähen. –
THUSNELDA. Doch sieh! Wer fleucht so eilig dort heran?

Vierter Auftritt

Ein Cherusker tritt auf. Die Vorigen.

DER CHERUSKER.
Varus kömmt!
HERMANN *erhebt sich.*
        Was! Der Feldherr Roms! Unmöglich!
Wer wars, der mir von seinem Einzug
In Teutoburg die Nachricht geben wollte?

Fünfter Auftritt

Varus tritt auf. Ihm folgen Ventidius, der Legat; Crassus und Septimius, zwei römische Hauptleute; und die deutschen Fürsten Fust, Gueltar und Aristan. – Die Vorigen.

HERMANN *indem er ihm entgegengeht.*
 Vergib, Quintilius Varus, mir,
 Daß deine Hoheit mich hier suchen muß!
 Mein Wille war, dich ehrfurchtsvoll
 In meines Lagers Tore einzuführen,
 Oktav August in dir, den großen Kaiser Roms,
 Und meinen hochverehrten Freund, zu grüßen.
VARUS. Mein Fürst, du bist sehr gütig, in der Tat.
 Ich hab von außerordentlichen
 Unordnungen gehört, die die Kohorten sich
 In Helakon und Herthakon erlaubt;
 Von einer Wodanseiche unvorsichtiger
 Verletzung – Feuer, Raub und Mord,
 Die dieser Tat unsel'ge Folgen waren,
 Von einer Aufführung, mit einem Wort,
 Nicht eben, leider! sehr geschickt,
 Den Römer in Cheruska zu empfehlen.
 Sei überzeugt, ich selbst befand mich in Person
 Bei keinem der drei Heereshaufen,
 Die von der Lippe her ins Land dir rücken.
 Die Eiche, sagt man zwar, ward nicht aus Hohn verletzt,
 Der Unverstand nur achtlos warf sie um;
 Gleichwohl ist ein Gericht bereits bestellt,
 Die Täter aufzufahn, und morgen wirst du sie,
 Zur Sühne deinem Volk, enthaupten sehn.
HERMANN. Quintilius! Dein erhabnes Wort beschämt mich!
 Ich muß dich für die allzuraschen
 Cherusker dringend um Verzeihung bitten,
 Die eine Tat sogleich, aus Unbedacht geschehn,
 Mit Rebellion fanatisch strafen wollten.
 Mißgriffe, wie die vorgefallnen, sind
 Auf einem Heereszuge unvermeidlich.
 Laß diesen Irrtum, ich beschwöre dich,

Das Fest nicht stören, das mein Volk,
Zur Feier deines Einzugs, vorbereitet.
Gönn mir ein Wort zu Gunsten der Bedrängten,
Die deine Rache treffen soll:
Und weil sie bloß aus Unverstand gefehlt,
So schenk das Leben ihnen, laß sie frei!

VARUS *reicht ihm die Hand.*

Nun, Freund Armin; beim Jupiter, es gilt!
Nimm diese Hand, die ich dir reiche,
Auf immer hast du dir mein Herz gewonnen! –
Die Frevler, bis auf einen, sprech ich frei!
Man wird den Namen ihres Retters ihnen nennen,
Und hier im Staube sollen sie,
Das Leben dir, das mir verwirkt war, danken. –
Den einen nur behalt ich mir bevor,
Der, dem ausdrücklichen Ermahnungswort zuwider,
Den ersten Schlag der Eiche zugefügt;
Der Herold hat es mehr denn zehnmal ausgerufen,
Daß diese Eichen heilig sind,
Und das Gesetz verurteilt ihn des Kriegs,
Das kein Gesuch entwaffnen kann, nicht ich.

HERMANN.

– Wann du auf immer jeden Anlaß willst,
Der eine Zwistigkeit entflammen könnte,
Aus des Cheruskers treuer Brust entfernen,
So bitt ich, würdge diese Eichen,
Quintilius, würdge einer Sorgfalt sie.
Von ihnen her rinnt einzig fast die Quelle
Des Übels, das uns zu entzweien droht.
Laß irgend, was es sei, ein Zeichenbild zur Warnung,
Wenn du dein Lager wählst, bei diesen Stämmen pflanzen:
So hast du, glaub es mir, für immer
Den wackern Eingebornen dir verbunden.

VARUS. Wohlan! – Woran erkennt man diese Eichen?

HERMANN. An ihrem Alter und dem Schmuck der Waffen,
In ihres Wipfels Wölbung aufgehängt.

VARUS. Septimius Nerva!

SEPTIMIUS *tritt vor.* Was gebeut mein Feldherr?

VARUS. Laß eine Schar von Römern gleich
  Sich in den Wald zerstreun, der diese Niederlassung,
  Cheruskas Hauptplatz Teutoburg umgibt.
  Bei jeder Eiche grauen Alters,
  In deren Wipfel Waffen aufgehängt,
  Soll eine Wache von zwei Kriegern halten,
  Und jeden, der vorübergeht, belehren,
  Daß Wodan in der Nähe sei.
  Denn Wodan ist, daß ihrs nur wißt, ihr Römer,
  Der Zeus der Deutschen, Herr des Blitzes
  Diesseits der Alpen, so wie jenseits der;
  Er ist der Gott, dem sich mein Knie sogleich,
  Beim ersten Eintritt in dies Land, gebeugt;
  Und kurz, Quintilius, euer Feldherr, will
  Mit Ehrfurcht und mit Scheu, im Tempel dieser Wälder,
  Wie den Olympier selbst, geehrt ihn wissen.
SEPTIMIUS. Man wird dein Wort, o Herr, genau vollziehn.
VARUS *zu Hermann.*
  Bist du zufrieden, Freund?
HERMANN.   Du überfleuchst,
  Quintilius, die Wünsche deines Knechts.
VARUS *nimmt ein Kissen, auf welchem Geschenke liegen, aus der Hand eines Sklaven, und bringt sie der Thusnelda.*
  Hier, meine Fürstin, überreich ich dir,
  Von August, meinem hohen Herrn,
  Was er für dich mir jüngsthin zugesandt,
  Es sind Gesteine, Perlen, Federn, Öle –
  Ein kleines Rüstzeug, schreibt er, Kupidos.
  August, erlauchte Frau, bewaffnet deine Schönheit,
  Damit du Hermanns großes Herz,
  Stets in der Freundschaft Banden ihm erhaltest.
THUSNELDA *empfängt das Kissen und betrachtet die Geschenke.*
  Quintilius! Dein Kaiser macht mich stolz.
  Thusnelda nimmt die Waffen an,
  Mit dem Versprechen, Tag und Nacht,
  Damit geschirrt, für ihn zu Feld zu ziehn.
            Sie übergibt das Kissen ihren Frauen.
VARUS *zu Hermann.* Hier stell ich Gueltar, Fust dir und Aristan,

Die tapfern Fürsten Deutschlands vor,
Die meinem Heereszug sich angeschlossen.

Er tritt zurück und spricht mit Ventidius.

HERMANN *indem er sich dem Fürsten der Cimbern nähert.*

Wir kennen uns, wenn ich nicht irre, Fust,
Aus Gallien, von der Schlacht des Ariovist.

FUST. Mein Prinz, ich kämpfte dort an deiner Seite.

HERMANN *lebhaft.* Ein schöner Tag, beim hohen Himmel,
An den dein Helmbusch lebhaft mich erinnert!
– Der Tag, an dem Germanien zwar
Dem Cäsar sank, doch der zuerst
Den Cäsar die Germanier schätzen lehrte.

FUST *niedergeschlagen.* Mir kam er teuer, wie du weißt, zu stehn.
Der Cimbern Thron, nicht mehr, nicht minder,
Den ich nur Augusts Gnade jetzt verdanke. –

HERMANN *indem er sich zu dem Fürsten der Nervier wendet.*

Dich, Gueltar, auch sah ich an diesem Tag?

GUELTAR. Auf einen Augenblick. Ich kam sehr spät.
Mich kostet' er, wie dir bekannt sein wird,
Den Thron von Nervien; doch August hat
Mich durch den Thron von Äduen entschädigt.

HERMANN *indem er sich zu dem Fürsten der Ubier wendet.*

Wo war Aristan an dem Tag der Schlacht?

ARISTAN *kalt und scharf.* Aristan war in Ubien,
Diesseits des Rheines, wo er hingehörte.
Aristan hat das Schwert niemals
Den Cäsarn Roms gezückt, und er darf kühnlich sagen:
Er war ihr Freund, sobald sie sich
Nur an der Schwelle von Germania zeigten.

HERMANN *mit einer Verbeugung.*

Arminius bewundert seine Weisheit.
– Ihr Herrn, wir werden uns noch weiter sprechen.

Ein Marsch in der Ferne.

Sechster Auftritt

Ein Herold tritt auf. Bald darauf das Römerheer. – Die Vorigen.

DER HEROLD *zum Volk das zusammengelaufen.*
Platz hier, beliebts euch, ihr Cherusker!
Varus', des Feldherrn Roms, Liktoren
Nahn festlich an des Heeres Spitze sich!
THUSNELDA. Was gibts?
SEPTIMIUS *nähert sich ihr.* Es ist das Römerheer,
Das seinen Einzug hält in Teutoburg!
HERMANN *zerstreut.* Das Römerheer?

Er beobachtet Varus und Ventidius, welche heimlich mit einander sprechen.

THUSNELDA. Wer sind die ersten dort?
CRASSUS. Varus' Liktoren, königliche Frau,
Die des Gesetzes heilges Richtbeil tragen.
THUSNELDA. Das Beil? Wem! Uns?
SEPTIMIUS. Vergib! Dem Heere,
Dem sie ins Lager feierlich voranziehn.

Das Römerheer zieht in voller Pracht vorüber.

VARUS *zu Ventidius.* Was also, sag mir an, was hab ich
Von jenem Hermann dort mir zu versehn?
VENTIDIUS. Quintilius! Das faß ich in zwei Worten!
Er ist ein Deutscher.
In einem Hämmling ist, der an der Tiber graset,
Mehr Lug und Trug, muß ich dir sagen,
Als in dem ganzen Volk, dem er gehört. –
VARUS. So kann ich, meinst du, dreist der Sueven Fürsten
Entgegenrücken? Habe nichts von diesem,
Bleibt er in meinem Rücken, zu befürchten?
VENTIDIUS. So wenig, wiederhol ich dir,
Als hier von diesem Dolch in meinem Gurt. –
VARUS. Ich werde doch den Platz, in dem Cheruskerland,
Beschaun, nach des Augusts Gebot,
Auf welchem ein Kastell erbaut soll werden.
– Marbod ist mächtig, und nicht weiß ich,
Wie sich am Weserstrom das Glück entscheiden wird.

Er sieht ihn fragend an.

VENTIDIUS. Das lob ich sehr. Solch eine Anstalt
　Wird stets, auch wenn du siegst, zu brauchen sein.
VARUS. Wieso? Meinst du vielleicht, die Absicht sei, Cheruska
　Als ein erobertes Gebiet –?
VENTIDIUS. 　　　　　　Quintilius,
　Die Absicht, dünkt mich, läßt sich fast erraten.
VARUS. – Ward dir etwa bestimmte Kund hierüber?
VENTIDIUS. Nicht, nicht! Mißhör mich nicht! Ich teile bloß,
　Was sich in dieser Brust prophetisch regt, dir mit,
　Und Freunde mir aus Rom bestätigen.
VARUS. Seis! Was bekümmerts mich? Es ist nicht meines Amtes
　Den Willen meines Kaisers zu erspähn.
　Er sagt ihn, wenn er ihn vollführt will wissen. –
　Wahr ists, Rom wird auf seinen sieben Hügeln,
　Vor diesen Horden nimmer sicher sein,
　Bis ihrer kecken Fürsten Hand
　Auf immerdar der Szepterstab entwunden.
VENTIDIUS. So denkt August, so denket der Senat.
VARUS. Laß uns in ihre Mitte wieder treten.

Sie treten wieder zu Hermann und Thusnelda, welche, von Feldherrn und Fürsten umringt, dem Zuge des Heers zusehen.

THUSNELDA. Septimius! Was bedeutet dieser Adler?
SEPTIMIUS. Das ist ein Kriegspanier, erhabne Frau!
　Jedweder der drei Legionen
　Fleucht solch metallnes Adlerbild voran.
THUSNELDA. So, so! Ein Kriegspanier! Sein Anblick hält
　Die Scharen in der Nacht des Kampfs zusammen?
SEPTIMIUS. Du trafsts. Er führt sie den Pfad des Siegs. –
THUSNELDA. Wie jedes Land doch seine Sitte hat!
　– Bei uns tut es der Chorgesang der Barden.

Pause. Der Zug schließt, die Musik schweigt.

HERMANN *indem er sich zu dem Feldherrn Roms wendet.*
　Willst du dich in das Zelt verfügen, Varus?
　Ein Mahl ist, nach Cheruskersitte,
　Für dich und dein Gefolge drin bereitet.
VARUS. Ich werde kurz jedoch mich fassen müssen.

Er nimmt ihn vertraulich bei der Hand.

Ventidius hat dir gesagt,
Wie ich den Plan für diesen Krieg entworfen?
HERMANN. Ich weiß um jeden seiner weisen Punkte.
VARUS. Ich breche morgen mit dem Römerheer
Aus diesem Lager auf, und übermorgen
Rückst du mit dem Cheruskervolk mir nach.
Jenseits der Weser, in des Feindes Antlitz,
Hörst du das Weitre. – Wünschest du vielleicht,
Daß ein geschickter Römerfeldherr,
Für diesen Feldzug, sich in dein Gefolge mische?
Sags dreist mir an. Du hast nur zu befehlen.
HERMANN. Quintilius, in der Tat, du wirst
Durch eine solche Wahl mich glücklich machen.
VARUS. Wohlan, Septimius, schick dich an,
Dem Kriegsbefehl des Königs zu gehorchen. –
Er wendet sich zu Crassus.
Und daß die Teutoburg gesichert sei,
Indessen wir entfernt sind, laß ich, Crassus,
Mit drei Kohorten, dich darin zurück.
– Weißt du noch sonst was anzumerken, Freund?
HERMANN. Nichts, Feldherr Roms! Dir übergab ich alles,
So sei die Sorge auch, es zu beschützen, dein.
VARUS *zu Thusnelda.* Nun, schöne Frau, so bitt ich – Eure Hand!
Er führt die Fürstin ins Zelt.
HERMANN. Holla, die Hörner! Dieser Tag
Soll für Cheruska stets ein Festtag sein!
Hörnermusik. Alle ab.

VIERTER AKT

Szene: Marbods Zelt, im Lager der Sueven, auf dem rechten Ufer der Weser.

Erster Auftritt

Marbod, den Brief Hermanns, mit dem Dolch, in der Hand haltend. Neben ihm Attarin, sein Rat. Im Hintergrunde zwei Hauptleute. – Auf der andern Seite des Zeltes Luitgar mit Hermanns Kindern Rinold und Adelhart.

MARBOD. Was soll ich davon denken, Attarin?
– Arminius, der Cheruskerfürst,
Läßt mir durch jenen wackern Freund dort melden:
Varus sei ihm, auf Schutz und Trutz, verbunden,
Und werd, in dreien Tagen schon,
Mich am Gestad der Weser überfallen! –
Der Bund, schreibt Hermann doch, sei ihm nur aufgedrungen,
Und stets im Herzen, nach wie vor,
Sei er der Römer unversöhnter Feind.
– Er ruft mich auf, verknüpft mit ihm,
Sogleich dem Mordverrat zuvor zu kommen,
Die Weser, angesichts des Blatts, zu überschiffen,
Und, im Morast des Teutoburger Walds,
Die ganze giftige Brut der Hölle zu vertilgen. –
Zum Preis mir, wenn der Sieg erfochten,
Will er zu Deutschlands Oberherrn mich krönen.
– Da, lies den Brief, den er mir zugefertigt!
Wars nicht so, Luitgar?

LUITGAR.   Allerdings! So sagt ich.

ATTARIN *nachdem er den Brief genommen und gelesen.*
Mein Fürst, trau diesem Fuchs, ich bitte dich,
Dem Hermann, nicht! Der Himmel weiß,
Was er mit dieser schnöden List bezweckt.
Send ihm, Roms Cäsar so, wie er verdient, zu ehren,
Das Schreiben ohne Antwort heim,
Und melde Varus gleich den ganzen Inhalt!
Es ist ein tückischer, verrätrischer Versuch
Das Bündnis, das euch einigt, zu zerreißen.
             Er gibt ihm den Brief zurück.

MARBOD. Was! List! Verräterei! – Da schicket er
Den Rinold und den Adelhart,
Die beiden Knaben mir, die ihm sein Weib gebar,
Und diesen Dolch hier, sie zu töten,
Wenn sich ein Trug in seinen Worten findet.

ATTARIN *wendet sich.*
Wo?

MARBOD. Dort!

ATTARIN.   Das wären des Arminius Kinder?

MARBOD. Arminius', allerdings! Ich glaub du zweifelst?
In Teutoburg, vor sieben Monden,
Als ich den Staatenbund verhandeln wollte,
Hab ich die Jungen, die dort stehn,
Wie oft an diese alte Brust gedrückt!

ATTARIN. Vergib, o Herr, das sind die Knaben nicht!
Das sind zwei unterschobene, behaupt ich,
An Wuchs den echten Prinzen ähnlich bloß.
Laß die Verräterbrut gleich in Verwahrsam bringen,
Und ihn, der sie gebracht dir hat, dazu!

Pause.

MARBOD *nachdem er die Knaben aufmerksam betrachtet.*
Rinold! *Er setzt sich nieder.*

RINOLD *tritt dicht vor ihn.*

MARBOD.   Nun, was auch willst du mir? Wer rief dich?

RINOLD *sieht ihn an.*
Je, nun!

MARBOD. Je, nun! – Den andern meint ich, Rinold!

Er winkt den Adelhart.

ADELHART *tritt gleichfalls vor ihn.*

MARBOD *nimmt ihn bei der Hand.*
Nicht? Nicht? Du bist der Rinold? Allerdings!

ADELHART. Ich bin der Adelhart.

MARBOD.   – So? Bist du das.

Er stellt die beiden Knaben neben einander und scheint sie zu prüfen.
Nun, Jungen, sagt mir; Rinold! Adelhart!
Wie stehts in Teutoburg daheim,
Seit ich, vergangnen Herbst her, euch nicht sah?
– Ihr kennt mich doch?

RINOLD. O ja.
MARBOD. – Ich bin der Holtar,
Der alte Kämmrer, im Gefolge Marbods,
Der euch, kurz vor der Mittagsstunde,
Stets in des Fürsten Zelt herüber brachte.
RINOLD. Wer bist du?
MARBOD. Was! Das wißt ihr nicht mehr? Holtar,
Der euch mit glänzgem Perlenmutter,
Korallen und mit Bernstein noch beschenkte.
RINOLD *nach einer Pause.*
Du trägst ja Marbods eisern' Ring am Arm.
MARBOD. Wo?
RINOLD. Hier!
MARBOD. Trug Marbod diesen Ring damals?
RINOLD. Marbod?
MARBOD. Ja, Marbod, frag ich, mein Gebieter.
RINOLD. Ach, Marbod! Was! Freilich trugst du den Ring!
Du sagtest, weiß ich noch, auf Vater Hermanns Frage,
Du hättest ein Gelübd getan,
Und müßtest an dem Arm den Ring von Eisen tragen,
So lang ein römischer Mann in Deutschland sei.
MARBOD. Das hätt ich – wem? Euch? Nein, das hab ich nicht –!
RINOLD. Nicht uns! Dem Hermann!
MARBOD. Wann?
RINOLD. Am ersten Mittag,
Als Holtar beid in dein Gezelt uns brachte.

Marbod sieht den Attarin an.

ATTARIN *der die Knaben aufmerksam beobachtet.*
Das ist ja sonderbar, so wahr ich lebe!

Er nimmt Hermanns Brief noch einmal und überliest ihn. Pause.

MARBOD *indem er gedankenvoll in den Haaren der Knaben spielt.*
Ist denn, den Weserstrom zu überschiffen,
Vorläufig eine Anstalt schon gemacht?
EINER DER BEIDEN HAUPTLEUTE *vortretend.*
Mein Fürst, die Kähne liegen, in der Tat,
Zusamt am rechten Ufer aufgestellt.
MARBOD. Mithin könnt ich – *wenn* ich den Entschluß faßte,

Gleich, in der Tat, wie Hermann wünscht,
Des Stromes andern Uferrand gewinnen.
DER HAUPTMANN.
Warum nicht? In drei Stunden, wenn du willst.
Der Mond erhellt die Nacht; du hättest nichts,
Als den Entschluß nur schleunig zu erklären. –
ATTARIN *unruhig.* Mein Herr und Herrscher, ich beschwöre dich,
Laß zu nichts Übereiltem dich verführen!
Armin ist selbst hier der Betrogene!
Nach dem, wie sich Roms Cäsar zeigte,
Wärs eine Raserei, zu glauben,
Er werde den Cheruskern sich verbinden.
Hat er mit Waffen dich, dich nicht mit Geld versehn,
In ihre Staaten feindlich einzufallen?
Stählt man die Brust, die man durchbohren will?
Dein Lager ist von Römern voll,
Der herrlichsten Patrizier Söhnen,
Die hergesandt, dein Heer die Bahn des Siegs zu führen;
Die dienen dir, für Augusts Wort,
Als Geißel, Herr, und würden ja
Zusamt ein Opfer deiner Rache fallen,
Wenn ein so schändlicher Verrat dich träfe.
– Beschließe nichts, ich bitte dich,
Bis dir durch Fulvius, den Legaten Roms,
Von Varus' Plänen näh're Kunde ward.

Pause.

MARBOD. Ich will den Fulvius mindestens
Gleich über diese Sache doch vernehmen.

Er steht auf und klingelt.

Zweiter Auftritt

Komar tritt auf. Die Vorigen.

MARBOD. Den Fulvius Lepidus, Legaten Roms,
Ersuch ich, einen Augenblick,
In diesem Zelt, sein Antlitz mir zu schenken.
KOMAR. Den Fulvius? Vergib! Der wird nicht kommen;
Er hat soeben, auf fünf Kähnen,

Sich mit der ganzen Schar von Römern eingeschifft,
Die dein Gefolg bis heut vergrößerten. –
Hier ist ein Brief, den er zurückgelassen.

MARBOD. Was sagst du mir?

ATTARIN. Er hat, mit allen Römern –?

MARBOD. Wohin mit diesem Troß, jetzt, da die Nacht kömmt?

KOMAR. In das Cheruskerland, dem Anschein nach.
Er ist am andern Weseruser schon,
Wo Pferde stehen, die ihn weiter bringen.

ATTARIN. – Gift, Tod und Rache! Was bedeutet dies?

MARBOD *liest.*
»Du hast für Rom dich nicht entscheiden können,
Aus voller Brust, wie du gesollt:
Rom, der Bewerbung müde, gibt dich auf.
Versuche jetzt (es war dein Wunsch) ob du
Allein den Herrschthron dir in Deutschland kannst errichten.
August jedoch, daß du es wissest,
Hat den Armin auf seinem Sitz erhöht,
Und dir – die Stufen jetzo weist er an!«
Er läßt den Brief fallen.

ATTARIN. Verräterei! Verräterei!
Auf! Zu den Kähnen an der Weser!
Setzt dem Verfluchten nach und bringt ihn her!

MARBOD. Laß, laß ihn, Freund! Er läuft der Nemesis,
Der er entfliehen will, entgegen!
Das Rachschwert ist schon über ihn gezückt!
Er glaubte, *mir* die Grube zu eröffnen,
Und selbst, mit seiner ganzen Rotte,
Zur neunten Hölle schmetternd stürzt *er* nieder!
– Luitgar!

LUITGAR.   Mein erlauchter Herr!

MARBOD.   Tritt näher! –
Wo ist, sag an, wollt ich die Freiheitsschlacht versuchen,
Nach des Arminius Kriegsentwurf,
Der Ort, an dem die Würfel fallen sollen?

LUITGAR. Das ist der Teutoburger Wald, mein König.

MARBOD. Und welchen Tag, unfehlbar und bestimmt,
Hat er zum Fall der Würfel festgesetzt?

LUITGAR. Den Nornentag, mein königlicher Herr. –
MARBOD *indem er ihm die Kinder gibt und den Dolch zerbricht.*

Wohlan, dein Amt ist aus, hier nimm die Kinder,
Und auch, in Stücken, deinen Dolch zurück!
Den Brief auch – *indem er ihn durchsieht.*
                kann ich nur zur Hälfte brauchen;
        Er zerreißt ihn.
Den Teil, der mir von seiner Huldgung spricht,
Als einem Oberherrn, den lös ich ab. –
Triffst du ihn ehr, als ich, so sagst du ihm,
Zu Worten hätt ich keine Zeit gehabt:
Mit Taten würd ich ihm die Antwort schreiben!

LUITGAR *indem er den Dolch und die Stücke des Briefes übernimmt.*

Wenn ich dich recht verstehe, mein Gebieter –?

MARBOD *zu den Feldherren.*

Auf, Komar! Brunold! Meine Feldherrn!
Laßt uns den Strom sogleich der Weser überschiffen!
Die Nornen werden ein Gericht,
Des Schicksals fürchterliche Göttinnen,
Im Teutoburger Wald, dem Heer des Varus halten:
Auf, mit der ganzen Macht, ihr Freunde,
Daß wir das Amt der Schergen übernehmen!

Alle ab.

Szene: Straße in Teutoburg. Es ist Nacht.

Dritter Auftritt

Hermann und Eginhardt treten auf.

HERMANN. Tod und Verderben, sag ich, Eginhardt!
Woher die Ruh, woher die Stille,
In diesem Standplatz römscher Kriegerhaufen?

EGINHARDT. Mein bester Fürst, du weißt, Quintilius Varus zog
Heut mit des Heeres Masse ab.
Er ließ, zum Schutz in diesem Platz,
Nicht mehr, als drei Kohorten nur, zurück.
Die hält man ehr in Zaum, als so viel Legionen,
Zumal, wenn sie so wohlgewählt, wie die.

HERMANN. Ich aber rechnete, bei allen Rachegöttern,
  Auf Feuer, Raub, Gewalt und Mord,
  Und alle Greul des fessellosen Krieges!
  Was brauch ich Latier, die mir Gutes tun?
  Kann ich den Römerhaß, eh ich den Platz verlasse,
  In der Cherusker Herzen nicht
  Daß er durch ganz Germanien schlägt, entflammen:
  So scheitert meine ganze Unternehmung!
EGINHARDT.
  Du hättest Wolf, dünkt mich, und Thuskar und den andern
  Doch dein Geheimnis wohl entdecken sollen.
  Sie haben, als die Römer kamen,
  Mit Flüchen, gleich die Teutoburg verlassen.
  Wie gut, wenn deine Sache siegt,
  Hättst du in Deutschland sie gebrauchen können.
HERMANN. Die Schwätzer, die! Ich bitte dich;
  Laß sie zu Hause gehn. –
  Die schreiben, Deutschland zu befreien,
  Mit Chiffern, schicken, mit Gefahr des Lebens,
  Einander Boten, die die Römer hängen,
  Versammeln sich um Zwielicht – essen, trinken,
  Und schlafen, kommt die Nacht, bei ihren Frauen.–
  Wolf ist der einzge, der es redlich meint.
EGINHARDT. So wirst du doch den Flambert mindestens,
  Den Torst und Alarich und Singar,
  Die Fürsten an des Maines Ufer,
  Von deinem Wagstück staatsklug unterrichten?
HERMANN. Nichts, Liebster! Nenne mir die Namen nicht!
  Meinst du, die ließen sich bewegen,
  Auf meinem Flug mir munter nachzuschwingen?
  Eh das von meinem Maultier würd ich hoffen.
  Die Hoffnung: morgen stirbt Augustus!
  Lockt sie, bedeckt mit Schmach und Schande,
  Von einer Woche in die andere. –
  Es braucht der Tat, nicht der Verschwörungen.
  Den Widder laß sich zeigen, mit der Glocke,
  So folgen, glaub mir, alle anderen.
EGINHARDT. So mög der Himmel dein Beginnen krönen!

HERMANN.
Horch! Still!
EGINHARDT. Was gibts?
HERMANN. Rief man nicht dort Gewalt?
EGINHARDT. Nein, mein erlauchter Herr! Ich hörte nichts,
Es war die Wache, die die Stunden rief.
HERMANN. Verflucht sei diese Zucht mir der Kohorten!
Ich stecke, wenn sich niemand rührt,
Die ganze Teutoburg an allen Ecken an!
EGINHARDT. Nun, nun! Es wird sich wohl ein Frevel finden.
HERMANN. Komm, laß uns heimlich durch die Gassen schleichen,
Und sehn ob uns der Zufall etwas beut.

Beide ab.

Vierter Auftritt

Ein Auflauf. – Zuerst ein Greis und andere, bald darauf zwei Cherusker, welche eine Person aufführen, die ohnmächtig ist. Fackeln. Volk jeden Alters und Geschlechts.

DER GREIS *mit aufgehobenen Händen.*
Wodan, den Blitz regierst du, in den Wolken:
Und einen Greul, entsetzensvoll,
Wie den, läßt du auf Erden sich verüben!
EIN JUNGES MÄDCHEN.
Mutter, was gibts?
EIN ANDERES. Was läuft das Volk zusammen?
DIE MUTTER *mit einem Kinde an der Brust.*
Nichts, meine Töchter, nichts! Was fragt ihr doch?
Ein Mensch, der auf der offnen Straß erkrankte,
Wird von den Freunden hier vorbeigeführt.
EIN MANN *indem er auftritt.*
Habt ihr gesehn? Den jungen Römerhauptmann,
Der plötzlich, mit dem Federbusch, erschien?
EIN ANDERER. Nein, Freund! Von wo?
EIN DRITTER. Was tat er?
DER MANN. Was er tat?
Drei'n dieser geilen apenninschen Hunden,
Als man die Tat ihm meldete,
Hat er das Herz gleich mit dem Schwert durchbohrt!

DER GREIS. Vergib mir, Gott! ich kann es ihm nicht danken!
EIN WEIB *aus dem Haufen.*

Da kommt die Unglücksel'ge schon heran!

Die Person, von zwei Cheruskern geführt, erscheint.

DER GREIS. Hinweg die Fackeln!
DAS VOLK.   Seht, o seht!
DER GREIS.   Hinweg!
– Seht ihr nicht, daß die Sonne sich verbirgt?
DAS VOLK. O des elenden, schmachbedeckten Wesens!

Der fußzertretnen, kotgewälzten,

An Brust und Haupt, zertrümmerten Gestalt.

EINIGE STIMMEN.

Wer ists? Ein Mann? Ein Weib?

DER CHERUSKER *der die Person führt.*   Fragt nicht, ihr Leute,

Werft einen Schleier über die Person!

Er wirft ein großes Tuch über sie.

DER ZWEITE CHERUSKER *der sie führt.*

Wo ist der Vater?

EINE STIMME *aus dem Volke.*

              Der Vater ist der Teuthold!

DER ZWEITE CHERUSKER.

Der Teuthold, Helgars Sohn, der Schmied der Waffen?

MEHRERE STIMMEN.

Teuthold, der Schmied, er, ja!

DER ZWEITE CHERUSKER.   Ruft ihn herbei!
DAS VOLK. Da tritt er schon, mit seinen Vettern, auf!

Fünfter Auftritt

Teuthold und zwei andre Männer treten auf.

DER ZWEITE CHERUSKER.

Teuthold, heran!
TEUTHOLD.   Was gibts?
DER ZWEITE CHERUSKER.   Heran hier, sag ich! –

Platz, Freunde, bitt ich! Laßt den Vater vor!

TEUTHOLD.

Was ist geschehn?

DER ZWEITE CHERUSKER.
                    Gleich, gleich! – Hier stell dich her!
Die Fackeln! He, ihr Leute! Leuchtet ihm!
TEUTHOLD. Was habt ihr vor?
DER ZWEITE CHERUSKER.   Hör an und faß dich kurz. –
Kennst du hier die Person?
TEUTHOLD.   Wen, meine Freunde?
DER ZWEITE CHERUSKER.
Hier, frag ich, die verschleierte Person?
TEUTHOLD. Nein! Wie vermöcht ich das? Welch ein Geheimnis!
DER GREIS. Du kennst sie nicht?
DER ERSTE DER BEIDEN VETTERN. Darf man den Schleier lüften?
DER ERSTE CHERUSKER.
Halt, sag ich dir! Den Schleier rühr nicht an!
DER ZWEITE VETTER.
Wer die Person ist, fragt ihr?
            Er nimmt eine Fackel und beleuchtet ihre Füße.
TEUTHOLD.   Gott im Himmel!
Hally, mein Einziges, was widerfuhr dir?

Der Greis führt ihn auf die Seite und sagt ihm etwas ins Ohr.
Teuthold steht, wie vom Donner gerührt. Die Vettern, die ihm gefolgt waren,
erstarren gleichfalls. Pause.

DER ZWEITE CHERUSKER.
Genug! Die Fackeln weg! Führt sie ins Haus!
Ihr aber eilt den Hermann herzurufen!
TEUTHOLD *indem er sich plötzlich wendet.*
Halt dort!
DER ERSTE CHERUSKER.
        Was gibts?
TEUTHOLD.   Halt, sag ich, ihr Cherusker!
Ich will sie führen, wo sie hingehört. *Er zieht den Dolch.*
– Kommt, meine Vettern, folgt mir!
DER ZWEITE CHERUSKER.   Mann, was denkst du?
TEUTHOLD *zu den Vettern.*
Rudolf, du nimmst die Rechte, Ralf, die Linke!
– Seid ihr bereit, sagt an?
DIE VETTERN *indem sie die Dolche ziehn.*
                    Wir sinds! Brich auf!

TEUTHOLD *bohrt sie nieder.*

Stirb! Werde Staub! Und über deiner Gruft
Schlag ewige Vergessenheit zusammen!
Sie fällt, mit einem kurzen Laut, übern Haufen.

DAS VOLK. Ihr Götter!

DER ERSTE CHERUSKER *fällt ihm in den Arm.*
Ungeheuer! Was beginnst du?

EINE STIMME *aus dem Hintergrunde.*
Was ist geschehn?

EINE ANDERE. Sprecht!

EINE DRITTE. Was erschrickt das Volk?

DAS VOLK *durcheinander.*
Weh! Weh! Der eigne Vater hat, mit Dolchen,
Die eignen Vettern, sie in Staub geworfen!

TEUTHOLD *indem er sich über die Leiche wirft.*
Hally! Mein Einzges! Hab ichs recht gemacht?

Sechster Auftritt

Hermann und Eginhardt treten auf. Die Vorigen.

DER ZWEITE CHERUSKER.
Komm her, mein Fürst, schau diese Greuel an!

HERMANN.
Was gibts?

DER ERSTE CHERUSKER.
Was! Fragst du noch? Du weißt von nichts?

HERMANN. Nichts, meine Freund! ich komm aus meinem Zelte.

EGINHART. Sagt, was erschreckt euch?

DER ZWEITE CHERUSKER *halblaut.* Eine ganze Meute
Von geilen Römern, die den Platz durchschweifte,
Hat bei der Dämmerung schamlos eben jetzt –

HERMANN *indem er ihn vorführt.*
Still, Selmar, still! Die Luft, du weißt, hat Ohren.
– Ein Römerhaufen?

EGINHARDT. Ha! Was wird das werden?
Sie sprechen heimlich zusammen. Pause.

HERMANN *mit Wehmut, halblaut.*
Hally? Was sagst du mir! Die junge Hally?

DER ZWEITE CHERUSKER.

Hally, Teutholds, des Schmieds der Waffen, Tochter!
– Da liegt sie jetzt, schau her, mein Fürst,
Von ihrem eignen Vater hingeopfert!

EGINHARDT *vor der Leiche.*

Ihr großen, heiligen und ewgen Götter!

DER ERSTE CHERUSKER.

Was wirst du nun, o Herr, darauf beschließen?

HERMANN *zum Volke.*

Kommt, ihr Cherusker! Kommt, ihr Wodankinder!
Kommt, sammelt euch um mich und hört mich an!

Das Volk umringt ihn; er tritt vor Teuthold.

Teuthold, steh auf!

TEUTHOLD *am Boden.* Laß mich!

HERMANN. Steh auf, sag ich!

TEUTHOLD. Hinweg! Des Todes ist, wer sich mir naht.

HERMANN. – Hebt ihn empor, und sagt ihm, wer ich sei.

DER ZWEITE CHERUSKER. Steh auf, unsel'ger Alter!

DER ERSTE CHERUSKER. Fasse dich!

DER ZWEITE CHERUSKER.

Hermann, dein Rächer ists, der vor dir steht.

Sie heben ihn empor.

TEUTHOLD. Hermann, mein Rächer, sagt ihr? – Kann er Rom,
Das Drachennest, vom Erdenrund vertilgen?

HERMANN. Ich kanns und wills! Hör an, was ich dir sage.

TEUTHOLD *sieht ihn an.*

Was für ein Laut des Himmels traf mein Ohr?

DIE BEIDEN VETTERN.

Du kannsts und willsts?

TEUTHOLD. Gebeut! Sprich! Red, o Herr!
Was muß geschehn? Wo muß die Keule fallen?

HERMANN. Das hör jetzt, und erwidre nichts. –
Brich, Rabenvater, auf, und trage, mit den Vettern,
Die Jungfrau, die geschändete,
In einen Winkel deines Hauses hin!
Wir zählen funfzehn Stämme der Germaner;
In funfzehn Stücke, mit des Schwertes Schärfe,
Teil ihren Leib, und schick mit funfzehn Boten,

Ich will dir funfzehn Pferde dazu geben,
Den funfzehn Stämmen ihn Germaniens zu.
Der wird in Deutschland, dir zur Rache,
Bis auf die toten Elemente werben:
Der Sturmwind wird, die Waldungen durchsausend,
Empörung! rufen, und die See,
Des Landes Ribben schlagend, Freiheit! brüllen.

DAS VOLK. Empörung! Rache! Freiheit!

TEUTHOLD. Auf! Greift an!
Bringt sie ins Haus, zerlegt in Stücken sie!

Sie tragen die Leiche fort.

HERMANN. Komm, Eginhardt! Jetzt hab ich nichts mehr
An diesem Ort zu tun! Germanien lodert:
Laß uns den Varus jetzt, den Stifter dieser Greuel,
Im Teutoburger Walde suchen!

Alle ab.

Szene: Hermanns Zelt.

Siebenter Auftritt

*Hermann tritt auf, mit Schild und Spieß. Hinter ihm
Septimius. – Gefolge.*

HERMANN. Hast du die neuste Einrichtung getroffen?
Mir das Cheruskerheer, das vor den Toren liegt,
Nach Römerart, wie du versprachst,
In kleinere Manipeln abgeteilt?

SEPTIMIUS.
Mein Fürst, wie konnt ich? Deine deutschen Feldherrn
Versicherten, du wolltest selbst,
Bei dieser Neuerung zugegen sein.
Ich harrte, vor dem Tor, bis in die Nacht auf dich;
Doch du – warum? nicht weiß ich es – bliebst aus.

HERMANN. Was! So ist alles noch im Heer, wie sonst?

SEPTIMIUS. Auf jeden Punkt; wie könnt es anders?
Es ließ sich, ohne dich, du weißt, nichts tun.

HERMANN. Das tut mir leid, Septimius, in der Tat!
Mich hielt ein dringendes Geschäft

Im Ort zurück; du würdest, glaubt ich,
Auch ohne mich hierin verfügen können.
Nun – wird es wohl beim alten bleiben müssen.
Der Tag bricht an; hast du das Heer,
Dem Plan gemäß, zum Marsch nach Arkon,
Dem Teutoburger Waldplatz angeschickt?
SEPTIMIUS. Es harrt nur deines Worts, um anzutreten.
HERMANN *indem er einen Vorhang lüftet.*
– Ich denk, es wird ein schöner Tag heut werden?
SEPTIMIUS. Die Nacht war heiß, ich fürchte ein Gewitter.
Pause.
HERMANN. Nun, sei so gut, verfüg dich nur voran!
Von meinem Weib nur will ich Abschied nehmen,
Und folg, in einem Augenblick, dir nach! *Septimius ab.*
Zu dem Gefolge.
Auf, folgt ihm, und verlaßt ihn nicht!
Und jegliche Gemeinschaft ist,
Des Heers mit Teutoburg, von jetzt streng aufgehoben.
Das Gefolge ab.

Achter Auftritt

HERMANN *nachdem er Schild und Spieß weggelegt.*
Nun wär ich fertig, wie ein Reisender.
Cheruska, wie es steht und liegt,
Kommt mir, wie eingepackt in eine Kiste, vor:
Um einen Wechsel könnt ich es verkaufen.
Denn käms heraus, daß ich auch nur
Davon geträumt, Germanien zu befrein:
Roms Feldherr steckte gleich mir alle Plätze an,
Erschlüge, was die Waffen trägt,
Und führte Weib und Kind gefesselt übern Rhein. –
August straft den Versuch, so wie die Tat!
Er zieht eine Klingel; ein Trabant tritt auf.
Ruf mir die Fürstin!
DER TRABANT.   Hier erscheint sie schon!

Neunter Auftritt

Hermann und Thusnelda.

HERMANN *nimmt einen Brief aus dem Busen.*
  Nun, Thuschen, komm; ich hab dir was zu sagen.
THUSNELDA *ängstlich.*
  Sag, liebster Freund, ums Himmelswillen,
  Welch ein Gerücht läuft durch den Lagerplatz?
  Ganz Teutoburg ist voll, es würd, in wenig Stunden,
  Dem Crassus, der Kohorten Führer,
  Ein fürchterliches Blutgericht ergehn!
  Dem Tode, wär die ganze Schar geweiht,
  Die als Besatzung hier zurückgeblieben.
HERMANN. Ja! Kind, die Sach hat ihre Richtigkeit.
  Ich warte nur auf Astolf noch,
  Deshalb gemeßne Order ihm zu geben.
  Sobald ich Varus' Heer, beim Strahl des nächsten Tages,
  Im Teutoburger Wald erreicht,
  Bricht Astolf hier im Ort dem Crassus los;
  Die ganze Brut, die in den Leib Germaniens
  Sich eingefilzt, wie ein Insektenschwarm,
  Muß durch das Schwert der Rache jetzo sterben.
THUSNELDA. Entsetzlich! – Was für Gründe, sag mir,
  Hat dein Gemüt, so grimmig zu verfahren?
HERMANN. Das muß ich dir ein andermal erzählen.
THUSNELDA. Crassus, mein liebster Freund, mit allen Römern –?
HERMANN. Mit allen, Kind; nicht einer bleibt am Leben!
  Vom Kampf, mein Thuschen, übrigens,
  Der hier im Ort gekämpft wird werden,
  Hast du auch nicht das Mindeste zu fürchten;
  Denn Astolf ist dreimal so stark, als Crassus;
  Und überdies noch bleibt ein eigner Kriegerhaufen,
  Zum Schutze dir, bei diesem Zelt zurück.
THUSNELDA. Crassus? Nein, sag mir an! Mit allen Römern –?
  Die Guten mit den Schlechten, rücksichtslos?
HERMANN. Die Guten mit den Schlechten. – Was! Die Guten!
  Das sind die Schlechtesten! Der Rache Keil
  Soll sie zuerst, vor allen andern, treffen!

THUSNELDA. Zuerst! Unmenschlicher! Wie mancher ist,
Dem wirklich Dankbarkeit du schuldig bist –?
HERMANN. – Daß ich nicht wüßte! Wem?
THUSNELDA.   Das fragst du noch!
HERMANN. Nein, in der Tat, du hörst; ich weiß von nichts.
Nenn einen Namen mir?
THUSNELDA.   Dir einen Namen!
So mancher einzelne, der, in den Plätzen,
Auf Ordnung hielt, das Eigentum beschützt –
HERMANN. Beschützt! Du bist nicht klug! Das taten sie,
Es um so besser unter sich zu teilen.
THUSNELDA *mit steigender Angst.*
Du Unbarmherzger! Ungeheuerster!
– So hätt auch der Centurio,
Der, bei dem Brande in Thuiskon jüngst
Die Heldentat getan, dir kein Gefühl entlockt?
HERMANN. Nein – Was für ein Centurio?
THUSNELDA.   Nicht? Nicht?
Der junge Held, der, mit Gefahr des Lebens,
Das Kind, auf seiner Mutter Ruf,
Dem Tod der Flammen mutig jüngst entrissen? –
Er hätte kein Gefühl der Liebe dir entlockt?
HERMANN *glühend.* Er sei verflucht, wenn er mir das getan!
Er hat, auf einen Augenblick,
Mein Herz veruntreut, zum Verräter
An Deutschlands großer Sache mich gemacht!
Warum setzt' er Thuiskon mir in Brand?
Ich *will* die höhnische Dämonenbrut nicht lieben!
So lang sie in Germanien trotzt,
Ist Haß mein Amt und meine Tugend Rache!
THUSNELDA *weinend.* Mein liebster, bester Herzens-Hermann,
Ich bitte dich um des Ventidius Leben!
Das eine Haupt nimmst du von deiner Rache aus!
Laß, ich beschwöre dich, laß mich ihm heimlich melden,
Was über Varus du verhängt:
Mag er ins Land der Väter rasch sich retten!
HERMANN. Ventidius? Nun gut. – Ventidius Carbo?
Nun denn, es sei! – Weil es mein Thuschen ist,

Die für ihn bittet, mag er fliehn:
Sein Haupt soll meinem Schwert, so wahr ich lebe,
Um dieser schönen Regung heilig sein!

THUSNELDA *sie küßt seine Hand.*

O Hermann! Ist es wirklich wahr? O Hermann!
Du schenkst sein Leben mir?

HERMANN. Du hörst. Ich schenks ihm.
Sobald der Morgen angebrochen,
Steckst du zwei Wort ihm heimlich zu,
Er möchte gleich sich übern Rheinstrom retten;
Du kannst ihm Pferd aus meinen Ställen schicken,
Daß er den Tagesstrahl nicht mehr erschaut.

THUSNELDA. O Liebster mein! Wie rührst du mich! O Liebster!

HERMANN. Doch eher nicht, hörst du, das bitt ich sehr,
Als bis der Morgen angebrochen!
Eh auch mit Mienen nicht verrätst du dich!
Denn alle andern müssen unerbittlich,
Die schändlichen Tyrannenknechte, sterben:
Der Anschlag darf nicht etwa durch ihn scheitern!

THUSNELDA *indem sie sich die Tränen trocknet.*

Nein, nein; ich schwörs dir zu! Kurz vor der Sonn erst!
Kurz vor der Sonn erst soll er es erfahren!

HERMANN.

So, wenn der Mond entweicht. Nicht eh, nicht später.

THUSNELDA. Und daß der Jüngling auch nicht etwa,
Der törichte, um dieses Briefs,
Mit einem falschen Wahn sich schmeichele,
Will ich den Brief in deinem Namen schreiben;
Ich will, mit einem höhnschen Wort ihm sagen:
Bestimmt wär er, die Post vom Untergang des Varus
Nach Rom, an seinen Kaiserhof, zu bringen!

HERMANN *heiter.*

Das tu. Das ist sehr klug. – Sieh da, mein schönes Thuschen!
Ich muß dich küssen. –
Doch, was ich sagen wollte – –
Hier ist die Locke wieder, schau,
Die er dir jüngst vom Scheitel abgelöst,
Sie war, als eine Probe deiner Haare,

Schon auf dem Weg nach Rom; jedoch ein Schütze bringt,
Der in den Sand den Boten streckte,
Sie wieder in die Hände mir zurück.
Er gibt ihr den Brief, worin die Locke eingeschlagen.

THUSNELDA *indem sie den Brief entfaltet.*
Die Lock? O was! Um die ich ihn verklagt?

HERMANN. Dieselbe, ja!

THUSNELDA. Sieh da! Wo kommt sie her?
Du hast sie dem Arkadier abgefordert?

HERMANN. Ich? O behüte!

THUSNELDA. Nicht? – Ward sie gefunden?

HERMANN. Gefunden, ja, in einem Brief, du siehst,
Den er nach Rom hin, gestern früh,
An Livia, seine Kaiserin, abgefertigt.

THUSNELDA. In einem Brief? An Kaiserin Livia?

HERMANN. Ja, lies die Aufschrift nur. Du hältst den Brief.
Indem er mit dem Finger zeigt.

»An Livia, Roms große Kaiserin.«

THUSNELDA.
Nun? Und?

HERMANN. Nun? Und?

THUSNELDA. – Freund, ich versteh kein Wort!
– Wie kamst du zu dem Brief? Wer gab ihn dir?

HERMANN. Ein Zufall, Thuschen, hab ich schon gesagt!
Der Brief, mit vielen andern noch,
Ward einem Boten abgejagt,
Der nach Italien ihn bringen sollte.
Den Boten warf ein guter Pfeilschuß nieder,
Und sein Paket, worin die Locke,
Hat mir der Schütze eben überbracht.

THUSNELDA. Das ist ja seltsam, das, so wahr ich lebe! –
Was sagt Ventidius denn darin?

HERMANN. Er sagt –:
Laß sehn! Ich überflog ihn nur. Was sagt er?
Er guckt mit hinein.

THUSNELDA *liest.*
»Varus, o Herrscherin, steht, mit den Legionen,
Nun in Cheruska siegreich da;

Cheruska, faß mich wohl, der Heimat jener Locken,
Wie Gold so hell und weich wie Seide,
Die dir der heitre Markt von Rom verkauft.
Nun bin ich jenes Wortes eingedenk,
Das deinem schönen Mund, du weißt,
Als ich zuletzt dich sah, im Scherz entfiel.
Hier schick ich von dem Haar, das ich dir zugedacht,
Und das sogleich, wenn Hermann sinkt,
Die Schere für dich ernten wird,
Dir eine Probe zu, mir klug verschafft;
Beim Styx! so legts am Kapitol,
Phaon, der Krämer, dir nicht vor:
Es ist vom Haupt der ersten Frau des Reichs,
Vom Haupt der Fürstin selber der Cherusker!«
– Ei der Verfluchte!

Sie sieht Hermann an, und wieder in den Brief hinein.

Nein, ich las wohl falsch?

HERMANN. Was?

THUSNELDA. Was!

HERMANN. – Stehts anders in dem Briefe da?
Er sagt –:

THUSNELDA. »Hier schick ich von dem Haar«, sagt er,
»Das ich dir zugedacht, und das sogleich,
Wenn Hermann sinkt – die Schere für dich ernten wird –«

Die Sprache geht ihr aus.

HERMANN. Nun ja; er will –! Verstehst dus nicht?

THUSNELDA *sie wirft sich auf einen Sessel nieder.* O Hertha!
Nun mag ich diese Sonne nicht mehr sehn.

Sie verbirgt ihr Haupt.

HERMANN *leise, flüsternd.*
Thuschen! Thuschen! Er ist ja noch nicht fort.

Er folgt ihr und ergreift ihre Hand.

THUSNELDA.
Geh, laß mich sein.

HERMANN *beugt sich ganz über sie.*

Heut, wenn die Nacht sinkt, Thuschen,
Schlägt dir der Rache süße Stunde ja!

THUSNELDA. Geh, geh, ich bitte dich! Verhaßt ist alles,
Die Welt mir, du mir, ich: laß mich allein!
HERMANN *er fällt vor ihr nieder.*
Thuschen! Mein schönes Weib! Wie rührst du mich!
Kriegsmusik draußen.

Zehnter Auftritt

Eginhardt und Astolf treten auf. Die Vorigen.

EGINHARDT. Mein Fürst, die Hörner rufen dich! Brich auf!
Du darfst, willst du das Schlachtfeld noch erreichen,
Nicht, wahrlich! einen Augenblick mehr säumen.
HERMANN *steht auf.*
Gertrud!
EGINHARDT. Was fehlt der Königin?
HERMANN. Nichts, nichts!
Die Frauen der Thusnelda treten auf.
Hier! Sorgt für eure Frau! Ihr seht, sie weint.
Er nimmt Schild und Spieß.
Astolf ist von dem Kriegsplan unterrichtet?
EGINHARDT. Er weiß von allem.
HERMANN *zu Astolf.* Sechshundert Krieger bleiben dir
In Teutoburg zurück, und ein Gezelt mit Waffen,
Cheruskas ganzes Volk damit zu rüsten.
Teuthold bewaffnest, und die Seinen, du,
Um Mitternacht, wenn alles schläft, zuerst.
Sobald der Morgen dämmert, brichst du los.
Crassus und alle Führer der Kohorten,
Suchst du in ihren Zelten auf;
Den Rest des Haufens fällst du, gleichviel, wo?
Auch den Ventidius empfehl ich dir.
Wenn hier in Teutoburg der Schlag gefallen,
Folgst du, mit deinem ganzen Troß,
Mir nach dem Teutoburger Walde nach;
Dort wirst du weiteren Befehl erhalten. –
Hast du verstanden?
ASTOLF. Wohl, mein erlauchter Herr.
EGINHARDT *besorgt.* Mein bester Fürst! Willst du nicht lieber ihn

Nach Norden, an den Lippstrom, schicken,
Cheruska vor dem Pästus zu beschirmen,
Der dort, du weißt, mit Holm, dem Herrn der Friesen, kämpft.
Cheruska ist ganz offen dort,
Und Pästus, wenn er hört, daß Rom von dir verraten,
Beim Styx! er sendet, zweifle nicht,
Gleich einen Haufen ab, in deinem Rücken,
Von Grund aus, alle Plätze zu verwüsten.
HERMANN. Nichts, nichts, mein alter Freund! Was fällt dir ein?
Kämpf ich auch für den Sand, auf den ich trete,
Kämpf ich für meine Brust?
Cheruska schirmen! Was! Wo Hermann steht, da siegt er,
Und mithin ist Cheruska da.
Du folgst mir, Astolf, ins Gefild der Schlacht;
Wenn Varus, an der Weser, sank,
Werd ich, am Lippstrom, auch den Pästus treffen!
ASTOLF. Es ist genug, o Herr! Es wird geschehn.
HERMANN *wendet sich zu Thusnelda.*
Leb wohl, Thusnelda, mein geliebtes Weib!
Astolf hat deine Rache übernommen.
THUSNELDA *steht auf.* An dem Ventidius?
   Sie drückt einen heißen Kuß auf seine Lippen.
         Überlaß ihn mir!
Ich habe mich gefaßt, ich will mich rächen!
HERMANN. Dir?
THUSNELDA. *Mir!* Du sollst mit mir zufrieden sein.
HERMANN. Nun denn, so ist der erste Sieg erfochten!
Auf jetzt, daß ich den Varus treffe:
Roms ganze Kriegsmacht, wahrlich, scheu ich nicht!
    Alle ab.

FÜNFTER AKT

Szene: Teutoburger Wald. Nacht, Donner und Blitz.

Erster Auftritt

Varus und mehrere Feldherrn, an der Spitze des römischen Heeres, mit Fackeln, treten auf.

VARUS. Ruft Halt! ihr Feldherrn, den Kohorten zu!
DIE FELDHERRN *in der Ferne.*
 Halt! – Halt!
VARUS. Licinius Valva!
EIN HAUPTMANN *vortretend.* Hier! Wer ruft?
VARUS. Schaff mir die Boten her, die drei Cherusker,
 Die an der Spitze gehn!
DER HAUPTMANN. Du hörst, mein Feldherr!
 Du wirst die Männer schuldlos finden;
 Arminius hat sie also unterrichtet.
VARUS. Schaff sie mir her, sag ich, ich will sie sprechen! –
 Ward, seit die Welt in Kreisen rollt,
 Solch ein Verrat erlebt? Cherusker führen mich,
 Die man, als Kundige des Landes, mir
 Mit breitem Munde rühmt, am hellen Mittag irr!
 Rück ich nicht, um zwei Meilen zu gewinnen,
 Bereits durch sechzehn volle Stunden fort?
 Wars ein Versehn, daß man nach Pfiffi- mich,
 Statt Iphikon geführt: wohlan, ich will es mindestens,
 Bevor ich weiter rücke, untersuchen.
ERSTER FELDHERR *in den Bart.*
 Daß durch den Mantel doch, den sturmzerrißnen,
 Der Nacht, der um die Köpf uns hängt,
 Ein *einzges* Sternbild schimmernd niederblinkte!
 Wenn auf je hundert Schritte nicht,
 Ein Blitzstrahl zischend vor uns niederkeilte,
 Wir würden, wie die Eul am Tage,
 Haupt und Gebein uns im Gebüsch zerschellen!
ZWEITER FELDHERR. Wir können keinen Schritt fortan,
 In diesem feuchten Mordgrund, weiter rücken!
 Er ist so zäh, wie Vogelleim geworden.

Das Heer schleppt halb Cheruska an den Beinen,
Und wird noch, wie ein bunter Specht,
Zuletzt, mit Haut und Haar, dran kleben bleiben.
DRITTER FELDHERR. Pfiffikon! Iphikon! – Was das, beim Jupiter!
Für eine Sprache ist! Als schlüg ein Stecken
An einen alten, rostzerfreßnen Helm!
Ein Greulsystem von Worten, nicht geschickt,
Zwei solche Ding, wie Tag und Nacht,
Durch einen eignen Laut zu unterscheiden.
Ich glaub, ein Tauber wars, der das Geheul erfunden,
Und an den Mäulern sehen sie sichs ab.
EIN RÖMER. Dort kommen die Cherusker!
VARUS. Bringt sie her!

Zweiter Auftritt

Der Hauptmann mit den drei cheruskischen Boten. – Die Vorigen.

VARUS. Nach welchem Ort, sag an, von mir benannt,
Hast du mich heut von Arkon führen sollen?
DER ERSTE CHERUSKER. Nach Pfiffikon, mein hochverehrter Herr.
VARUS. Was, Pfiffikon! hab ich nicht Iphi- dir
Bestimmt, und wieder Iphikon genannt?
DER ERSTE CHERUSKER. Vergib, o Herr, du nanntest Pfiffikon.
Zwar sprachst du, nach der Römermundart,
Das leugn' ich nicht: »führt mich nach Iphikon«;
Doch Hermann hat bestimmt uns gestern,
Als er uns unterrichtete, gesagt:
»Des Varus Wille ist nach Pfiffikon zu kommen;
Drum tut nach mir, wie er auch ausspricht,
Und führt sein Heer auf Pfiffikon hinaus.«
VARUS. Was!
DER ERSTE CHERUSKER.
  Ja, mein erlauchter Herr, so ists.
VARUS. Woher kennt auch dein Hermann meine Mundart?
Den Namen hatt ich: Iphikon,
Ja schriftlich ihm, mit dieser Hand gegeben?!
DER ERSTE CHERUSKER. Darüber wirst du ihn zur Rede stellen;
Doch wir sind schuldlos, mein verehrter Herr.

VARUS. O wart! – – Wo sind wir jetzt?
DER ERSTE CHERUSKER. Das weiß ich nicht.
VARUS. Das weißt du nicht, verwünschter Galgenstrick,
Und bist ein Bote?
DER ERSTE CHERUSKER. Nein! Wie vermöcht ich das?
Der Weg, den dein Gebot mich zwang,
Südwest quer durch den Wald hin einzuschlagen,
Hat in der Richtung mich verwirrt:
Mir war die große Straße nur,
Von Teutoburg nach Pfiffikon, bekannt.
VARUS. Und du? Du weißt es auch nicht.
DER ZWEITE CHERUSKER. Nein, mein Feldherr.
VARUS. Und du?
DER DRITTE CHERUSKER.
  Ich auch bin, seit es dunkelt, irre. –
Nach allem doch, was ich ringsum erkenne,
Bist du nicht weit von unserm Waldplatz Arkon.
VARUS. Von Arkon? Was! Wo ich heut ausgerückt?
DER DRITTE CHERUSKER.
Von eben dort; du bist ganz heimgegangen.
VARUS. Daß euch der Erde finstrer Schoß verschlänge! –
Legt sie in Stricken! – Und wenn sie jedes ihrer Worte
Hermann ins Antlitz nicht beweisen können,
So hängt der Schufte einen auf,
Und gerbt den beiden anderen die Rücken!
Die Boten werden abgeführt.

Dritter Auftritt

Die Vorigen ohne die Boten.

VARUS. Was ist zu machen? – – Sieh da! Ein Licht im Walde!
ERSTER FELDHERR.
He, dort! Wer schleicht dort?
ZWEITER FELDHERR. Nun, beim Jupiter!
Seit wir den Teutoburger Wald durchziehn,
Der erste Mensch, der unserm Blick begegnet!
DER HAUPTMANN. Es ist ein altes Weib, das Kräuter sucht.

Vierter Auftritt

Eine Alraune tritt auf, mit Krücke und Laterne. Die Vorigen.

VARUS. Auf diesem Weg, den ich im Irrtum griff,
 Stammütterchen Cheruskas, sag mir an,
 Wo komm ich her? Wo bin ich? Wohin wandr' ich?
DIE ALRAUNE. Varus, o Feldherr Roms, das sind drei Fragen!
 Auf mehr nicht kann mein Mund dir Rede stehn!
VARUS. Sind deine Worte so geprägt,
 Daß du, wie Stücken Goldes, sie berechnest?
 Wohlan, es sei, ich bin damit zufrieden!
 Wo komm ich her?
DIE ALRAUNE. Aus Nichts, Quintilius Varus!
VARUS. Aus Nichts? – Ich komm aus Arkon heut.
 – Die Römische Sybille, seh ich wohl,
 Und jene Wunderfrau von Endor bist du nicht.
 – Laß sehn, wie du die andern Punkt' erledigst!
 Wenn du nicht weißt, woher des Wegs ich wandre:
 Wenn ich südwestwärts, sprich, stets ihn verfolge,
 Wo geh ich hin?
DIE ALRAUNE. Ins Nichts, Quintilius Varus!
VARUS. Ins Nichts? – Du singst ja, wie ein Rabe!
 Von wannen kommt dir diese Wissenschaft?
 Eh ich in Charons düstern Nachen steige,
 Denk ich, als Sieger, zweimal noch
 Rom, mit der heiteren Quadriga, zu durchschreiten!
 Das hat ein Priester Jovis mir vertraut.
 – Triff, bitt ich dich, der dritten Frage,
 Die du vergönnt mir, besser auf die Stirn!
 Du siehst, die Nacht hat mich Verirrten überfallen:
 Wo geh ich her? Wo geh ich hin?
 Und wenn du das nicht weißt, wohlan:
 Wo bin ich? sag mir an, das wirst du wissen;
 In welcher Gegend hier befind ich mich?
DIE ALRAUNE.
 Zwei Schritt vom Grab, Quintilius Varus,
 Hart zwischen Nichts und Nichts! Gehab dich wohl!
 Das sind genau der Fragen drei;

Der Fragen mehr, auf dieser Heide,
Gibt die cheruskische Alraune nicht!
Sie verschwindet.

Fünfter Auftritt

Die Vorigen ohne die Alraune.

VARUS. Sieh da!
ERSTER FELDHERR. Beim Jupiter, dem Gott der Welt!
ZWEITER FELDHERR.
  Was war das?
VARUS.   Wo?
ZWEITER FELDHERR.   Hier, wo der Pfad sich kreuzet!
VARUS. Saht ihr es auch, das sinnverrückte Weib?
ERSTER FELDHERR.
  Das Weib?
ZWEITER FELDHERR.
       Ob wirs gesehn?
VARUS.   Nicht? – Was wars sonst?
  Der Schein des Monds, der durch die Stämme fällt?
ERSTER FELDHERR. Beim Orkus! Eine Hexe! Halt' sie fest!
  Da schimmert die Laterne noch!
VARUS *niedergeschlagen.*   Laßt, laßt!
  Sie hat des Lebens Fittich mir
  Mit ihrer Zunge scharfem Stahl gelähmt!

Sechster Auftritt

Ein Römer tritt auf. Die Vorigen.

DER RÖMER. Wo ist der Feldherr Roms? Wer führt mich zu ihm?
DER HAUPTMANN.
  Was gibts? Hier steht er!
VARUS.   Nun? Was bringst du mir?
DER RÖMER. Quintilius, zu den Waffen, sag ich dir!
  Marbod hat übern Weserstrom gesetzt!
  Auf weniger, denn tausend Schritte,
  Steht er mit seinem ganzen Suevenheere da!

VARUS. Marbod! Was sagst du mir?
ERSTER FELDHERR.   Bist du bei Sinnen?
VARUS. – Von wem kommt dir die aberwitzge Kunde?
DER RÖMER. Die Kunde? Was! Beim Zeus, hier von mir selbst!
  Dein Vortrab stieß soeben auf den seinen,
  Bei welchem ich, im Schein der Fackeln,
  Soeben durch die Büsche, ihn gesehn!
VARUS. Unmöglich ists!
ZWEITER FELDHERR.   Das ist ein Irrtum, Freund!
VARUS. Fulvius Lepidus, der Legate Roms,
  Der eben jetzt, aus Marbods Lager,
  Hier angelangt, hat ihn vorgestern
  Ja noch jenseits des Weserstroms verlassen?!
DER RÖMER. Mein Feldherr, frage mich nach nichts!
  Schick deine Späher aus und überzeuge dich!
  Marbod, hab ich gesagt, steht, mit dem Heer der Sueven,
  Auf deinem Weg zur Weser aufgepflanzt;
  Hier diese Augen haben ihn gesehn!
VARUS. – Was soll dies alte Herz fortan nicht glauben?
  Kommt her und sprecht: Marbod und Hermann
  Verständen heimlich sich, in dieser Fehde,
  Und so wie der im Antlitz mir,
  So stände der mir schon im Rücken,
  Mich hier mit Dolchen in den Staub zu werfen:
  Beim Styx! ich glaubt es noch; ich habs, schon vor drei Tagen,
  Als ich den Lippstrom überschifft, geahnt!
ERSTER FELDHERR.
  Pfui doch, Quintilius, des unrömerhaften Worts!
  Marbod und Hermann! In den Staub dich werfen!
  Wer weiß, ob einer noch von beiden
  In deiner Nähe ist! – Gib mir ein Häuflein Römer,
  Den Wald, der dich umdämmert, zu durchspähn:
  Die Schar, auf die dein Vordertrapp gestoßen,
  Ist eine Horde noch zuletzt,
  Die hier den Uren oder Bären jagt.
VARUS *sammelt sich.* Auf! – Drei Centurien geb ich dir!
  – Bring Kunde mir, wenn dus vermagst,
  Von seiner Zahl; verstehst du mich?

Und seine Stellung auch im Wald erforsche;
Jedoch vermeide sorgsam ein Gefecht.

Der erste Feldherr ab.

Siebenter Auftritt

Varus. – Im Hintergrunde das Römerheer.

VARUS. O Priester Zeus', hast du den Raben auch,
Der Sieg mir zu verkündgen schien, verstanden?
Hier war ein Rabe, der mir prophezeit,
Und seine heisre Stimme sprach: das Grab!

Achter Auftritt

Ein zweiter Römer tritt auf. Die Vorigen.

DER RÖMER. Man schickt mich her, mein Feldherr, dir zu melden,
Daß Hermann, der Cheruskerfürst,
Im Teutoburger Wald soeben eingetroffen;
Der Vortrab seines Heers, dir hülfreich zugeführt,
Berührt den Nachtrab schon des deinigen!
VARUS. Was sagst du?
ZWEITER FELDHERR.   Hermann? – Hier in diesem Wald?
VARUS *wild.* Bei allen Furien der flammenvollen Hölle!
Wer hat ihm Fug und Recht gegeben,
Heut weiter, als bis Arkon, vorzurücken?
DER RÖMER. Darauf bleib ich die Antwort schuldig dir. –
Servil, der mich dir sandte, schien zu glauben
Er werde dir, mit dem Cheruskerheer,
In deiner Lage sehr willkommen sein.
VARUS. Willkommen mir? Daß ihn die Erd entraffte!
Fleuch gleich zu seinen Scharen hin,
Und ruf mir den Septimius, hörst du,
Den Feldherrn her, den ich ihm zugeordnet!
Dahinter fürcht ich sehr, steckt eine Meuterei,
Die ich sogleich ans Tageslicht will ziehn!

Neunter Auftritt

Aristan, Fürst der Ubier, tritt eilig auf. Die Vorigen.

ARISTAN. Verräterei! Verräterei!
  Marbod und Hermann stehn im Bund, Quintilius!
  Den Teutoburger Wald umringen sie,
  Mit deinem ganzen Heere dich
  In der Moräste Tiefen zu ersticken!
VARUS. Daß du zur Eule werden müßtest,
  Mit deinem mitternächtlichen Geschrei!
  – Woher kommt dir die Nachricht?
ARISTAN.   Mir die Nachricht? –
  Hier lies den Brief, bei allen Römergöttern,
  Den er mit Pfeilen eben jetzt
  Ließ in die Feu'r der Deutschen schießen,
  Die deinem Heereszug hierher gefolgt!
    Er gibt ihm einen Zettel.
  Er spricht von Freiheit, Vaterland und Rache,
  Ruft uns – ich bitte dich! der giftge Meuter, auf,
  Uns mutig seinen Scharen anzuschließen,
  Die Stunde hätte deinem Heer geschlagen,
  Und droht, jedwedes Haupt, das er in Waffen
  Erschauen wird, die Sache Roms verfechtend,
  Mit einem Beil, vom Rumpf herab, zum Kuß
  Auf der Germania heilgen Grund zu nötgen!
VARUS *nachdem er gelesen.*
  Was sagten die germanschen Herrn dazu?
ARISTAN. Was sie dazu gesagt? Die gleißnerischen Gauner!
  Sie fallen alle von dir ab!
  Fust rief zuerst, der Cimbern Fürst,
  Die andern gleich, auf dieses Blatt, zusammen;
  Und, unter einer Fichte eng
  Die Häupter aneinander drückend,
  Stand, einer Glucke gleich, die Rotte der Rebellen,
  Und brütete, die Waffen plusternd,
  Gott weiß, welch eine Untat aus,
  Mordvolle Blick auf mich zur Seite werfend,
  Der aus der Ferne sie in Aufsicht nahm!

VARUS *scharf*. Und du, Verräter, folgst dem Aufruf nicht?
ARISTAN.
  Wer? Ich? Dem Ruf Armins? – Zeus' Donnerkeil
  Soll mich hier gleich zur Erde schmettern,
  Wenn der Gedank auch nur mein Herz beschlich!
VARUS. Gewiß? Gewiß? – Daß mir der Schlechtste just,
  Von allen deutschen Fürsten, bleiben muß! –
  Doch, kann es anders sein? – – O Hermann! Hermann!
  So kann man blondes Haar und blaue Augen haben,
  Und doch so falsch sein, wie ein Punier?
  Auf! Noch ist alles nicht verloren. –
  Publius Sextus!
ZWEITER FELDHERR.
              Was gebeut mein Feldherr?
VARUS. Nimm die Kohorten, die den Schweif mir bilden,
  Und wirf die deutsche Hülfsschar gleich,
  Die meinem Zug hierher gefolgt, zusammen!
  Zur Hölle, mitleidlos, eh sie sich noch entschlossen,
  Die ganze Meuterbrut, herab;
  Es fehlt mir hier an Stricken, sie zu binden!
        Er nimmt Schild und Spieß aus der Hand eines Römers.
  Ihr aber – folgt mir zu den Legionen!
  Arminius, der Verräter, wähnt,
  Mich durch den Anblick der Gefahr zu schrecken;
  Laß sehn, wie er sich fassen wird,
  Wenn ich, die Waffen in der Hand,
  Gleich einem Eber, jetzt hinein mich stürze!
              Alle ab.

Szene: Eingang des Teutoburger Walds.

Zehnter Auftritt

*Egbert mit mehreren Feldherrn und Hauptleuten stehen versammelt. Fackeln.
Im Hintergrunde das Cheruskerheer.*

EGBERT. Hier, meine Freunde! Sammelt euch um mich!
  Ich will das Wort euch mutig führen!
  Denkt, daß die Sueven Deutsche sind, wie ihr:

Und wie sich seine Red auch wendet,
Verharrt bei eurem Entschluß nicht zu fechten!
ERSTER FELDHERR.
Hier kommt er schon.
EIN HAUPTMANN. Doch rat ich Vorsicht an!

Eilfter Auftritt

Hermann und Winfried treten auf. Die Vorigen.

HERMANN *in die Ferne schauend.*
Siehst du die Feuer dort?
WINFRIED. Das ist der Marbod! –
Er gibt das Zeichen dir zum Angriff schon.
HERMANN. Rasch! – Daß ich keinen Augenblick verliere.
Er tritt in die Versammlung.
Kommt her, ihr Feldherrn der Cherusker!
Ich hab euch etwas Wichtges zu entdecken.
EGBERT *indem er vortritt.*
Mein Fürst und Herr, eh du das Wort ergreifst,
Vergönnst, auf einen Augenblick,
In deiner Gnade, du die Rede mir!
HERMANN. Dir? – Rede!
EGBERT. Wir folgten deinem Ruf
Ins Feld des Tods, du weißt, vor wenig Wochen,
Im Wahn, den du geschickt erregt,
Es gelte Rom und die Tyrannenmacht,
Die unser heilges Vaterland zertritt.
Des Tages neueste, unselige Geschichte
Belehrt uns doch, daß wir uns schwer geirrt:
Dem August hast du dich, dem Feind des Reichs, verbunden,
Und rückst, um eines nichtgen Streits,
Marbod, dem deutschen Völkerherrn entgegen.
Cherusker, hättst du wissen können,
Leihn, wie die Ubier sich, und Äduer, nicht,
Die Sklavenkette, die der Römer bringt,
Den deutschen Brüdern um den Hals zu legen.
Und kurz, daß ichs, o Herr, mit *einem* Wort dir melde:
Dein Heer verweigert mutig dir den Dienst;

Es folgt zum Sturm nach Rom dir wenn du willst,
Doch in des wackern Marbod Lager nicht.

HERMANN *sieht ihn an.*

Was! hört ich recht?

WINFRIED.   Ihr Götter des Olymps!

HERMANN. Ihr weigert, ihr Verräter, mir den Dienst?

WINFRIED *ironisch.*

Sie weigern dir den Dienst, du hörst! Sie wollen
Nur gegen Varus' Legionen fechten!

HERMANN *indem er sich den Helm in die Augen drückt.*

Nun denn, bei Wodans erznem Donnerwagen,
So soll ein grimmig Beispiel doch
Solch eine schlechte Regung in dir strafen!
– Gib deine Hand mir her!

Er streckt ihm die Hand hin.

EGBERT.   Wie, mein Gebieter.

HERMANN. Mir deine Hand, sag ich! Du sollst, du Römerfeind,
Noch heut, auf ihrer Adler einen,
Im dichtesten Gedräng des Kampfs mir treffen!
Noch eh die Sonn entwich, das merk dir wohl,
Legst du ihn hier zu Füßen mir darnieder!

EGBERT. Auf wen, mein Fürst? Vergib, daß ich erstaune!
Ists Marbod nicht, dem deine Rüstung –?

HERMANN.   Marbod?
Meinst du, daß Hermann minder deutsch gesinnt,
Als du? – Der ist hier diesem Schwert verfallen,
Der seinem greisen Haupt ein Haar nur krümmt! –
Auf meinen Ruf, ihr Brüder, müßt ihr wissen,
Steht er auf jenen Höhn, durch eine Botschaft
Mir, vor vier Tagen, heimlich schon verbunden!
Und kurz, daß ich mich gleichfalls rund erkläre:
Auf, ihr Cherusker zu den Waffen!
Doch ihm nicht, Marbod, meinem Freunde,
Germaniens Henkersknecht, Quintilius Varus gilts!

WINFRIED. Das wars, was Hermann euch zu sagen hatte.

EGBERT *freudig.* Ihr Götter!

DIE FELDHERRN UND HAUPTLEUTE *durcheinander.*

            Tag des Jubels und der Freude!

DAS CHERUSKERHEER *jauchzend*.

Heil, Hermann, Heil dir! Heil, Sohn Siegmars, dir!
Daß Wodan dir den Sieg verleihen mög!

Zwölfter Auftritt

Ein Cherusker tritt auf. Die Vorigen.

DER CHERUSKER.
Septimius Nerva kommt, den du gerufen!
HERMANN.
Still, Freunde, still! Das ist der Halsring von der Kette,
Die der Cheruska angetan;
Jetzt muß das Werk der Freiheit gleich beginnen.
WINFRIED. Wo war er?
HERMANN.   Bei dem Brand in Arkon, nicht?
Beschäftiget zu retten und zu helfen?
DER CHERUSKER. In Arkon, ja, mein Fürst; bei einer Hütte,
Die durch den Römerzug, in Feuer aufgegangen.
Er schüttete gerührt dem Eigner
Zwei volle Säckel Geldes aus!
Bei Gott! der ist zum reichen Mann geworden,
Und wünscht noch oft ein gleiches Unheil sich.
HERMANN. Das gute Herz!
WINFRIED.   Wo stahl er doch die Säckel?
HERMANN. Dem Nachbar auf der Rechten oder Linken?
WINFRIED. Er preßt mir Tränen aus.
HERMANN.   Doch still! Da kömmt er.

Dreizehnter Auftritt

Septimius tritt auf. Die Vorigen.

HERMANN *kalt*.
Dein Schwert, Septimius Nerva, du mußt sterben.
SEPTIMIUS. – Mit wem sprech ich?
HERMANN.   Mit Hermann, dem Cherusker,
Germaniens Retter und Befreier
Von Roms Tyrannenjoch!

SEPTIMIUS. Mit dem Armin? –
  Seit wann führt der so stolze Titel?
HERMANN. Seit August sich so niedre zugelegt.
SEPTIMIUS. So ist es wahr? Arminius spielte falsch?
  Verriet die Freunde, die ihn schützen wollten?
HERMANN. Verriet euch, ja; was soll ich mit dir streiten?
  Wir sind verknüpft, Marbod und ich,
  Und werden, wenn der Morgen tagt,
  Den Varus, hier im Walde, überfallen.
SEPTIMIUS. Die Götter werden ihre Söhne schützen!
  – Hier ist mein Schwert!
HERMANN *indem er das Schwert wieder weggibt.*
  Führt ihn hinweg,
  Und laßt sein Blut, das erste, gleich
  Des Vaterlandes dürren Boden trinken!
  Zwei Cherusker ergreifen ihn.
SEPTIMIUS. Wie, du Barbar! Mein Blut? Das wirst du nicht –!
HERMANN. Warum nicht?
SEPTIMIUS *mit Würde.* – Weil ich dein Gefangner bin!
  An deine Siegerpflicht erinnr' ich dich!
HERMANN *auf sein Schwert gestützt.*
  An Pflicht und Recht! Sieh da, so wahr ich lebe!
  Er hat das Buch vom Cicero gelesen.
  Was müßt ich tun, sag an, nach diesem Werk?
SEPTIMIUS. Nach diesem Werk? Armsel'ger Spötter, du!
  Mein Haupt, das wehrlos vor dir steht,
  Soll deiner Rache heilig sein;
  Also gebeut dir das Gefühl des Rechts,
  In deines Busens Blättern aufgeschrieben!
HERMANN *indem er auf ihn einschreitet.*
  Du weißt was Recht ist, du verfluchter Bube,
  Und kamst nach Deutschland, unbeleidigt,
  Um uns zu unterdrücken?
  Nehmt eine Keule doppelten Gewichts,
  Und schlagt ihn tot!
SEPTIMIUS. Führt mich hinweg! – hier unterlieg ich,
  Weil ich mit Helden würdig nicht zu tun!
  Der das Geschlecht der königlichen Menschen

Besiegt, in Ost und West, der ward
Von Hunden in Germanien zerrissen:
Das wird die Inschrift meines Grabmals sein!

Er geht ab; Wache folgt ihm.

DAS HEER *in der Ferne.* Hurrah! Hurrah! Der Nornentag bricht an!

Vierzehnter Auftritt

Die Vorigen ohne den Septimius.

HERMANN. Steckt das Fanal in Brand, ihr Freunde,
Zum Zeichen Marbod und den Sueven,
Daß wir nunmehr zum Schlagen fertig sind!

Ein Fanal wird angesteckt.

Die Barden! He! Wo sind die süßen Alten
Mit ihrem herzerhebenden Gesang?
WINFRIED. Ihr Sänger, he! Wo steckt ihr?
EGBERT.   Ha, schau her!
Dort, auf dem Hügel, wo die Fackeln schimmern!
WINFRIED. Horch! Sie beginnen dir das Schlachtlied schon!

Musik.

CHOR DER BARDEN *aus der Ferne.*

  Wir litten menschlich seit dem Tage,
    Da jener Fremdling eingerückt;
  Wir rächten nicht die erste Plage,
    Mit Hohn auf uns herabgeschickt;
  Wir übten, nach der Götter Lehre,
    Uns durch viel Jahre im Verzeihn:
  Doch endlich drückt des Joches Schwere,
    Und abgeschüttelt will es sein!

Hermann hat sich, mit vorgestützter Hand, an den Stamm einer Eiche gelehnt. –
Feierliche Pause. – Die Feldherren sprechen heimlich mit einander.

WINFRIED *nähert sich ihm.* Mein Fürst, vergib! Die Stunde drängt,
Du wolltest uns den Plan der Schlacht –
HERMANN *wendet sich.*   Gleich, gleich! –
– Du, Bruder, sprich für mich, ich bitte dich.

Er sinkt, heftig bewegt, wieder an die Eiche zurück.

EIN HAUPTMANN. Was sagt er?
EIN ANDERER.   Was?

WINFRIED. Laßt ihn. – Er wird sich fassen.
Kommt her, daß ich den Schlachtplan euch entdecke!

Er versammelt die Anführer um sich.

Wir stürzen uns, das Heer zum Keil geordnet,
Hermann und ich, vorn an der Spitze,
Grad auf den Feldherrn des Augustus ein!
Sobald ein Riß das Römerheer gesprengt,
Nimmst du die erste Legion,
Die zweite du, die dritte du!
In Splittern völlig fällt es auseinander.
Das Endziel ist, den Marbod zu erreichen;
Wenn wir zu diesem, mit dem Schwert,
Uns kämpfend einen Weg gebahnt,
Wird der uns weitere Befehle geben.

CHOR DER BARDEN *fällt wieder ein.*

    Du wirst nicht wanken und nicht weichen,
        Vom Amt, das du dir kühn erhöht,
    Die Regung wird dich nicht beschleichen,
        Die dein getreues Volk verrät;
    Du bist so mild, o Sohn der Götter,
        Der Frühling kann nicht milder sein:
    Sei schrecklich heut, ein Schlossenwetter,
        Und Blitze laß dein Antlitz spein!

Die Musik schweigt. – Kurze Pause. – Ein Hörnertusch in der Ferne.

EGBERT. Ha! Was war das?
HERMANN *in ihre Mitte tretend.* Antwortet! Das war Marbod!

Ein Hörnertusch in der Nähe.

Auf! – Mana und die Helden von Walhalla!

Er bricht auf.

EGBERT *tritt ihn an.*

Ein Wort, mein Herr und Herrscher! Winfried! Hört mich!
Wer nimmt die Deutschen, das vergaßt ihr,
Die sich dem Zug der Römer angeschlossen?
HERMANN. Niemand, mein Freund! Es soll kein deutsches Blut,
An diesem Tag, von deutschen Händen fließen!
EGBERT. Was! Niemand! hört ich recht? Es wär dein Wille –?
HERMANN. Niemand! So wahr mir Wodan helfen mög!

Sie sind mir heilig; ich berief sie,
Sich mutig unsern Scharen anzuschließen!
EGBERT. Was! Die Verräter, Herr, willst du verschonen,
Die grimmger, als die Römer selbst,
In der Cheruska Herzen wüteten?
HERMANN. Vergebt! Vergeßt! Versöhnt, umarmt und liebt euch!
Das sind die Wackersten und Besten,
Wenn es nunmehr die Römerrache gilt! –
Hinweg! – Verwirre das Gefühl mir nicht!
Varus und die Kohorten, sag ich dir;
Das ist der Feind, dem dieser Busen schwillt!

Alle ab.

Szene: Teutoburg. Garten hinter dem Fürstenzelt. Im Hintergrund ein eisernes Gitter, das in einen, von Felsen eingeschlossenen, öden Eichwald führt.

Funfzehnter Auftritt

Thusnelda und Gertrud treten auf.

THUSNELDA. Was wars, sag an, was dir Ventidius gestern,
Augusts Legat gesagt, als du ihm früh
Im Eingang des Gezelts begegnetest?
GERTRUD. Er nahm, mit schüchterner Gebärde, meine Königin,
Mich bei der Hand, und einen Ring
An meinen Finger flüchtig steckend,
Bat und beschwor er mich, bei allen Kindern Zeus',
Ihm in geheim zu Nacht Gehör zu schaffen,
Bei der, die seine Seele innig liebt.
Er schlug, auf meine Frage: wo?
Hier diesen Park mir vor, wo zwischen Felsenwänden,
Das Volk sich oft vergnügt, den Ur zu hetzen;
Hier, meint' er, sei es still, wie an dem Lethe,
Und keines lästgen Zeugen Blick zu fürchten,
Als nur der Mond, der ihm zur Seite buhlt.
THUSNELDA. Du hast ihm meine Antwort überbracht?
GERTRUD.
Ich sagt ihm: wenn er heut, beim Untergang des Mondes,

Eh noch der Hahn den Tag bekräht,
Den Eichwald, den er meint, besuchen wollte,
Würd ihn daselbst die Landesfürstin,
Sie, deren Seele heiß ihn liebt,
Am Eingang gleich, zur Seite rechts, empfangen.

THUSNELDA. Und nun hast du, der Bärin wegen,
Die Hermann jüngst im Walde griff,
Mit Childrich, ihrem Wärter, dich besprochen?

GERTRUD. Es ist geschehn, wie mir dein Mund geboten;
Childrich, der Wärter, führt sie schon heran! –
Doch, meine große Herrscherin,
Hier werf ich mich zu Füßen dir:
Die Rache der Barbaren sei dir fern!
Es ist Ventidius nicht, der mich mit Sorg erfüllt;
Du selbst, wenn nun die Tat getan,
Von Reu und Schmerz wirst du zusammenfallen!

THUSNELDA. Hinweg! – Er hat zur Bärin mich gemacht!
Arminius' will ich wieder würdig werden!

Sechzehnter Auftritt

Childerich tritt auf, eine Bärin an einer Kette führend. Die Vorigen.

CHILDERICH. Heda! Seid Ihrs, Frau Gertrud?

GERTRUD *steht auf.*   Gott im Himmel!
Da naht der Allzupünktliche sich schon!

CHILDERICH. Hier ist die Bärin!

GERTRUD.   Wo?

CHILDERICH.   Seht Ihr sie nicht?

GERTRUD. Du hast sie an der Kette, will ich hoffen?

CHILDERICH. An Kett und Koppel. – Ach, so habt Euch doch!
Wenn ich dabei bin, müßt Ihr wissen,
Ist sie so zahm, wie eine junge Katze.

GERTRUD. Gott möge ewig mich vor ihr bewahren! –
's ist gut, bleib mir nur fern, hier ist der Schlüssel,
Tu sie hinein und schleich dich wieder weg.

CHILDERICH. Dort in den Park?

GERTRUD.   Ja, wie ich dir gesagt.

CHILDERICH. Mein Seel ich hoff, so lang die Bärin drin,
Wird niemand anders sich der Pforte nahn?
GERTRUD. Kein Mensch, verlaß dich drauf! Es ist ein Scherz nur,
Den meine Frau sich eben machen will.
CHILDERICH.
Ein Scherz?
GERTRUD. Ja, was weiß ich?
CHILDERICH. Was für ein Scherz?
GERTRUD. Ei, so frag du –! Fort! In den Park hinein!
Ich kann das Tier nicht mehr vor Augen sehn!
CHILDERICH. Nun, bei den Elfen, hört; nehmt Euch in acht!
Die Petze hat, wie Ihr befahlt,
Nun seit zwölf Stunden nichts gefressen;
Sie würde Witz, von grimmiger Art, Euch machen,
Wenns Euch gelüsten sollte, sie zu necken.
Er läßt die Bärin in den Park und schließt ab.
GERTRUD. Fest!
CHILDERICH. Es ist alles gut.
GERTRUD. Ich sage, fest!
Den Riegel auch noch vor, den eisernen!
CHILDERICH. Ach, was! Sie wird doch keine Klinke drücken?
– Hier ist der Schlüssel!
GERTRUD. Gut, gib her! –
Und nun entfernst du dich, in das Gebüsch,
Doch so, daß wir sogleich dich rufen können. –
Childerich geht ab.
Schirmt, all ihr guten Götter, mich!
Da schleicht der Unglücksel'ge schon heran!

Siebzehnter Auftritt

Ventidius tritt auf. – Thusnelda und Gertrud.

VENTIDIUS. Dies ist der stille Park, von Bergen eingeschlossen,
Der, auf die Lispelfrage: wo?
Mir gestern in die trunknen Sinne fiel!
Wie mild der Mondschein durch die Stämme fällt!
Und wie der Waldbach fern, mit üppigem Geplätscher,
Vom Rand des hohen Felsens niederrinnt! –

Thusnelda! Komm und lösche diese Glut,
Soll ich, gleich einem jungen Hirsch,
Das Haupt voran, mich in die Flut nicht stürzen! –
Gertrud! – – So hieß ja, dünkt mich, wohl die Zofe,
Die mir versprach, mich in den Park zu führen?
Gertrud steht und kämpft mit sich selbst.

THUSNELDA *mit gedämpfter Stimme.*

Fort! Gleich! Hinweg! Du hörst! Gib ihm die Hand,
Und führ ihn in den Park hinein!
GERTRUD. Geliebte Königin?!
THUSNELDA.   Bei meiner Rache!
Fort, augenblicks, sag ich! Gib ihm die Hand,
Und führ ihn in den Park hinein!
GERTRUD *fällt ihr zu Füßen.*

Vergebung, meine Herrscherin, Vergebung!
THUSNELDA *ihr ausweichend.*

Die Närrin, die verwünschte, die! Sie auch
Ist in das Affenangesicht verliebt!
Sie reißt ihr den Schlüssel aus der Hand und geht zu Ventidius.
VENTIDIUS. Gertrud, bist dus?
THUSNELDA.   Ich bins.
VENTIDIUS.   O sei willkommen,
Du meiner Juno süße Iris,
Die mir Elysium eröffnen soll! –
Komm, gib mir deine Hand, und leite mich!
– Mit wem sprachst du?
THUSNELDA.   Thusnelden, meiner Fürstin.
VENTIDIUS. Thusnelden! Wie du mich entzückst!
Mir wär die Göttliche so nah?
THUSNELDA. Im Park, dem Wunsch gemäß, den du geäußert,
Und heißer Brunst voll harrt sie schon auf dich!
VENTIDIUS. O so eröffne schnell die Tore mir!
Komm her! Der Saturniden Wonne
Ersetzt mir solche Augenblicke nicht!
*Thusnelda läßt ihn ein. Wenn er die Tür hinter sich hat, wirft sie dieselbe
mit Heftigkeit zu, und zieht den Schlüssel ab.*

Achtzehnter Auftritt

Ventidius innerhalb des Gitters. Thusnelda und Gertrud. – Nachher Childerich, der Zwingerwärter.

VENTIDIUS *mit Entsetzen.*
Zeus, du, der Götter und der Menschen Vater!
Was für ein Höllen-Ungetüm erblick ich?
THUSNELDA *durch das Gitter.*
Was gibts, Ventidius? Was erschreckt dich so?
VENTIDIUS. Die zottelschwarze Bärin von Cheruska,
Steht, mit gezückten Tatzen, neben mir!
GERTRUD *in die Szene eilend.*
Du Furie, gräßlicher, als Worte sagen –!
– He, Childerich! Herbei! Der Zwingerwärter!
THUSNELDA. Die Bärin von Cheruska?
GERTRUD.   Childrich! Childrich!
THUSNELDA. Thusnelda, bist du klug, die Fürstin ists,
Von deren Haupt, der Livia zur Probe,
Du jüngst die seidne Locke abgelöst!
Laß den Moment, dir günstig, nicht entschlüpfen,
Und ganz die Stirn jetzt schmeichelnd scher ihr ab!
VENTIDIUS. Zeus, du, der Götter und der Menschen Vater,
Sie bäumt sich auf, es ist um mich geschehn!
CHILDERICH *tritt auf.*
Ihr Rasenden! Was gibts? Was machtet ihr?
Wen ließt ihr in den Zwinger ein, sagt an?
GERTRUD. Ventidius, Childrich, Roms Legat, ist es!
Errett ihn, bester aller Menschenkinder,
Eröffn' den Pfortenring und mach ihn frei!
CHILDERICH. Ventidius, der Legat? Ihr heilgen Götter!
Er bemüht sich das Gitter zu öffnen.
THUSNELDA *durch das Gitter.*
Ach, wie die Borsten, Liebster, schwarz und starr,
Der Livia, deiner Kaiserin, werden stehn,
Wenn sie um ihren Nacken niederfallen!
Statthalter von Cheruska, grüß ich dich!
Das ist der mindste Lohn, du treuer Knecht,
Der dich für die Gefälligkeit erwartet!

VENTIDIUS. Zeus, du, der Götter und der Menschen Vater,
Sie schlägt die Klaun in meine weiche Brust!

THUSNELDA. Thusneld? O was!

CHILDERICH. Wo ist der Schlüssel, Gertrud?

GERTRUD. Der Schlüssel, Gott des Himmels, steckt er nicht?

CHILDERICH. Der Schlüssel, nein!

GERTRUD. Er wird am Boden liegen.
– Das Ungeheu'r! Sie hält ihn in der Hand.

Auf Thusnelda deutend.

VENTIDIUS *schmerzvoll.*

Weh mir! Weh mir!

GERTRUD *zu Childerich.* Reiß ihr das Werkzeug weg!

THUSNELDA. Sie sträubt sich dir?

CHILDERICH *da Thusnelda den Schlüssel verbirgt.*

Wie, meine Königin?

GERTRUD. Reiß ihr das Werkzeug, Childerich, hinweg!

Sie bemühen sich, ihr den Schlüssel zu entwinden.

VENTIDIUS. Ach! O des Jammers! Weh mir! O Thusnelda!

THUSNELDA. Sag ihr, daß du sie liebst, Ventidius,
So hält sie still und schenkt die Locken dir!

Sie wirft den Schlüssel weg und fällt in Ohnmacht.

GERTRUD. Die Gräßliche! – Ihr ewgen Himmelsmächte!
Da fällt sie sinnberaubt mir in den Arm!

Sie läßt die Fürstin auf einen Sitz nieder.

Neunzehnter Auftritt

Astolf und ein Haufen cheruskischer Krieger treten auf. – Die Vorigen.

ASTOLF. Was gibts, ihr Fraun? Was für ein Jammerruf,
Als ob der Mord entfesselt wäre,
Schallt aus dem Dunkel jener Eichen dort?

CHILDERICH.

Fragt nicht und kommt und helft das Gitter mir zersprengen!

Die Cherusker stürzen in den Park. Pause. – Bald darauf die Leiche des Ventidius, von den Cheruskern getragen, und Childerich mit der Bärin.

ASTOLF *läßt die Leiche vor sich niederlegen.*

Ventidius, der Legate Roms! –

Nun, bei den Göttern von Walhalla,
So hab ich einen Spieß an ihm gespart!

GERTRUD *aus dem Hintergrund.*

Helft mir, ihr Leut, ins Zelt die Fürstin führen!

ASTOLF. Helft ihr!

EIN CHERUSKER. Bei allen Göttern, welch ein Vorfall?

ASTOLF. Gleichviel! Gleichviel! Auf! Folgt zum Crassus mir,
Ihn, eh er noch die Tat erfuhr,
Ventidius, dem Legaten nachzuschicken!

Alle ab.

Szene: Teutoburger Wald. Schlachtfeld. Es ist Tag.

Zwanzigster Auftritt

Marbod, von Feldherren umringt, steht auf einem Hügel und schaut in die Ferne. – Komar tritt auf.

KOMAR. Sieg! König Marbod! Sieg! Und wieder, Sieg!
Von allen zwei und dreißig Seiten,
Durch die der Wind in Deutschlands Felder bläst!

MARBOD *von dem Hügel herabsteigend.*

Wie steht die Schlacht, sag an?

EIN FELDHERR. Laß hören, Komar,
Und spar die lusterfüllten Worte nicht!

KOMAR.

Wir rückten, wie du weißt, beim ersten Strahl der Sonne,
Arminius' Plan gemäß, auf die Legionen los;
Doch hier, im Schatten ihrer Adler,
Hier wütete die Zwietracht schon:
Die deutschen Völker hatten sich empört,
Und rissen heulend ihre Kette los.
Dem Varus eben doch, – der schnell, mit allen Waffen,
Dem pfeilverletzten Eber gleich,
Auf ihren Haufen fiel, erliegen wollten sie:
Als Brunold hülfreich schon, mit deinem Heer erschien,
Und ehe Hermann noch den Punkt der Schlacht erreicht,
Die Schlacht der Freiheit völlig schon entschied.

Zerschellt ward nun das ganze Römerheer,
Gleich einem Schiff, gewiegt in Klippen,
Und nur die Scheitern hülflos irren
Noch, auf dem Ozean des Siegs, umher!
MARBOD. So traf mein tapfres Heer der Sueven wirklich
Auf Varus früher ein, als die Cherusker?
KOMAR. Sie trafen früher ihn! Arminius selbst,
Er wird gestehn, daß du die Schlacht gewannst!
MARBOD. Auf jetzt, daß ich den Trefflichen begrüße!

Alle ab.

Einundzwanzigster Auftritt

VARUS *tritt verwundet auf.*

Da sinkt die große Weltherrschaft von Rom
Vor eines Wilden Witz zusammen,
Und kommt, die Wahrheit zu gestehn,
Mir wie ein dummer Streich der Knaben vor!
Rom, wenn, gebläht von Glück, du mit drei Würfeln doch,
Nicht neunzehn Augen werfen wolltest!
Die Zeit noch kehrt sich, wie ein Handschuh um,
Und über uns seh ich die Welt regieren,
Jedwede Horde, die der Kitzel treibt. –
Da naht der Derwisch mir, Armin, der Fürst der Uren,
Der diese Sprüche mich gelehrt. –
Der Rhein, wollt ich, wär zwischen mir und ihm!
Ich warf, von Scham erfüllt, dort in dem Schilf des Moors,
Mich in des eignen Schwertes Spitze schon;
Doch meine Ribbe, ihm verbunden,
Beschirmte mich; mein Schwert zerbrach,
Und nun bin ich dem seinen aufgespart. –
Fänd ich ein Pferd nur, das mich rettete.

Zweiundzwanzigster Auftritt

Hermann mit bloßem Schwert, von der einen Seite, Fust, Fürst der Cimbern, und Gueltar, Fürst der Nervier, von der andern, treten hitzig auf. – Varus.

HERMANN. Steh, du Tyrannenknecht, dein Reich ist aus!
FUST. Steh, Höllenhund!

GUELTAR. Steh, Wolf vom Tiberstrande,
Hier sind die Jäger, die dich fällen wollen!

Fust und Gueltar stellen sich auf Hermanns Seite.

VARUS *nimmt ein Schwert auf.*
Nun will ich tun, als führt ich zehn Legionen! –
Komm her, du dort im Fell des zottgen Löwen,
Und laß mich sehn, ob du Herakles bist!

Hermann und Varus bereiten sich zum Kampf.

FUST *sich zwischen sie werfend.*
Halt dort, Armin! Du hast des Ruhms genug.

GUELTAR *ebenso.* Halt, sag auch ich!

FUST. Quintilius Varus
Ist mir, und wenn ich sinke, dem verfallen!

HERMANN *betroffen.*
Wem! Dir? Euch? – Ha! Sieh da! Mit welchem Recht?

FUST. Das Recht, bei Mana, wenn du es verlangst,
Mit Blut schreib ichs auf deine schöne Stirn!
Er hat in Schmach und Schande mich gestürzt,
An Deutschland, meinem Vaterlande,
Der Mordknecht, zum Verräter mich gemacht:
Den Schandfleck wasch ich ab in seinem Blute,
Das hab ich heut, das mußt du wissen,
Gestreckt am Boden heulend, mir,
Als mir dein Brief kam, Göttlicher, gelobt!

HERMANN. Gestreckt am Boden heulend! Sei verwünscht,
Gefallner Sohn des Teut, mit deiner Reue!
Soll ich von Schmach dich rein zu waschen,
Den Ruhm, beim Jupiter, entbehren,
Nach dem ich durch zwölf Jahre treu gestrebt?
Komm her, fall aus und triff – und verflucht sei,
Wer jenen Römer ehr berührt,
Als dieser Streit sich zwischen uns gelöst!

Sie fechten.

VARUS *für sich.* Ward solche Schmach im Weltkreis schon erlebt?
Als wär ich ein gefleckter Hirsch,
Der, mit zwölf Enden durch die Forsten bricht! –

HERMANN *hält inne.*

GUELTAR. Sieg, Fust, halt ein! Das Glück hat dir entschieden.
FUST.
            Wem? Mir? – Nein, sprich!
GUELTAR.   Beim Styx! Er kanns nicht leugnen.
   Blut rötet ihm den Arm!
FUST.   Was! Traf ich dich?
HERMANN *indem er sich den Arm verbindet.*
   Ich wills zufrieden sein! Dein Schwert fällt gut.
   Da nimm ihn hin. Man kann ihn dir vertraun.
            Er geht, mit einem tötenden Blick auf Varus, auf die Seite.
VARUS *wütend.* Zeus, diesen Übermut hilfst du mir strafen!
   Du schnöder, pfauenstolzer Schelm,
   Der du gesiegt, heran zu mir,
   Es soll der Tod sein, den du dir errungen!
FUST. Der Tod? Nimm dich in acht! Auch noch im Tode
   Zapf ich das Blut dir ab, das rein mich wäscht.
            Sie fechten; Varus fällt.
VARUS. Rom, wenn du fällst, wie ich: was willst du mehr?
            Er stirbt.
DAS GEFOLGE.
   Triumph! Triumph! Germaniens Todfeind stürzt!
   Heil, Fust, dir! Heil dir, Fürst der Cimbern!
   Der du das Vaterland von ihm befreit!
            Pause.
FUST. Hermann! Mein Bruderherz! Was hab ich dir getan?
            Er fällt ihm um den Hals.
HERMANN. Nun, es ist alles gut.
GUELTAR *umhalst ihn gleichfalls.*   Du bist verwundet –!
FUST. Das Blut des besten Deutschen fällt in Staub.
HERMANN. Ja, allerdings.
FUST.   Daß mir die Hand verdorrte!
GUELTAR. Komm her, soll ich das Blut dir saugen?
FUST. Mir laß – mir, mir!
HERMANN.   Ich bitt euch, meine Freunde –!
FUST. Hermann, du bist mir bös, mein Bruderherz,
   Weil ich den Siegskranz schelmisch dir geraubt?!
HERMANN. Du bist nicht klug! Vielmehr, es macht mich lachen!
   Laß einen Herold gleich nur kommen,

Der deinen Namen ausposaune:
Und mir schaff einen Arzt, der mich verbindet.
Er lacht und geht ab.

DAS GEFOLGE. Kommt! hebt die Leiche auf und tragt sie fort.
Alle ab.

Szene: Teutoburg. Platz unter Trümmern.

Dreiundzwanzigster Auftritt

Thusnelda mit ihren Frauen. – Ihr zur Seite Eginhardt und Astolf. – Im Hintergrunde Wolf, Thuiskomar, Dagobert, Selgar. – Hermann tritt auf. Ihm folgen Fust, Gueltar, Winfried, Egbert und andere.

WOLF *usw.* Heil, Hermann! Heil dir, Sieger der Kohorten!
Germaniens Retter, Schirmer und Befreier!
HERMANN. Willkommen, meine Freunde!
THUSNELDA *an seinem Busen.* Mein Geliebter!
HERMANN *empfängt sie.*
Mein schönes Thuschen! Heldin, grüß ich dich!
Wie groß und prächtig hast du Wort gehalten?
THUSNELDA *verwirrt.*
Das ist geschehn. Laß sein.
HERMANN. Doch scheinst du blaß?
Er betrachtet sie mit Innigkeit. – Pause.
Wie stehts, ihr deutschen Herrn! Was bringt ihr mir?
WOLF. Uns selbst, mit allem jetzt, was wir besitzen!
Hally, die Jungfrau, die geschändete,
Die du, des Vaterlandes grauses Sinnbild,
Zerstückt in alle Stämme hast geschickt,
Hat unsrer Völker Langmut aufgezehrt.
In Waffen siehst du ganz Germanien lodern,
Den Greul zu strafen, der sich ihr verübt:
Wir aber kamen her, dich zu befragen,
Wie du das Heer, das wir ins Feld gestellt,
Im Krieg nun gegen Rom gebrauchen willst?
HERMANN. Harrt einen Augenblick, bis Marbod kömmt,
Der wird bestimmteren Befehl euch geben! –
ASTOLF. Hier leg ich Crassus' Schwert zu Füßen dir!

HERMANN *nimmt es auf.*

Dank, Freund, für jetzt! Die Zeit auch kömmt, das weißt du,
Wo ich dich zu belohnen wissen werde!

Er gibt es weg.

EGINHARDT. Doch hier, o Herr, schau her! Das sind die Folgen
Des Kampfs, den Astolf mit den Römern kämpfte:
Ganz Teutoburg siehst du in Schutt und Asche!

HERMANN. Mag sein! Wir bauen uns ein schönres auf.

EIN CHERUSKER *tritt auf.* Marbod, der Fürst der Sueven, naht sich dir!
Du hast geboten, Herr, es dir zu melden.

HERMANN. Auf, Freunde! Laßt uns ihm entgegen eilen!

Letzter Auftritt

*Marbod mit Gefolge tritt auf. Hinter ihm, von einer Wache geführt, Aristan,
Fürst der Ubier, in Fesseln. – Die Vorigen.*

HERMANN *beugt ein Knie vor ihm.*

Heil, Marbod, meinem edelmütgen Freund!
Und wenn Germanien meine Stimme hört:
Heil seinem großen Oberherrn und König!

MARBOD. Steh auf, Arminius, wenn ich reden soll!

HERMANN. Nicht ehr, o Herr, als bis du mir gelobt,
Nun den Tribut, der uns entzweite,
Von meinem Kämmrer huldreich anzunehmen!

MARBOD. Steh auf, ich wiederhols! Wenn ich dein König,
So ist mein erst Gebot an dich: steh auf!

Hermann steht auf.

MARBOD *beugt ein Knie vor ihm.*

Heil, ruf ich, Hermann, dir, dem Retter von Germanien!
Und wenn es meine Stimme hört:
Heil seinem würdgen Oberherrn und König!
Das Vaterland muß einen Herrscher haben,
Und weil die Krone sonst, zur Zeit der grauen Väter,
Bei deinem Stamme rühmlich war:
Auf deine Scheitel falle sie zurück!

DIE SUEVISCHEN FELDHERRN.

Heil, Hermann! Heil dir, König von Germanien!
So ruft der Suev, auf König Marbods Wort!

FUST *vortretend.* Heil, ruf auch ich, beim Jupiter!
GUELTAR. Und ich!
WOLF UND THUISKOMAR.

Heil, König Hermann, alle Deutschen dir!
Marbod steht auf.

HERMANN *umarmt ihn.*

Laß diese Sach, beim nächsten Mondlicht, uns,
Wenn die Druiden Wodan opfern,
In der gesamten Fürsten Rat, entscheiden!

MARBOD. Es sei! Man soll im Rat die Stimmen sammeln.
Doch bis dahin, das weigre nicht,
Gebeutst du als Regent und führst das Heer!

DAGOBERT UND SELGAR.

So seis! – Beim Opfer soll die Wahl entscheiden.

MARBOD *indem er einige Schritte zurückweicht.*

Hier übergeb ich, Oberster der Deutschen,
Er winkt der Wache.
Den ich in Waffen aufgefangen,
Aristan, Fürsten dir der Ubier!

HERMANN *wendet sich ab.*

Weh mir! Womit muß ich mein Amt beginnen?

MARBOD. Du wirst nach deiner Weisheit hier verfahren.

HERMANN *zu Aristan.* – Du hattest, du Unseliger, vielleicht
Den Ruf, den ich den deutschen Völkern,
Am Tag der Schlacht erlassen, nicht gelesen?

ARISTAN *keck.* Ich las, mich dünkt, ein Blatt von deiner Hand,
Das für Germanien in den Kampf mich rief!
Jedoch was galt Germanien mir?
Der Fürst bin ich der Ubier,
Beherrscher eines freien Staats,
In Fug und Recht, mich jedem, wer es sei,
Und also auch dem Varus zu verbinden!

HERMANN. Ich weiß, Aristan. Diese Denkart kenn ich.
Du bist imstand und treibst mich in die Enge,
Fragst, wo und wann Germanien gewesen?
Ob in dem Mond? Und zu der Riesen Zeiten?
Und was der Witz sonst an die Hand dir gibt;
Doch jetzo, ich versichre dich, jetzt wirst du

Mich schnell begreifen, wie ich es gemeint:
Führt ihn hinweg und werft das Haupt ihm nieder!
ARISTAN *erblaßt.* Wie, du Tyrann! Du scheutest dich so wenig –?
MARBOD *halblaut, zu Wolf.*
Die Lektion ist gut.
WOLF.   Das sag ich auch.
FUST. Was gilts, er weiß jetzt, wo Germanien liegt?
ARISTAN. Hört mich, ihr Brüder –!
HERMANN.   Führet ihn hinweg!
Was kann er sagen, das ich nicht schon weiß?

Aristan wird abgeführt.

Ihr aber kommt, ihr wackern Söhne Teuts,
Und laßt, im Hain der stillen Eichen,
Wodan für das Geschenk des Siegs uns danken! –
Uns bleibt der Rhein noch schleunig zu ereilen,
Damit vorerst der Römer keiner
Von der Germania heilgem Grund entschlüpfe:
Und dann – nach Rom selbst mutig aufzubrechen!
Wir oder unsre Enkel, meine Brüder!
Denn eh doch, seh ich ein, erschwingt der Kreis der Welt
Vor dieser Mordbrut keine Ruhe,
Als bis das Raubnest ganz zerstört,
Und nichts, als eine schwarze Fahne,
Von seinem öden Trümmerhaufen weht!

PRINZ
FRIEDRICH VON HOMBURG

EIN SCHAUSPIEL

Ihrer Königlichen Hoheit
der Prinzessin
Amalie Marie Anne
Gemahlin des Prinzen Wilhelm von Preußen
Bruders Sr. Majestät des Königs
geborne Prinzessin von Hessen-Homburg.

Gen Himmel schauend greift, im Volksgedränge,
Der Barde fromm in seine Saiten ein.
Jetzt trösten, jetzt verletzen seine Klänge,
Und solcher Antwort kann er sich nicht freun.
Doch eine denkt er in dem Kreis der Menge,
Der die Gefühle seiner Brust sich weihn:
Sie hält den Preis in Händen, der ihm falle,
Und krönt ihn die, so krönen sie ihn alle.

PERSONEN

FRIEDRICH WILHELM, Kurfürst von Brandenburg
DIE KURFÜRSTIN
PRINZESSIN NATALIE VON ORANIEN, seine Nichte, Chef eines
  Dragonerregiments
FELDMARSCHALL DÖRFLING
PRINZ FRIEDRICH ARTHUR VON HOMBURG, General der Reuterei
OBRIST KOTTWITZ, vom Regiment der Prinzessin von Oranien
HENNINGS ⎫ Obersten der Infanterie
GRAF TRUCHSS ⎭
GRAF HOHENZOLLERN, von der Suite des Kurfürsten
RITTMEISTER VON DER GOLZ
GRAF GEORG VON SPARREN ⎫
STRANZ   ⎪
SIEGFRIED VON MÖRNER   ⎬ Rittmeister
GRAF REUSS   ⎭
EIN WACHTMEISTER
OFFIZIERE, KORPORALE und REUTER. HOFKAVALIERE. HOFDAMEN.
PAGEN. HEIDUCKEN. BEDIENTEN. VOLK jeden Alters und Geschlechts.

ERSTER AKT

Szene: Fehrbellin. Ein Garten im altfranzösischen Stil. Im Hintergrunde ein Schloß, von welchem eine Rampe herabführt. – Es ist Nacht.

Erster Auftritt

Der Prinz von Homburg sitzt mit bloßem Haupt und offner Brust, halb wachend halb schlafend, unter einer Eiche und windet sich einen Kranz. – Der Kurfürst, seine Gemahlin, Prinzessin Natalie, der Graf von Hohenzollern, Rittmeister Golz und andere treten heimlich aus dem Schloß, und schauen, vom Geländer der Rampe, auf ihn nieder. – Pagen mit Fackeln.

DER GRAF VON HOHENZOLLERN.
  Der Prinz von Homburg, unser tapfrer Vetter,
  Der an der Reuter Spitze, seit drei Tagen
  Den flüchtgen Schweden munter nachgesetzt,
  Und sich erst heute wieder atemlos,
  Im Hauptquartier zu Fehrbellin gezeigt:
  Befehl ward ihm von dir, hier länger nicht,
  Als nur drei Fütterungsstunden zu verweilen,
  Und gleich dem Wrangel wiederum entgegen,
  Der sich am Rhyn versucht hat einzuschanzen,
  Bis an die Hackelberge vorzurücken?
DER KURFÜRST. So ists!
HOHENZOLLERN.   Die Chefs nun sämtlicher Schwadronen,
  Zum Aufbruch aus der Stadt, dem Plan gemäß,
  Glock zehn zu Nacht, gemessen instruiert,
  Wirft er erschöpft, gleich einem Jagdhund lechzend,
  Sich auf das Stroh um für die Schlacht, die uns
  Bevor beim Strahl des Morgens steht, ein wenig
  Die Glieder, die erschöpften, auszuruhn.
DER KURFÜRST. So hört ich! – Nun?
HOHENZOLLERN.   Da nun die Stunde schlägt,
  Und aufgesessen schon die ganze Reuterei
  Den Acker vor dem Tor zerstampft,
  Fehlt – wer? der Prinz von Homburg noch, ihr Führer.
  Mit Fackeln wird und Lichtern und Laternen

Der Held gesucht – und aufgefunden, wo?
Er nimmt einem Pagen die Fackel aus der Hand.
Als ein Nachtwandler, schau, auf jener Bank,
Wohin, im Schlaf, wie du nie glauben wolltest,
Der Mondschein ihn gelockt, beschäftiget,
Sich träumend, seiner eignen Nachwelt gleich,
Den prächtgen Kranz des Ruhmes einzuwinden.

DER KURFÜRST. Was!

HOHENZOLLERN. In der Tat! Schau hier herab: da sitzt er!
Er leuchtet von der Rampe auf ihn nieder.

DER KURFÜRST. Im Schlaf versenkt? Unmöglich!

HOHENZOLLERN. Fest im Schlafe!
Ruf ihn bei Namen auf, so fällt er nieder.
Pause.

DIE KURFÜRSTIN. Der junge Mann ist krank, so wahr ich lebe.

PRINZESSIN NATALIE.
Er braucht des Arztes –!

DIE KURFÜRSTIN. Man sollt ihm helfen, dünkt mich,
Nicht den Moment verbringen, sein zu spotten!

HOHENZOLLERN *indem er die Fackel wieder weggibt.*
Er ist gesund, ihr mitleidsvollen Frauen,
Bei Gott, ich bins nicht mehr! Der Schwede morgen
Wenn wir im Feld ihn treffen, wirds empfinden!
Es ist nichts weiter, glaubt mir auf mein Wort,
Als eine bloße Unart seines Geistes.

DER KURFÜRST.
Fürwahr! Ein Märchen glaubt ichs! – Folgt mir Freunde,
Und laßt uns näher ihn einmal betrachten.
Sie steigen von der Rampe herab.

EIN HOFKAVALIER *zu den Pagen.*
Zurück! die Fackeln!

HOHENZOLLERN. Laßt sie, laßt sie, Freunde!
Der ganze Flecken könnt in Feuer aufgehn,
Daß sein Gemüt davon nicht mehr empfände,
Als der Demant, den er am Finger trägt.
Sie umringen ihn; die Pagen leuchten.

DER KURFÜRST *über ihn gebeugt.*
Was für ein Laub denn flicht er? – Laub der Weide?

HOHENZOLLERN.
 Was! Laub der Weid, o Herr! – Der Lorbeer ists,
 Wie ers gesehn hat, an der Helden Bildern,
 Die zu Berlin im Rüstsaal aufgehängt.
DER KURFÜRST. – Wo fand er den in meinem märkschen Sand?
HOHENZOLLERN. Das mögen die gerechten Götter wissen!
DER HOFKAVALIER. Vielleicht im Garten hinten, wo der Gärtner
 Mehr noch der fremden Pflanzen auferzieht.
DER KURFÜRST.
 Seltsam beim Himmel! Doch, was gilts, ich weiß,
 Was dieses jungen Toren Brust bewegt?
HOHENZOLLERN.
 O – was! Die Schlacht von morgen, mein Gebieter!
 Sterngucker sieht er, wett ich, schon im Geist,
 Aus Sonnen einen Siegeskranz ihm winden.
Der Prinz besieht den Kranz.
DER HOFKAVALIER. Jetzt ist er fertig!
HOHENZOLLERN. Schade, ewig schade,
 Daß hier kein Spiegel in der Nähe ist!
 Er würd ihm eitel, wie ein Mädchen nahn,
 Und sich den Kranz bald so, und wieder so,
 Wie eine florne Haube aufprobieren.
DER KURFÜRST.
 Bei Gott! Ich muß doch sehn, wie weit ers treibt!

Der Kurfürst nimmt ihm den Kranz aus der Hand; der Prinz errötet und sieht ihn an. Der Kurfürst schlingt seine Halskette um den Kranz und gibt ihn der Prinzessin; der Prinz steht lebhaft auf. Der Kurfürst weicht mit der Prinzessin, welche den Kranz erhebt, zurück; der Prinz mit ausgestreckten Armen, folgt ihr.

DER PRINZ VON HOMBURG *flüsternd.*
 Natalie! Mein Mädchen! Meine Braut!
DER KURFÜRST.
 Geschwind! Hinweg!
HOHENZOLLERN. Was sagt der Tor?
DER HOFKAVALIER. Was sprach er?
Sie besteigen sämtlich die Rampe.
DER PRINZ VON HOMBURG.
 Friedrich! Mein Fürst! Mein Vater!
HOHENZOLLERN. Höll und Teufel!

DER KURFÜRST *rückwärts ausweichend.*

Öffn' mir die Pforte nur!
DER PRINZ VON HOMBURG.   O meine Mutter!
HOHENZOLLERN. Der Rasende! Er ist –
DIE KURFÜRSTIN.   Wen nennt er so?
DER PRINZ VON HOMBURG *nach dem Kranz greifend.*

O! Liebste! Was entweichst du mir? Natalie!
   Er erhascht einen Handschuh von der Prinzessin Hand.
HOHENZOLLERN. Himmel und Erde! Was ergriff er da?
DER HOFKAVALIER.

Den Kranz?
NATALIE.   Nein, nein!
HOHENZOLLERN *öffnet die Tür.*

                             Hier rasch herein, mein Fürst!
Auf daß das ganze Bild ihm wieder schwinde!
DER KURFÜRST.

Ins Nichts mit dir zurück, Herr Prinz von Homburg,
Ins Nichts, ins Nichts! In dem Gefild der Schlacht,
Sehn wir, wenns dir gefällig ist, uns wieder!
Im Traum erringt man solche Dinge nicht!
   Alle ab; die Tür fliegt rasselnd vor dem Prinzen zu.
   Pause.

Zweiter Auftritt

DER PRINZ VON HOMBURG *bleibt einen Augenblick, mit dem Ausdruck der Verwunderung, vor der Tür stehen; steigt dann sinnend, die Hand, in welcher er den Handschuh hält, vor die Stirn gelegt, von der Rampe herab; kehrt sich sobald er unten ist, um, und sieht wieder nach der Tür hinauf.*

Dritter Auftritt

Der Graf von Hohenzollern tritt von unten, durch eine Gittertür, auf.
Ihm folgt ein Page. – Der Prinz von Homburg.

DER PAGE *leise.* Herr Graf, so hört doch! Gnädigster Herr Graf!
HOHENZOLLERN *unwillig.*

Still! die Zikade! – Nun? Was gibts?
PAGE.   Mich schickt –!

HOHENZOLLERN. Weck ihn mit deinem Zirpen mir nicht auf!
— Wohlan! Was gibts?
PAGE.   Der Kurfürst schickt mich her!
Dem Prinzen möchtet Ihr, wenn er erwacht,
Kein Wort, befiehlt er, von dem Scherz entdecken,
Den er sich eben jetzt mit ihm erlaubt!
HOHENZOLLERN *leise*. Ei, so leg dich im Weizenfeld aufs Ohr,
Und schlaf dich aus! Das wußt ich schon! Hinweg!

Der Page ab.

Vierter Auftritt

Der Graf von Hohenzollern und der Prinz von Homburg.

HOHENZOLLERN *indem er sich in einiger Entfernung hinter den Prinzen stellt, der noch immer unverwandt die Rampe hinaufsieht.*

Arthur!

Der Prinz fällt um.

Da liegt er; eine Kugel trifft nicht besser!

Er nähert sich ihm.

Nun bin ich auf die Fabel nur begierig,
Die er ersinnen wird, mir zu erklären,
Warum er hier sich schlafen hat gelegt.

Er beugt sich über ihn.

Arthur! He! Bist des Teufels du? Was machst du?
Wie kommst du hier zu Nacht auf diesen Platz?
DER PRINZ VON HOMBURG.
    Je, Lieber!
HOHENZOLLERN.
            Nun, fürwahr, das muß ich sagen!
Die Reuterei ist die du kommandierst,
Auf eine Stunde schon im Marsch voraus,
Und du, du liegst im Garten hier, und schläfst.
DER PRINZ VON HOMBURG.
    Welch eine Reuterei?
HOHENZOLLERN.   Die Mamelucken! —
So wahr ich Leben atm', er weiß nicht mehr,
Daß er der märkschen Reuter Oberst ist?!

DER PRINZ VON HOMBURG *steht auf.*

Rasch! Meinen Helm! Die Rüstung!
HOHENZOLLERN. Ja wo sind sie?
DER PRINZ VON HOMBURG.

Zur Rechten, Heinz, zur Rechten; auf dem Schemel!
HOHENZOLLERN.

Wo? Auf dem Schemel?
DER PRINZ VON HOMBURG. Ja, da legt ich, mein ich –!
HOHENZOLLERN *sieht ihn an.*

So nimm sie wieder von dem Schemel weg!
DER PRINZ VON HOMBURG.

– Was ist dies für ein Handschuh?
Er betrachtet den Handschuh, den er in der Hand hält.

HOHENZOLLERN. Ja, was weiß ich? –
Für sich.

Verwünscht! Den hat er der Prinzessin Nichte,
Dort oben unbemerkt vom Arm gerissen!
Abbrechend.

Nun, rasch! Hinweg! Was säumst du? Fort!
DER PRINZ VON HOMBURG *wirft den Handschuh wieder weg.*

Gleich, gleich! –

He, Franz, der Schurke der mich wecken sollte!
HOHENZOLLERN *betrachtet ihn.*

Er ist ganz rasend toll!
DER PRINZ VON HOMBURG. Bei meinem Eid!
Ich weiß nicht, liebster Heinrich, wo ich bin.
HOHENZOLLERN. In Fehrbellin, du sinnverwirrter Träumer;
In einem von des Gartens Seitengängen,
Der ausgebreitet hinterm Schlosse liegt!
DER PRINZ VON HOMBURG *für sich.*

Daß mich die Nacht verschläng! Mir unbewußt
Im Mondschein bin ich wieder umgewandelt!
Er faßt sich.

Vergib! Ich weiß nun schon. Es war, du weißt, vor Hitze,
Im Bette gestern fast nicht auszuhalten.
Ich schlich erschöpft in diesen Garten mich,
Und weil die Nacht so lieblich mich umfing,

Mit blondem Haar, von Wohlgeruch ganz triefend
Ach! wie den Bräutgam eine Perserbraut,
So legt ich hier in ihren Schoß mich nieder.
– Was ist die Glocke jetzo?

HOHENZOLLERN.   Halb auf Zwölf.

DER PRINZ VON HOMBURG.

Und die Schwadronen, sagst du, brachen auf?

HOHENZOLLERN.

Versteht sich, ja! Glock zehn; dem Plan gemäß!
Das Regiment Prinzessin von Oranien,
Hat, wie kein Zweifel ist, an ihrer Spitze
Bereits die Höhn von Hackelwitz erreicht,
Wo sie des Heeres stillen Aufmarsch morgen,
Dem Wrangel gegenüber decken sollen.

DER PRINZ VON HOMBURG.

Es ist gleichviel! Der alte Kottwitz führt sie,
Der jede Absicht dieses Marsches kennt.
Zudem hätt ich zurück ins Hauptquartier
Um zwei Uhr morgens wieder kehren müssen,
Weil hier Parole noch soll empfangen werden:
So blieb ich besser gleich im Ort zurück.
Komm; laß uns gehn! Der Kurfürst weiß von nichts?

HOHENZOLLERN. Ei, was! Der liegt im Bette längst und schläft.

*Sie wollen gehen; der Prinz stutzt, kehrt sich um,
und nimmt den Handschuh auf.*

DER PRINZ VON HOMBURG.

Welch einen sonderbaren Traum träumt ich?! –
Mir war, als ob, von Gold und Silber strahlend
Ein Königsschloß sich plötzlich öffnete,
Und hoch von seiner Marmorramp' herab,
Der ganze Reigen zu mir niederstiege,
Der Menschen, die mein Busen liebt:
Der Kurfürst und die Fürstin und die – dritte,
– Wie heißt sie schon?

HOHENZOLLERN.   Wer?

DER PRINZ VON HOMBURG *er scheint zu suchen.*

                          Jene – die ich meine!
Ein Stummgeborner würd sie nennen können!

HOHENZOLLERN. Die Platen?
DER PRINZ VON HOMBURG.   Nicht doch, Lieber!
HOHENZOLLERN.   Die Ramin?
DER PRINZ VON HOMBURG.
  Nicht, nicht doch, Freund!
HOHENZOLLERN.   Die Bork? die Winterfeld?
DER PRINZ VON HOMBURG.
  Nicht, nicht; ich bitte dich! Du siehst die Perle
  Nicht vor dem Ring, der sie in Fassung hält.
HOHENZOLLERN.
  Zum Henker, sprich! Läßt das Gesicht sich raten?
  – Welch eine Dame meinst du?
DER PRINZ VON HOMBURG.   Gleichviel! Gleichviel!
  Der Nam ist mir, seit ich erwacht, entfallen,
  Und gilt zu dem Verständnis hier gleichviel.
HOHENZOLLERN. Gut! So sprich weiter!
DER PRINZ VON HOMBURG.   Aber stör mich nicht! –
  Und er, der Kurfürst, mit der Stirn des Zeus,
  Hielt einen Kranz von Lorbeern in der Hand:
  Er stellt sich dicht mir vor das Antlitz hin,
  Und schlägt, mir ganz die Seele zu entzünden,
  Den Schmuck darum, der ihm vom Nacken hängt,
  Und reicht ihn, auf die Locken mir zu drücken
  – O Lieber!
HOHENZOLLERN. Wem?
DER PRINZ VON HOMBURG. O Lieber!
HOHENZOLLERN.   Nun, so sprich!
DER PRINZ VON HOMBURG.
  – Es wird die Platen wohl gewesen sein.
HOHENZOLLERN. Die Platen? Was! – Die jetzt in Preußen ist?
DER PRINZ VON HOMBURG.
  Die Platen. Wirklich. Oder die Ramin.
HOHENZOLLERN.
  Ach, die Ramin! Was! Die, mit roten Haaren! –
  Die Platen, mit den schelmschen Veilchenaugen!
  Die, weiß man, die gefällt dir.
DER PRINZ VON HOMBURG.   Die gefällt mir. –
HOHENZOLLERN. Nun, und die, sagst du, reichte dir den Kranz?

DER PRINZ VON HOMBURG.
 Hoch auf, gleich einem Genius des Ruhms,
 Hebt sie den Kranz, an dem die Kette schwankte,
 Als ob sie einen Helden krönen wollte.
 Ich streck, in unaussprechlicher Bewegung,
 Die Hände streck ich aus, ihn zu ergreifen:
 Zu Füßen will ich vor ihr niedersinken.
 Doch, wie der Duft, der über Täler schwebt,
 Vor eines Windes frischem Hauch zerstiebt,
 Weicht mir die Schar, die Ramp' ersteigend, aus.
 Die Rampe dehnt sich, da ich sie betrete,
 Endlos, bis an das Tor des Himmels aus,
 Ich greife rechts, ich greife links umher,
 Der Teuren einen ängstlich zu erhaschen.
 Umsonst! Des Schlosses Tor geht plötzlich auf;
 Ein Blitz der aus dem Innern zuckt, verschlingt sie;
 Das Tor fügt rasselnd wieder sich zusammen:
 Nur einen Handschuh, heftig, im Verfolgen,
 Streif ich der süßen Traumgestalt vom Arm:
 Und einen Handschuh, ihr allmächtgen Götter,
 Da ich erwache, halt ich in der Hand!

HOHENZOLLERN.
 Bei meinem Eid! – Und nun meinst du, der Handschuh,
 Der sei der ihre?

DER PRINZ VON HOMBURG.
               Wessen?

HOHENZOLLERN.   Nun, der Platen!

DER PRINZ VON HOMBURG.
 Der Platen. Wirklich. Oder der Ramin. –

HOHENZOLLERN *lacht.* Schelm, der du bist, mit deinen Visionen!
 Wer weiß von welcher Schäferstunde, traun,
 Mit Fleisch und Bein hier wachend zugebracht,
 Dir noch der Handschuh in den Händen klebt!

DER PRINZ VON HOMBURG.
 Was! Mir? Bei meiner Liebe –!

HOHENZOLLERN.   Ei so, zum Henker,
 Was kümmerts mich? Meinthalben seis die Platen,
 Seis die Ramin! Am Sonntag geht die Post nach Preußen,

Da kannst du auf dem kürzsten Weg erfahren,
Ob deiner Schönen dieser Handschuh fehlt. –
Fort! Es ist zwölf. Was stehn wir hier und plaudern?

DER PRINZ VON HOMBURG *träumt vor sich nieder.*

– Da hast du recht. Laß uns zu Bette gehn.
Doch, was ich sagen wollte, Lieber,
Ist die Kurfürstin noch und ihre Nichte hier,
Die liebliche Prinzessin von Oranien,
Die jüngst in unser Lager eingetroffen?

HOHENZOLLERN.

Warum? – Ich glaube gar, der Tor –?

DER PRINZ VON HOMBURG.   Warum? –
Ich sollte, weißt du, dreißig Reuter stellen,
Sie wieder von dem Kriegsplatz wegzuschaffen,
Ramin hab ich deshalb beordern müssen.

HOHENZOLLERN.

Ei, was! Die sind längst fort! Fort, oder reisen gleich!
Ramin, zum Aufbruch völlig fertig, stand
Die ganze Nacht durch mindestens am Portal.
Doch fort! Zwölf ists; und eh die Schlacht beginnt,
Wünsch ich mich noch ein wenig auszuruhn.

Beide ab.

Szene: Ebendaselbst. Saal im Schloß. Man hört in der Ferne schießen.

Fünfter Auftritt

Die Kurfürstin und die Prinzessin Natalie in Reisekleidern, geführt von einem Hofkavalier, treten auf und lassen sich zur Seite nieder. Hofdamen. Hierauf der Kurfürst, Feldmarschall Dörfling, der Prinz von Homburg, den Handschuh im Kollett, der Graf von Hohenzollern, Graf Truchß, Obrist Hennings, Rittmeister von der Golz und mehrere andere Generale, Obersten und Offiziere.

DER KURFÜRST.

Was ist dies für ein Schießen? – Ist das Götz?

FELDMARSCHALL DÖRFLING.

Das ist der Oberst Götz, mein Fürst und Herr,
Der mit dem Vortrab gestern vorgegangen.
Er hat schon einen Offizier gesandt,

Der im voraus darüber dich beruhge.
Ein schwedscher Posten ist, von tausend Mann,
Bis auf die Hackelberge vorgerückt;
Doch haftet Götz für diese Berge dir,
Und sagt mir an, du möchtest nur verfahren,
Als hätte sie sein Vortrab schon besetzt.

DER KURFÜRST *zu den Offizieren.*

Ihr Herrn, der Marschall kennt den Schlachtentwurf;
Nehmt euren Stift, bitt ich, und schreibt ihn auf.

Die Offiziere versammeln sich auf der andern Seite um den Feldmarschall und nehmen ihre Schreibtafeln heraus.

DER KURFÜRST *wendet sich zu dem Hofkavalier.*

Ramin ist mit dem Wagen vorgefahren?

DER HOFKAVALIER.

Im Augenblick, mein Fürst. – Man spannt schon an.

DER KURFÜRST *läßt sich auf einen Stuhl hinter der Kurfürstin und Prinzessin nieder.* Ramin wird meine teur' Elisa führen,
Und dreißig rüstge Reuter folgen ihm.
Ihr geht auf Kalkhuhns, meines Kanzlers, Schloß
Bei Havelberg, jenseits des Havelstroms,
Wo sich kein Schwede mehr erblicken läßt. –

DIE KURFÜRSTIN. Hat man die Fähre wieder hergestellt?

DER KURFÜRST. Bei Havelberg? – Die Anstalt ist getroffen.
Zudem ists Tag, bevor ihr sie erreicht.

Pause.

Natalie ist so still, mein süßes Mädchen?
– Was fehlt dem Kind?

PRINZESSIN NATALIE.   Mich schauert, lieber Onkel.

DER KURFÜRST. Und gleichwohl ist mein Töchterchen so sicher,
In ihrer Mutter Schoß war sies nicht mehr.

Pause.

DIE KURFÜRSTIN.

Wann, denkst du, werden wir uns wiedersehn?

DER KURFÜRST.

Wenn Gott den Sieg mir schenkt, wie ich nicht zweifle,
Vielleicht im Laufe dieser Tage schon.

Pagen kommen und servieren den Damen ein Frühstück. – Feldmarschall Dörfling diktiert. – Der Prinz von Homburg, Stift und Tafel in der Hand, fixiert die Damen.

FELDMARSCHALL. Der Plan der Schlacht, ihr Herren Obersten,
  Den die Durchlaucht des Herrn ersann, bezweckt,
  Der Schweden flüchtges Heer, zu gänzlicher
  Zersplittrung, von dem Brückenkopf zu trennen,
  Der an dem Rhynfluß ihren Rücken deckt.
  Der Oberst Hennings –!
OBERST HENNINGS. Hier! *Er schreibt.*
FELDMARSCHALL. Der nach des Herren Willen heut
  Des Heeres rechten Flügel kommandiert,
  Soll, durch den Grund der Hackelbüsche, still
  Des Feindes linken zu umgehen suchen,
  Sich mutig zwischen ihn und die drei Brücken werfen,
  Und mit dem Grafen Truchß vereint –
  Graf Truchß!
GRAF TRUCHSS. Hier! *Er schreibt.*
FELDMARSCHALL. Und mit dem Grafen Truchß vereint –

Er hält inne.

  Der auf den Höhn indes, dem Wrangel gegenüber,
  Mit den Kanonen Posten hat gefaßt –
GRAF TRUCHSS *schreibt.*
  Kanonen Posten hat gefaßt –
FELDMARSCHALL. Habt Ihr?

Er fährt fort.

  Die Schweden in den Sumpf zu jagen suchen,
  Der hinter ihrem rechten Flügel liegt.
EIN HEIDUCK *tritt auf.*
  Der Wagen, gnädge Frau, ist vorgefahren.

Die Damen stehen auf.

FELDMARSCHALL. Der Prinz von Homburg –
DER KURFÜRST *erhebt sich gleichfalls.* – Ist Ramin bereit?
DER HEIDUCK. Er harrt zu Pferd schon unten am Portal.

Die Herrschaften nehmen Abschied von einander.

GRAF TRUCHSS *schreibt.* Der hinter ihrem rechten Flügel liegt.
FELDMARSCHALL. Der Prinz von Homburg –
  Wo ist der Prinz von Homburg?
GRAF VON HOHENZOLLERN *heimlich.* Arthur!
DER PRINZ VON HOMBURG *fährt zusammen.* Hier!

HOHENZOLLERN. Bist du bei Sinnen?
DER PRINZ VON HOMBURG. Was befiehlt mein Marschall?
Er errötet, stellt sich mit Stift und Pergament und schreibt.

FELDMARSCHALL. Dem die Durchlaucht des Fürsten wiederum
Die Führung ruhmvoll, wie bei Rathenow,
Der ganzen märkschen Reuterei vertraut –
Er hält inne.
Dem Obrist Kottwitz gleichwohl unbeschadet,
Der ihm mit seinem Rat zur Hand wird gehn –
Halblaut zum Rittmeister Golz.
Ist Kottwitz hier?

RITTMEISTER VON DER GOLZ. Nein, mein General, du siehst,
Mich hat er abgeschickt, an seiner Statt,
Aus deinem Mund den Kriegsbefehl zu hören.
Der Prinz sieht wieder nach den Damen herüber.

FELDMARSCHALL *fährt fort.*
Stellt, auf der Ebne sich, beim Dorfe Hackelwitz,
Des Feindes rechtem Flügel gegenüber,
Fern außer dem Kanonenschusse auf.

RITTMEISTER VON DER GOLZ *schreibt.*
Fern außer dem Kanonenschusse auf.

Die Kurfürstin bindet der Prinzessin ein Tuch um den Hals. Die Prinzessin, indem sie sich die Handschuh anziehen will, sieht sich um, als ob sie etwas suchte.

DER KURFÜRST *tritt zu ihr.*
Mein Töchterchen, was fehlt dir –?
DIE KURFÜRSTIN. Suchst du etwas?
PRINZESSIN NATALIE.
Ich weiß nicht, liebe Tante, meinen Handschuh –
Sie sehen sich alle um.
DER KURFÜRST *zu den Hofdamen.*
Ihr Schönen! Wollt ihr gütig euch bemühn?
DIE KURFÜRSTIN *zur Prinzessin.*
Du hältst ihn, Kind.
NATALIE. Den rechten; doch den linken?
DER KURFÜRST. Vielleicht daß er im Schlafgemach geblieben?
NATALIE. O liebe Bork!

DER KURFÜRST *zu diesem Fräulein.*

      Rasch, rasch!

NATALIE.   Auf dem Kamin!

Die Hofdame ab.

DER PRINZ VON HOMBURG *für sich.*

 Herr meines Lebens! hab ich recht gehört?

Er nimmt den Handschuh aus dem Kollett.

FELDMARSCHALL *sieht in ein Papier, das er in der Hand hält.*

 Fern außer dem Kanonenschusse auf. –

Er fährt fort.

Des Prinzen Durchlaucht wird –

DER PRINZ VON HOMBURG.   Den Handschuh sucht sie –

Er sieht bald den Handschuh, bald die Prinzessin an.

FELDMARSCHALL. Nach unsers Herrn ausdrücklichem Befehl –
RITTMEISTER VON DER GOLZ *schreibt.*

 Nach unsers Herrn ausdrücklichem Befehl –

FELDMARSCHALL. Wie immer auch die Schlacht sich wenden mag,

 Vom Platz nicht, der ihm angewiesen, weichen –

DER PRINZ VON HOMBURG.

 – Rasch, daß ich jetzt erprüfe, ob ers ist!

Er läßt, zugleich mit seinem Schnupftuch, den Handschuh fallen; das Schnupftuch hebt er wieder auf, den Handschuh läßt er so, daß ihn jedermann sehen kann, liegen.

FELDMARSCHALL *befremdet.*

 Was macht des Prinzen Durchlaucht?

GRAF VON HOHENZOLLERN *heimlich.*   Arthur!

DER PRINZ VON HOMBURG.   Hier!

HOHENZOLLERN.   Ich glaub,

 Du bist des Teufels?!

DER PRINZ VON HOMBURG. Was befiehlt mein Marschall?

Er nimmt wieder Stift und Tafel zur Hand. Der Feldmarschall sieht ihn einen Augenblick fragend an. – Pause.

RITTMEISTER VON DER GOLZ *nachdem er geschrieben.*

 Vom Platz nicht, der ihm angewiesen, weichen –

FELDMARSCHALL *fährt fort.*

 Als bis, gedrängt von Hennings und von Truchß –

DER PRINZ VON HOMBURG *zum Rittmeister Golz, heimlich, indem er in seine Schreibtafel sieht.*

Wer? lieber Golz! Was? Ich?

RITTMEISTER VON DER GOLZ. Ihr, ja! Wer sonst?

DER PRINZ VON HOMBURG.

Vom Platz nicht soll ich –?

RITTMEISTER VON DER GOLZ. Freilich!

FELDMARSCHALL. Nun? habt Ihr?

DER PRINZ VON HOMBURG *laut.*

Vom Platz nicht, der mir angewiesen, weichen –
Er schreibt.

FELDMARSCHALL.

Als bis, gedrängt von Hennings und von Truchß –
Er hält inne.
Des Feindes linker Flügel, aufgelöst,
Auf seinen rechten stürzt, und alle seine
Schlachthaufen wankend nach der Trift sich drängen,
In deren Sümpfen, oft durchkreuzt von Gräben,
Der Kriegsplan eben ist, ihn aufzureiben.

DER KURFÜRST.

Ihr Pagen, leuchtet! – Euren Arm, ihr Lieben!
Er bricht mit der Kurfürstin und der Prinzessin auf.

FELDMARSCHALL.

Dann wird er die Fanfare blasen lassen.

DIE KURFÜRSTIN *da einige Offiziere sie komplimentieren.*

Auf Wiedersehn, ihr Herrn! Laßt uns nicht stören.
Der Feldmarschall komplimentiert sie auch.

DER KURFÜRST *steht plötzlich still.*

Sieh da! Des Fräuleins Handschuh! Rasch! Dort liegt er!

EIN HOFKAVALIER.

Wo?

DER KURFÜRST.

Zu des Prinzen, unsers Vetters, Füßen!

DER PRINZ VON HOMBURG *ritterlich.*

Zu meinen –? Was! Ist das der Eurige?
Er hebt ihn auf und bringt ihn der Prinzessin.

NATALIE. Ich dank Euch, edler Prinz.

DER PRINZ VON HOMBURG *verwirrt.* Ist das der Eure?

NATALIE. Der meinige; der, welchen ich vermißt.
Sie empfängt ihn und zieht ihn an.

DIE KURFÜRSTIN *zu dem Prinzen im Abgehen.*

Lebt wohl! Lebt wohl! Viel Glück und Heil und Segen!
Macht, daß wir bald und froh uns wieder sehn!

Der Kurfürst mit den Frauen ab. Hofdamen, Kavaliere und Pagen folgen.

DER PRINZ VON HOMBURG *steht, einen Augenblick, wie vom Blitz getroffen da; dann wendet er sich mit triumphierenden Schritten wieder in den Kreis der Offiziere zurück.*

Dann wird er die Fanfare blasen lassen!

Er tut, als ob er schriebe.

FELDMARSCHALL *sieht in sein Papier.*

Dann wird er die Fanfare blasen lassen. –
Doch wird des Fürsten Durchlaucht ihm, damit,
Durch Mißverstand, der Schlag zu früh nicht falle –

Er hält inne.

RITTMEISTER VON DER GOLZ *schreibt.*

Durch Mißverstand, der Schlag zu früh nicht falle –

DER PRINZ VON HOMBURG *zum Grafen Hohenzollern, heimlich, in großer Bewegung.* O Heinrich!

HOHENZOLLERN *unwillig.* Nun! Was gibts? Was hast du vor?

DER PRINZ VON HOMBURG.

Was! Sahst du nichts?

HOHENZOLLERN. Nein, nichts! Sei still, zum Henker!

FELDMARSCHALL *fährt fort.*

Ihm einen Offizier, aus seiner Suite, senden,
Der den Befehl, das merkt, ausdrücklich noch
Zum Angriff auf den Feind ihm überbringe.
Eh wird er nicht Fanfare blasen lassen.

Der Prinz steht und träumt vor sich nieder.

– Habt Ihr?

RITTMEISTER VON DER GOLZ *schreibt.*

Eh wird er nicht Fanfare blasen lassen.

FELDMARSCHALL *mit erhöhter Stimme.*

Des Prinzen Durchlaucht, habt Ihr?

DER PRINZ VON HOMBURG. Mein Feldmarschall?

FELDMARSCHALL. Ob Ihr geschrieben habt?

DER PRINZ VON HOMBURG. – Von der Fanfare?

HOHENZOLLERN *heimlich, unwillig, nachdrücklich.*

Fanfare! Sei verwünscht! Nicht eh, als bis der –

RITTMEISTER VON DER GOLZ *ebenso.*

Als bis er selbst –

DER PRINZ VON HOMBURG *unterbricht sie.*

          Ja, allerdings! Eh nicht –
Doch dann wird er Fanfare blasen lassen.

Er schreibt. – Pause.

FELDMARSCHALL.

Den Obrist Kottwitz, merkt das, Baron Golz,
Wünsch ich, wenn er es möglich machen kann,
Noch vor Beginn des Treffens selbst zu sprechen.

RITTMEISTER VON DER GOLZ *mit Bedeutung.*

Bestellen werd ich es. Verlaß dich drauf.

Pause.

DER KURFÜRST *kommt zurück.*

Nun, meine General' und Obersten,
Der Morgenstrahl ergraut! – Habt ihr geschrieben?

FELDMARSCHALL.

Es ist vollbracht, mein Fürst; dein Kriegsplan ist
An deine Feldherrn pünktlich ausgeteilt!

DER KURFÜRST *indem er Hut und Handschuh nimmt.*

Herr Prinz von Homburg, dir empfehl ich Ruhe!
Du hast am Ufer, weißt du, mir des Rheins
Zwei Siege jüngst verscherzt; regier dich wohl,
Und laß mich heut den dritten nicht entbehren,
Der mindres nicht, als Thron und Reich, mir gilt!

Zu den Offizieren.

Folgt mir! – He, Franz!

EIN REITKNECHT *tritt auf.*   Hier!

DER KURFÜRST.   Rasch! Den Schimmel vor!
– Noch vor der Sonn im Schlachtfeld will ich sein!

Ab; die Generale, Obersten und Offiziere folgen ihm.

Sechster Auftritt

DER PRINZ VON HOMBURG *in den Vordergrund tretend.*

Nun denn, auf deiner Kugel, Ungeheures,
Du, der der Windeshauch den Schleier heut,
Gleich einem Segel lüftet, roll heran!
Du hast mir, Glück, die Locken schon gestreift:
Ein Pfand schon warfst du, im Vorüberschweben,
Aus deinem Füllhorn lächelnd mir herab:
Heut, Kind der Götter, such ich, flüchtiges,
Ich hasche dich im Feld der Schlacht und stürze
Ganz deinen Segen mir zu Füßen um:
Wärst du auch siebenfach, mit Eisenketten,
Am schwedschen Siegeswagen festgebunden!

Ab.

ZWEITER AKT

Szene: Schlachtfeld bei Fehrbellin.

Erster Auftritt

*Obrist Kottwitz, Graf Hohenzollern, Rittmeister von der Golz, und andere
Offiziere, an der Spitze der Reuterei, treten auf.*

OBRIST KOTTWITZ *außerhalb der Szene.*

Halt hier die Reuterei, und abgesessen!

HOHENZOLLERN UND GOLZ *treten auf.*

Halt! – Halt!

OBRIST KOTTWITZ.

         Wer hilft vom Pferde mir, ihr Freunde?

HOHENZOLLERN UND GOLZ.

Hier, Alter, hier!

Sie treten wieder zurück.

OBRIST KOTTWITZ *außerhalb.*

         Habt Dank! – Ouf! Daß die Pest mich!
– Ein edler Sohn, für euren Dienst, jedwedem,
Der euch, wenn ihr zerfallt, ein Gleiches tut!

Er tritt auf; Hohenzollern, Golz und andere, hinter ihm.

Ja, auf dem Roß fühl ich voll Jugend mich;
Doch sitz ich ab, da hebt ein Strauß sich an,
Als ob sich Leib und Seele kämpfend trennten!

Er sieht sich um.

Wo ist des Prinzen, unsers Führers, Durchlaucht?

HOHENZOLLERN. Der Prinz kehrt gleich zu dir zurück!

OBRIST KOTTWITZ. Wo ist er?

HOHENZOLLERN. Er ritt ins Dorf, das dir, versteckt in Büschen,
Zur Seite blieb. Er wird gleich wiederkommen.

EIN OFFIZIER. Zur Nachtzeit, hör ich, fiel er mit dem Pferd?

HOHENZOLLERN. Ich glaube, ja.

OBRIST KOTTWITZ. Er fiel?

HOHENZOLLERN *wendet sich.* Nichts von Bedeutung!
Sein Rappe scheute an der Mühle sich,
Jedoch, leichthin zur Seite niedergleitend,
Tat er auch nicht den mindsten Schaden sich.
Es ist den Odem keiner Sorge wert.

OBRIST KOTTWITZ *auf einen Hügel tretend.*
Ein schöner Tag, so wahr ich Leben atme!
Ein Tag von Gott, dem hohen Herrn der Welt,
Gemacht zu süßerm Ding als sich zu schlagen!
Die Sonne schimmert rötlich durch die Wolken,
Und die Gefühle flattern, mit der Lerche,
Zum heitern Duft des Himmels jubelnd auf! –

GOLZ. Hast du den Marschall Dörfling aufgefunden?

OBRIST KOTTWITZ *kommt vorwärts.*
Zum Henker, nein! Was denkt die Exzellenz?
Bin ich ein Pfeil, ein Vogel, ein Gedanke,
Daß er mich durch das ganze Schlachtfeld sprengt?
Ich war beim Vortrab, auf den Hackelhöhn,
Und in dem Hackelgrund, beim Hintertrab:
Doch wen ich nicht gefunden, war der Marschall!
Drauf meine Reuter sucht ich wieder auf.

GOLZ. Das wird sehr leid ihm tun. Es schien, er hatte
Dir von Belang noch etwas zu vertraun.

DER OFFIZIER.
Da kommt des Prinzen, unsers Führers, Durchlaucht!

Zweiter Auftritt

Der Prinz von Homburg, mit einem schwarzen Band um die linke Hand.
Die Vorigen.

OBRIST KOTTWITZ. Sei mir gegrüßt, mein junger edler Prinz!
Schau her, wie, während du im Dörfchen warst,
Die Reuter ich im Talweg aufgestellt:
Ich denk du wirst mit mir zufrieden sein!

DER PRINZ VON HOMBURG.
Guten Morgen, Kottwitz! – Guten Morgen, Freunde!
– Du weißt, ich lobe alles, was du tust.

HOHENZOLLERN. Was machtest, Arthur, in dem Dörfchen du?
– Du scheinst so ernst!

DER PRINZ VON HOMBURG. Ich – war in der Kapelle,
Die aus des Dörfchens stillen Büschen blinkte.
Man läutete, da wir vorüberzogen,
Zur Andacht eben ein; da trieb michs an,
Am Altar auch mich betend hinzuwerfen.

OBRIST KOTTWITZ. Ein frommer junger Herr, das muß ich sagen!
Das Werk, glaubt mir, das mit Gebet beginnt,
Das wird mit Heil und Ruhm und Sieg sich krönen!

DER PRINZ VON HOMBURG.
Was ich dir sagen wollte, Heinrich –
Er führt den Grafen ein wenig vor.
Was wars schon, was der Dörfling, mich betreffend,
Bei der Parol' hat gestern vorgebracht?

HOHENZOLLERN. – Du warst zerstreut. Ich hab es wohl gesehn.

DER PRINZ VON HOMBURG.
Zerstreut – geteilt; ich weiß nicht, was mir fehlte,
Diktieren in die Feder macht mich irr. –

HOHENZOLLERN. – Zum Glück nicht diesmal eben viel für dich.
Der Truchß und Hennings, die das Fußvolk führen,
Die sind zum Angriff auf den Feind bestimmt,
Und dir ist aufgegeben, hier zu halten
Im Tal schlagfertig mit der Reuterei,
Bis man zum Angriff den Befehl dir schickt.

DER PRINZ VON HOMBURG *nach einer Pause, in der er vor sich niedergeträumt.*
– Ein wunderlicher Vorfall!

HOHENZOLLERN. Welcher, Lieber?
Er sieht ihn an. – Ein Kanonenschuß fällt.
OBRIST KOTTWITZ. Holla, ihr Herrn, holla! Sitzt auf, sitzt auf!
Das ist der Hennings und die Schlacht beginnt!
Sie besteigen sämtlich einen Hügel.
DER PRINZ VON HOMBURG.
Wer ist es? Was?
HOHENZOLLERN. Der Obrist Hennings, Arthur,
Der sich in Wrangels Rücken hat geschlichen!
Komm nur, dort kannst du alles überschaun.
GOLZ *auf dem Hügel.*
Seht, wie er furchtbar sich am Rhyn entfaltet!
DER PRINZ VON HOMBURG *hält sich die Hand vors Auge.*
– Der Hennings dort auf unserm rechten Flügel?
ERSTER OFFIZIER.
Ja, mein erlauchter Prinz.
DER PRINZ VON HOMBURG. Was auch, zum Henker!
Der stand ja gestern auf des Heeres Linken.
Kanonenschüsse in der Ferne.
OBRIST KOTTWITZ. Blitzelement! Seht, aus zwölf Feuerschlünden
Wirkt jetzt der Wrangel auf den Hennings los!
ERSTER OFFIZIER. Das nenn ich Schanzen das, die schwedischen!
ZWEITER OFFIZIER.
Bei Gott, getürmt bis an die Kirchsturmspitze,
Des Dorfs, das hinter ihrem Rücken liegt!
Schüsse in der Nähe.
GOLZ. Das ist der Truchß!
DER PRINZ VON HOMBURG. Der Truchß?
OBRIST KOTTWITZ. Der Truchß, er, ja;
Der Hennings jetzt von vorn zu Hülfe kommt.
DER PRINZ VON HOMBURG.
Wie kommt der Truchß heut in die Mitte?
Heftige Kanonade.
GOLZ. O Himmel, schaut, mich dünkt das Dorf fing Feuer!
DRITTER OFFIZIER.
Es brennt, so wahr ich leb!
ERSTER OFFIZIER. Es brennt! Es brennt!
Die Flamme zuckt schon an dem Turm empor!

GOLZ. Hui! Wie die Schwedenboten fliegen rechts und links!
ZWEITER OFFIZIER.
  Sie brechen auf!
OBRIST KOTTWITZ. Wo?
ERSTER OFFIZIER. Auf dem rechten Flügel! –
DRITTER OFFIZIER. Freilich! In Zügen! Mit drei Regimentern!
  Es scheint, den linken wollen sie verstärken.
ZWEITER OFFIZIER. Bei meiner Treu! Und Reuterei rückt vor,
  Den Marsch des rechten Flügels zu bedecken!
HOHENZOLLERN *lacht.* Ha! Wie das Feld die wieder räumen wird,
  Wenn sie versteckt uns hier im Tal erblickt!

Musketenfeuer.

KOTTWITZ. Schaut! Brüder, schaut!
ZWEITER OFFIZIER. Horcht!
ERSTER OFFIZIER. Feuer der Musketen!
DRITTER OFFIZIER. Jetzt sind sie bei den Schanzen aneinander! –
GOLZ. Bei Gott! Solch einen Donner des Geschützes
  Hab ich zeit meines Lebens nicht gehört!
HOHENZOLLERN.
  Schießt! Schießt! Und macht den Schoß der Erde bersten!
  Der Riß soll eurer Leichen Grabmal sein.

Pause. – Ein Siegsgeschrei in der Ferne.

ERSTER OFFIZIER. Herr, du, dort oben, der den Sieg verleiht:
  Der Wrangel kehrt den Rücken schon!
HOHENZOLLERN. Nein, sprich!
GOLZ. Beim Himmel, Freunde! Auf dem linken Flügel!
  Er räumt mit seinem Feldgeschütz die Schanzen.
ALLE. Triumph! Triumph! Triumph! Der Sieg ist unser!
DER PRINZ VON HOMBURG *steigt vom Hügel herab.*
  Auf, Kottwitz, folg mir!
OBRIST KOTTWITZ. Ruhig, ruhig, Kinder!
DER PRINZ VON HOMBURG.
  Auf! Laß Fanfare blasen! Folge mir!
OBRIST KOTTWITZ. Ich sage, ruhig.
DER PRINZ VON HOMBURG *wild.* Himmel, Erd und Hölle!
OBRIST KOTTWITZ.
  Des Herrn Durchlaucht, bei der Parole gestern,

Befahl, daß wir auf Order warten sollen.
Golz, lies dem Herren die Parole vor.
DER PRINZ VON HOMBURG.
Auf Ord'r! Ei, Kottwitz! Reitest du so langsam?
Hast du sie noch vom Herzen nicht empfangen?
OBRIST KOTTWITZ. Order?
HOHENZOLLERN. Ich bitte dich!
OBRIST KOTTWITZ. Von meinem Herzen?
HOHENZOLLERN. Laß dir bedeuten, Arthur!
GOLZ. Hör mein Obrist!
OBRIST KOTTWITZ *beleidigt*.
Oho! Kömmst du mir so, mein junger Herr? –
Den Gaul, den du dahersprengst, schlepp ich noch
Im Notfall an dem Schwanz des meinen fort!
Marsch, marsch, ihr Herrn! Trompeter, die Fanfare!
Zum Kampf! Zum Kampf! Der Kottwitz ist dabei!
GOLZ *zu Kottwitz*.
Nein nimmermehr, mein Obrist! Nimmermehr!
ZWEITER OFFIZIER.
Der Hennings hat den Rhyn noch nicht erreicht!
ERSTER OFFIZIER. Nimm ihm den Degen ab!
DER PRINZ VON HOMBURG. Den Degen mir?
Er stößt ihn zurück.
Ei, du vorwitzger Knabe, der du noch
Nicht die Zehn märkischen Gebote kennst!
Hier ist der deinige, zusamt der Scheide!
Er reißt ihm das Schwert samt dem Gürtel ab.
ERSTER OFFIZIER *taumelnd*.
Mein Prinz, die Tat, bei Gott –!
DER PRINZ VON HOMBURG *auf ihn einschreitend*.
Den Mund noch öffnest –?
HOHENZOLLERN *zu dem Offizier*.
Schweig! Bist du rasend?
DER PRINZ VON HOMBURG *indem er den Degen abgibt*.
Ordonnanzen! –
Führt ihn gefangen ab, ins Hauptquartier.
Zu Kottwitz und den übrigen Offizieren.
Und jetzt ist die Parol', ihr Herrn: ein Schurke,

Wer seinem General zur Schlacht nicht folgt!
– Wer von euch bleibt?
OBRIST KOTTWITZ. Du hörst. Was eiferst du?
HOHENZOLLERN *beilegend.* Es war ein Rat nur, den man dir erteilt.
OBRIST KOTTWITZ. Auf deine Kappe nimms. Ich folge dir.
DER PRINZ VON HOMBURG *beruhigt.*
Ich nehms auf meine Kappe. Folgt mir, Brüder!
Alle ab.

Szene: Zimmer in einem Dorf.

Dritter Auftritt

Ein Hofkavalier, in Stiefeln und Sporen, tritt auf. – Ein Bauer und seine Frau sitzen an einem Tisch und arbeiten.

HOFKAVALIER. Glück auf, ihr wackern Leute! Habt ihr Platz,
In eurem Hause Gäste aufzunehmen?
DER BAUER. O ja! Von Herzen.
DIE FRAU.   Darf man wissen, wen?
HOFKAVALIER. Die hohe Landesmutter! Keinen Schlechtern!
Am Dorftor brach die Achse ihres Wagens,
Und weil wir hören, daß der Sieg erfochten,
So braucht es weiter diese Reise nicht.
BEIDE *stehen auf.*
Der Sieg erfochten? – Himmel!
HOFKAVALIER.   Das wißt ihr nicht?
Das Heer der Schweden ist aufs Haupt geschlagen,
Wenn nicht für immer, doch auf Jahresfrist,
Die Mark vor ihrem Schwert und Feuer sicher!
– Doch seht! da kömmt die Landesfürstin schon.

Vierter Auftritt

Die Kurfürstin, bleich und verstört. Prinzessin Natalie und mehrere Hofdamen folgen. – Die Vorigen.

KURFÜRSTIN *unter der Tür.*
Bork! Winterfeld! Kommt: gebt mir euren Arm!
NATALIE *zu ihr eilend.*
O meine Mutter!

DIE HOFDAMEN. Gott! Sie bleicht! Sie fällt!

Sie unterstützen sie.

KURFÜRSTIN. Führt mich auf einen Stuhl, ich will mich setzen.
— Tot, sagt er; tot?
NATALIE. O meine teure Mutter!
KURFÜRSTIN. Ich will den Unglücksboten selber sprechen.

Fünfter Auftritt

Rittmeister von Mörner tritt verwundet auf, von zwei Reutern geführt. — Die Vorigen.

KURFÜRSTIN. Was bringst du, Herold des Entsetzens, mir?
MÖRNER. Was diese Augen, leider, teure Frau,
Zu meinem ewgen Jammer, selbst gesehn.
KURFÜRSTIN.
Wohlan! Erzähl!
MÖRNER. Der Kurfürst ist nicht mehr!
NATALIE. O Himmel!
Soll ein so ungeheurer Schlag uns treffen?

Sie bedeckt sich das Gesicht.

KURFÜRSTIN. Erstatte mir Bericht, wie er gesunken!
— Und wie der Blitzstrahl, der den Wandrer trifft,
Die Welt noch einmal purpurn ihm erleuchtet,
So laß dein Wort sein; Nacht, wenn du gesprochen,
Mög über meinem Haupt zusammenschlagen.
MÖRNER *tritt, geführt von den beiden Reutern, vor ihr.*
Der Prinz von Homburg war, sobald der Feind,
Gedrängt von Truchß, in seiner Stellung wankte,
Auf Wrangel in die Ebne vorgerückt;
Zwei Linien hatt er, mit der Reuterei,
Durchbrochen schon, und auf der Flucht vernichtet,
Als er auf eine Feldredoute stieß.
Hier schlug so mörderischer Eisenregen
Entgegen ihm, daß seine Reuterschar,
Wie eine Saat, sich knickend niederlegte:
Halt mußt er machen zwischen Busch und Hügeln,
Um sein zerstreutes Reuterkorps zu sammeln.

NATALIE *zur Kurfürstin.*

Geliebte! Fasse dich!

KURFÜRSTIN. Laß, laß mich, Liebe!

MÖRNER. In diesem Augenblick, dem Staub entrückt,
Bemerken wir den Herrn, der, bei den Fahnen
Des Truchßschen Korps, dem Feind entgegenreitet;
Auf einem Schimmel herrlich saß er da,
Im Sonnenstrahl, die Bahn des Siegs erleuchtend.
Wir alle sammeln uns, bei diesem Anblick,
Auf eines Hügels Abhang, schwer besorgt,
Inmitten ihn des Feuers zu erblicken:
Als plötzlich jetzt der Kurfürst, Roß und Reuter,
In Staub vor unsern Augen niedersinkt;
Zwei Fahnenträger fielen über ihn,
Und deckten ihn mit ihren Fahnen zu.

NATALIE. O meine Mutter!

ERSTE HOFDAME. Himmel!

KURFÜRSTIN. Weiter! Weiter!

MÖRNER. Drauf faßt, bei diesem schreckenvollen Anblick,
Schmerz, unermeßlicher, des Prinzen Herz;
Dem Bären gleich, von Wut gespornt und Rache,
Bricht er mit uns auf die Verschanzung los:
Der Graben wird, der Erdwall, der sie deckt,
Im Anlauf überflogen, die Besatzung
Geworfen, auf das Feld zerstreut, vernichtet,
Kanonen, Fahnen, Pauken und Standarten,
Der Schweden ganzes Kriegsgepäck, erbeutet:
Und hätte nicht der Brückenkopf am Rhyn
Im Würgen uns gehemmt, so wäre keiner,
Der an dem Herd der Väter, sagen könnte:
Bei Fehrbellin sah ich den Helden fallen!

KURFÜRSTIN. Ein Sieg, zu teu'r erkauft! Ich mag ihn nicht.
Gebt mir den Preis, den er gekostet, wieder.

Sie sinkt in Ohnmacht.

ERSTE HOFDAME. Hilf, Gott im Himmel! Ihre Sinne schwinden.

Natalie weint.

Sechster Auftritt

Der Prinz von Homburg tritt auf. – Die Vorigen.

DER PRINZ VON HOMBURG. O meine teuerste Natalie!
Er legt ihre Hand gerührt an sein Herz.
NATALIE. So ist es wahr?
DER PRINZ VON HOMBURG. O! könnt ich sagen: nein!
Könnt ich mit Blut, aus diesem treuen Herzen,
Das seinige zurück ins Dasein rufen! –
NATALIE *trocknet sich die Tränen.*
Hat man denn schon die Leiche aufgefunden?
DER PRINZ VON HOMBURG.
Ach, mein Geschäft, bis diesen Augenblick,
War Rache nur an Wrangel; wie vermocht ich,
Solch einer Sorge mich bis jetzt zu weihn?
Doch eine Schar von Männern sandt ich aus,
Ihn, im Gefild des Todes, aufzusuchen:
Vor Nacht noch zweifelsohne trifft er ein.
NATALIE. Wer wird, in diesem schauderhaften Kampf,
Jetzt diese Schweden niederhalten? Wer
Vor dieser Welt von Feinden uns beschirmen,
Die uns sein Glück, die uns sein Ruhm erworben?
DER PRINZ VON HOMBURG *nimmt ihre Hand.*
Ich, Fräulein, übernehme eure Sache!
Ein Engel will ich, mit dem Flammenschwert,
An eures Throns verwaiste Stufen stehn!
Der Kurfürst wollte, eh das Jahr noch wechselt,
Befreit die Marken sehn; wohlan! ich will der
Vollstrecker solchen letzten Willens sein!
NATALIE. Mein lieber, teurer Vetter!
Sie zieht ihre Hand zurück.
DER PRINZ VON HOMBURG. O Natalie!
Er hält einen Augenblick inne.
Wie denkt Ihr über Eure Zukunft jetzt?
NATALIE. Ja, was soll ich, nach diesem Wetterschlag,
Der unter mir den Grund zerreißt, beginnen?
Mir ruht der Vater, mir die teure Mutter,
Im Grab zu Amsterdam; in Schutt und Asche

Liegt Dortrecht, meines Hauses Erbe, da;
Gedrängt von Spaniens Tyrannenheeren,
Weiß Moritz kaum, mein Vetter von Oranien,
Wo er die eignen Kinder retten soll:
Und jetzt sinkt mir die letzte Stütze nieder,
Die meines Glückes Rebe aufrecht hielt.
Ich ward zum zweitenmale heut verwaist.

DER PRINZ VON HOMBURG *schlägt einen Arm um ihren Leib.*
O meine Freundin! Wäre diese Stunde
Der Trauer nicht geweiht, so wollt ich sagen:
Schlingt Eure Zweige hier um diese Brust,
Um sie, die schon seit Jahren, einsam blühend,
Nach eurer Glocken holden Duft sich sehnt!

NATALIE. Mein lieber, guter Vetter!

DER PRINZ VON HOMBURG. — Wollt Ihr? Wollt Ihr?

NATALIE. — Wenn ich ins innre Mark ihr wachsen darf?
Sie legt sich an seine Brust.

DER PRINZ VON HOMBURG.
Wie? Was war das?

NATALIE. Hinweg!

DER PRINZ VON HOMBURG *hält sie.* In ihren Kern!
In ihres Herzens Kern, Natalie!
Er küßt sie; sie reißt sich los.
O Gott, wär er jetzt da, den wir beweinen,
Um diesen Bund zu schauen! Könnten wir
Zu ihm aufstammeln: Vater, segne uns!

*Er bedeckt sein Gesicht mit seinen Händen; Natalie wendet sich wieder
zur Kurfürstin zurück.*

Siebenter Auftritt

Ein Wachtmeister tritt eilig auf. — Die Vorigen.

WACHTMEISTER.
Mein Prinz, kaum wag ich, beim lebendgen Gott,
Welch ein Gerücht sich ausstreut, Euch zu melden!
— Der Kurfürst lebt!

DER PRINZ VON HOMBURG.
Er lebt!

WACHTMEISTER. Beim hohen Himmel!
Graf Sparren bringt die Nachricht eben her.
NATALIE. Herr meines Lebens! Mutter; hörtest dus?

Sie stürzt vor der Kurfürstin nieder und umfaßt ihren Leib.

DER PRINZ VON HOMBURG.
Nein, sag –! Wer bringt mir –?
WACHTMEISTER. Graf Georg von Sparren,
Der ihn in Hackelwitz beim Truchßschen Korps,
Mit eignem Aug, gesund und wohl, gesehn!
DER PRINZ VON HOMBURG.
Geschwind! Lauf, Alter! Bring ihn mir herein!

Wachtmeister ab.

Achter Auftritt

*Graf Georg von Sparren und der Wachtmeister treten auf. –
Die Vorigen.*

KURFÜRSTIN.
O stürzt mich zweimal nicht zum Abgrund nieder!
NATALIE. Nein, meine teure Mutter!
KURFÜRSTIN. Friedrich lebt?
NATALIE *hält sie mit beiden Händen aufrecht.*
Des Daseins Gipfel nimmt Euch wieder auf!
WACHTMEISTER *auftretend.*
Hier ist der Offizier!
DER PRINZ VON HOMBURG.
Herr Graf von Sparren!
Des Herrn Durchlaucht habt Ihr frisch und wohlauf,
Beim Truchßschen Korps, in Hackelwitz, gesehn?
GRAF SPARREN. Ja, mein erlauchter Prinz, im Hof des Pfarrers,
Wo er Befehle gab, vom Stab umringt,
Die Toten beider Heere zu begraben!
DIE HOFDAMEN. O Gott! An deine Brust –

Sie umarmen sich.

KURFÜRSTIN. O meine Tochter!
NATALIE. Nein, diese Seligkeit ist fast zu groß!

Sie drückt ihr Gesicht in der Tante Schoß.

DER PRINZ VON HOMBURG.
  Sah ich von fern, an meiner Reuter Spitze,
  Ihn nicht, zerschmettert von Kanonenkugeln,
  In Staub, samt seinem Schimmel, niederstürzen?
GRAF SPARREN.
  Der Schimmel, allerdings, stürzt', samt dem Reuter,
  Doch wer ihn ritt, mein Prinz, war nicht der Herr.
DER PRINZ VON HOMBURG.
  Nicht? Nicht der Herr?
NATALIE.   O Jubel!
         Sie steht auf und stellt sich an die Seite der Kurfürstin.
DER PRINZ VON HOMBURG.   Sprich! Erzähle!
  Dein Wort fällt schwer wie Gold in meine Brust!
GRAF SPARREN. O laßt die rührendste Begebenheit,
  Die je ein Ohr vernommen, Euch berichten!
  Der Landesherr, der, jeder Warnung taub,
  Den Schimmel wieder ritt, den strahlendweißen,
  Den Froben jüngst in England ihm erstand,
  War wieder, wie bis heut noch stets geschah,
  Das Ziel der feindlichen Kanonenkugeln.
  Kaum konnte, wer zu seinem Troß gehörte,
  Auf einen Kreis von hundert Schritt ihm nahn;
  Granaten wälzten, Kugeln und Kartätschen,
  Sich wie ein breiter Todesstrom daher,
  Und alles, was da lebte, wich ans Ufer:
  Nur er, der kühne Schwimmer, wankte nicht,
  Und, stets den Freunden winkend, rudert' er
  Getrost den Höhn zu, wo die Quelle sprang.
DER PRINZ VON HOMBURG.
  Beim Himmel, ja! Ein Grausen wars, zu sehn.
GRAF SPARREN. Stallmeister Froben, der, beim Troß der Suite,
  Zunächst ihm folgt, ruft dieses Wort mir zu:
  »Verwünscht sei heut mir dieses Schimmels Glanz
  Mit schwerem Gold in London jüngst erkauft!
  Wollt ich doch funfzig Stück Dukaten geben,
  Könnt ich ihn mit dem Grau der Mäuse decken.«
  Er naht, voll heißer Sorge, ihm und spricht:
  »Hoheit, dein Pferd ist scheu, du mußt verstatten,

Daß ichs noch einmal in die Schule nehme!«
Mit diesem Wort entsitzt er seinem Fuchs,
Und fällt dem Tier des Herren in den Zaum.
Der Herr steigt ab, still lächelnd, und versetzt:
»Die Kunst, die du ihn, Alter, lehren willst,
Wird er, solang es Tag ist, schwerlich lernen.
Nimm, bitt ich, fern ihn, hinter jenen Hügeln,
Wo seines Fehls der Feind nicht achtet, vor.«
Dem Fuchs drauf sitzt er auf, den Froben reitet,
Und kehrt zurück, wohin sein Amt ihn ruft.
Doch Froben hat den Schimmel kaum bestiegen,
So reißt, entsendet aus der Feldredoute,
Ihn schon ein Mordblei, Roß und Reuter, nieder.
In Staub sinkt er, ein Opfer seiner Treue,
Und keinen Laut vernahm man mehr von ihm.

Kurze Pause.

DER PRINZ VON HOMBURG.
Er ist bezahlt! – Wenn ich zehn Leben hätte,
Könnt ich sie besser brauchen nicht, als so!
NATALIE. Der wackre Froben!
KURFÜRSTIN. Der Vortreffliche!
NATALIE. Ein Schlechtrer wäre noch der Tränen wert!

Sie weinen.

DER PRINZ VON HOMBURG.
Genug! Zur Sache jetzt. Wo ist der Kurfürst?
Nahm er in Hackelwitz sein Hauptquartier?
GRAF SPARREN. Vergib! der Herr ist nach Berlin gegangen,
Und die gesamte Generalität
Ist aufgefordert, ihm dahin zu folgen.
DER PRINZ VON HOMBURG.
Wie? Nach Berlin? – Ist denn der Feldzug aus?
GRAF SPARREN. Fürwahr, ich staune, daß dir alles fremd! –
Graf Horn, der schwedsche General, traf ein;
Es ist im Lager, gleich nach seiner Ankunft,
Ein Waffenstillstand ausgerufen worden.
Wenn ich den Marschall Dörfling recht verstanden,
Ward eine Unterhandlung angeknüpft:
Leicht, daß der Frieden selbst erfolgen kann.

KURFÜRSTIN. O Gott, wie herrlich klärt sich alles auf!
Sie steht auf.

DER PRINZ VON HOMBURG.

Kommt, laßt sogleich uns nach Berlin ihm folgen!
– Räumst du, zu rascherer Beförderung, wohl
Mir einen Platz in deinem Wagen ein?
– Zwei Zeilen nur an Kottwitz schreib ich noch,
Und steige augenblicklich mit dir ein.
Er setzt sich nieder und schreibt.

KURFÜRSTIN. Von ganzem Herzen gern!

DER PRINZ VON HOMBURG *legt den Brief zusammen und übergibt ihn dem Wachtmeister; indem er sich wieder zur Kurfürstin wendet, und den Arm sanft um Nataliens Leib legt.* Ich habe so
Dir einen Wunsch noch schüchtern zu vertraun,
Des ich mich auf der Reis entlasten will.

NATALIE *macht sich von ihm los.*

Bork! Rasch! Mein Halstuch, bitt ich!

KURFÜRSTIN. Du? Einen Wunsch mir?

ERSTE HOFDAME. Ihr tragt das Tuch, Prinzessin, um den Hals!

DER PRINZ VON HOMBURG *zur Kurfürstin.*

Was? Rätst du nichts?

KURFÜRSTIN. Nein, nichts!

DER PRINZ VON HOMBURG. Was? Keine Silbe? –

KURFÜRSTIN *abbrechend.*

Gleichviel! – Heut keinem Flehenden auf Erden
Antwort ich: nein! was es auch immer sei;
Und dir, du Sieger in der Schlacht, zuletzt!
– Hinweg!

DER PRINZ VON HOMBURG.

O Mutter! Welch ein Wort sprachst du?
Darf ichs mir deuten, wie es mir gefällt?

KURFÜRSTIN. Hinweg, sag ich! Im Wagen mehr davon!

DER PRINZ VON HOMBURG.

Kommt, gebt mir Euren Arm! – O Cäsar Divus!
Die Leiter setz ich an, an deinen Stern!
Er führt die Damen ab; alle folgen.

Szene: Berlin. Lustgarten vor dem alten Schloß. Im Hintergrunde die Schloßkirche, mit einer Treppe. Glockenklang; die Kirche ist stark erleuchtet; man sieht die Leiche Frobens vorübertragen, und auf einen prächtigen Katafalk, niedersetzen.

Neunter Auftritt

Der Kurfürst, Feldmarschall Dörfling, Obrist Hennings, Graf Truchß, und mehrere andere Obristen und Offiziere treten auf. Ihm gegenüber zeigen sich einige Offiziere mit Depeschen. – In der Kirche sowohl als auf dem Platz Volk jeden Alters und Geschlechts.

DER KURFÜRST. Wer immer auch die Reuterei geführt,
  Am Tag der Schlacht, und, eh der Obrist Hennings
  Des Feindes Brücken hat zerstören können,
  Damit ist aufgebrochen, eigenmächtig,
  Zur Flucht, bevor ich Order gab, ihn zwingend,
  Der ist des Todes schuldig, das erklär ich,
  Und vor ein Kriegsgericht bestell ich ihn.
  – Der Prinz von Homburg hat sie nicht geführt?
GRAF TRUCHSS. Nein, mein erlauchter Herr!
DER KURFÜRST.   Wer sagt mir das?
GRAF TRUCHSS. Das können Reuter dir bekräftigen,
  Die mirs versichert, vor Beginn der Schlacht.
  Der Prinz hat mit dem Pferd sich überschlagen,
  Man hat verwundet schwer, an Haupt und Schenkeln,
  In einer Kirche ihn verbinden sehn.
DER KURFÜRST. Gleichviel. Der Sieg ist glänzend dieses Tages,
  Und vor dem Altar morgen dank ich Gott.
  Doch wär er zehnmal größer, das entschuldigt
  Den nicht, durch den der Zufall mir ihn schenkt:
  Mehr Schlachten noch, als die, hab ich zu kämpfen,
  Und will, daß dem Gesetz Gehorsam sei.
  Wers immer war, der sie zur Schlacht geführt,
  Ich wiederhols, hat seinen Kopf verwirkt,
  Und vor ein Kriegsrecht hiemit lad ich ihn.
  – Folgt, meine Freunde, in die Kirche mir!

Zehnter Auftritt

Der Prinz von Homburg, drei schwedsche Fahnen in der Hand, Obrist Kottwitz, mit deren zwei, Graf Hohenzollern, Rittmeister Golz, Graf Reuß, jeder mit einer Fahne, mehrere andere Offiziere, Korporale und Reuter, mit Fahnen, Pauken und Standarten, treten auf.

FELDMARSCHALL DÖRFLING *so wie er den Prinzen erblickt.*

Der Prinz von Homburg! – Truchß! Was machtet Ihr?

DER KURFÜRST *stutzt.*

Wo kommt Ihr her, Prinz?

DER PRINZ VON HOMBURG *einige Schritte vorschreitend.*

                     Von Fehrbellin, mein Kurfürst,
Und bringe diese Siegstrophäen dir.

Er legt die drei Fahnen vor ihm nieder; die Offiziere, Korporale und Reuter folgen, jeder mit der ihrigen.

DER KURFÜRST *betroffen.*

Du bist verwundet, hör ich, und gefährlich?
– Graf Truchß!

DER PRINZ VON HOMBURG *heiter.*

              Vergib!

GRAF TRUCHSS.   Beim Himmel, ich erstaune!

DER PRINZ VON HOMBURG.

Mein Goldfuchs fiel, vor Anbeginn der Schlacht;
Die Hand hier, die ein Feldarzt mir verband,
Verdient nicht, daß du sie verwundet taufst.

DER KURFÜRST. Mithin hast du die Reuterei geführt?

DER PRINZ VON HOMBURG *sieht ihn an.*

Ich? Allerdings! Mußt du von mir dies hören?
– Hier legt ich den Beweis zu Füßen dir.

DER KURFÜRST. – Nehmt ihm den Degen ab. Er ist gefangen.

FELDMARSCHALL *erschrocken.*

Wem?

DER KURFÜRST *tritt unter die Fahnen.*

         Kottwitz! Sei gegrüßt mir!

GRAF TRUCHSS *für sich.*   O verflucht!

OBRIST KOTTWITZ.

Bei Gott, ich bin aufs äußerste –!

DER KURFÜRST *er sieht ihn an.*   Was sagst du? –

Schau, welche Saat für unsern Ruhm gemäht!
– Die Fahn ist von der schwedschen Leibwacht! Nicht?
Er nimmt eine Fahne auf, entwickelt und betrachtet sie.

OBRIST KOTTWITZ. Mein Kurfürst?
FELDMARSCHALL. Mein Gebieter?
DER KURFÜRST. Allerdings!
Und zwar aus König Gustav Adolfs Zeiten!
– Wie heißt die Inschrift?
OBRIST KOTTWITZ. Ich glaube –
FELDMARSCHALL. Per aspera ad astra.
DER KURFÜRST. Das hat sie nicht bei Fehrbellin gehalten. –
Pause.

OBRIST KOTTWITZ *schüchtern.*
Mein Fürst, vergönn ein Wort mir –!
DER KURFÜRST. Was beliebt? –
Nehmt alles, Fahnen, Pauken und Standarten,
Und hängt sie an der Kirche Pfeiler auf;
Beim Siegsfest morgen denk ich sie zu brauchen!

Der Kurfürst wendet sich zu den Kurieren, nimmt ihnen die Depeschen ab, erbricht, und liest sie.

OBRIST KOTTWITZ *für sich.*
Das, beim lebendgen Gott, ist mir zu stark!

Der Obrist nimmt, nach einigem Zaudern, seine zwei Fahnen auf; die übrigen Offiziere und Reuter folgen; zuletzt, da die drei Fahnen des Prinzen liegen bleiben, hebt Kottwitz auch diese auf, so daß er nun fünf trägt.

EIN OFFIZIER *tritt vor den Prinzen.*
Prinz, Euren Degen, bitt ich.
HOHENZOLLERN *mit seiner Fahne, ihm zur Seite tretend.*
Ruhig, Freund!
DER PRINZ VON HOMBURG.
Träum ich? Wach ich? Leb ich? Bin ich bei Sinnen?
GOLZ. Prinz, gib den Degen, rat ich, hin und schweig!
DER PRINZ VON HOMBURG.
Ich, ein Gefangener?
HOHENZOLLERN. So ists!
GOLZ. Ihr hörts!
DER PRINZ VON HOMBURG.
Darf man die Ursach wissen?

HOHENZOLLERN *mit Nachdruck.* Jetzo nicht!
– Du hast zu zeitig, wie wir gleich gesagt,
Dich in die Schlacht gedrängt; die Order war,
Nicht von dem Platz zu weichen, ungerufen!
DER PRINZ VON HOMBURG.
Helft Freunde, helft! Ich bin verrückt.
GOLZ *unterbrechend.* Still! Still!
DER PRINZ VON HOMBURG.
Sind denn die Märkischen geschlagen worden?
HOHENZOLLERN *stampft mit dem Fuß auf die Erde.*
Gleichviel! – Der Satzung soll Gehorsam sein.
DER PRINZ VON HOMBURG *mit Bitterkeit.*
So – so, so, so!
HOHENZOLLERN *entfernt sich von ihm.*
Es wird den Hals nicht kosten.
GOLZ *ebenso.* Vielleicht, daß du schon morgen wieder los.
*Der Kurfürst legt die Briefe zusammen, und kehrt sich wieder in den Kreis
der Offiziere zurück.*

DER PRINZ VON HOMBURG *nachdem er sich den Degen abgeschnallt.*
Mein Vetter Friedrich will den Brutus spielen,
Und sieht, mit Kreid auf Leinewand verzeichnet,
Sich schon auf dem kurulschen Stuhle sitzen:
Die schwedschen Fahnen in dem Vordergrund,
Und auf dem Tisch die märkschen Kriegsartikel.
Bei Gott, in mir nicht findet er den Sohn,
Der, unterm Beil des Henkers, ihn bewundre.
Ein deutsches Herz, von altem Schrot und Korn,
Bin ich gewohnt an Edelmut und Liebe,
Und wenn er mir, in diesem Augenblick,
Wie die Antike starr entgegenkömmt,
Tut er mir leid, und ich muß ihn bedauren!
Er gibt den Degen an den Offizier und geht ab.
DER KURFÜRST. Bringt ihn nach Fehrbellin, ins Hauptquartier,
Und dort bestellt das Kriegsrecht, das ihn richte.
*Ab in die Kirche. Die Fahnen folgen ihm, und werden, während er mit seinem
Gefolge an dem Sarge Frobens niederkniet und betet, an den Pfeilern derselben
aufgehängt. Trauermusik.*

DRITTER AKT

Szene: Fehrbellin. Ein Gefängnis.

Erster Auftritt

Der Prinz von Homburg. – Im Hintergrunde zwei Reuter, als Wache. – Der Graf von Hohenzollern tritt auf.

DER PRINZ VON HOMBURG.
 Sieh da! Freund Heinrich! Sei willkommen mir!
 Nun, des Arrestes bin ich wieder los?
HOHENZOLLERN *erstaunt.*
 Gott sei Lob, in der Höh!
DER PRINZ VON HOMBURG.   Was sagst du?
HOHENZOLLERN.   Los?
 Hat er den Degen dir zurück geschickt?
DER PRINZ VON HOMBURG.
 Mir? Nein.
HOHENZOLLERN. Nicht?
DER PRINZ VON HOMBURG. Nein!
HOHENZOLLERN.   – Woher denn also los?
DER PRINZ VON HOMBURG *nach einer Pause.*
 Ich glaubte, du, du bringst es mir. – Gleichviel!
HOHENZOLLERN.
 – Ich weiß von nichts.
DER PRINZ VON HOMBURG. Gleichviel, du hörst; gleichviel!
 So schickt er einen andern, der mirs melde.
  Er wendet sich und holt Stühle.
 Setz dich! – Nun, sag mir an, was gibt es Neues?
 – Der Kurfürst kehrte von Berlin zurück?
HOHENZOLLERN *zerstreut.*
 Ja. Gestern abend.
DER PRINZ VON HOMBURG.
       Ward, beschloßnermaßen,
 Das Siegsfest dort gefeiert? – – Allerdings!
 – Der Kurfürst war zugegen in der Kirche?
HOHENZOLLERN. Er und die Fürstin und Natalie. –
 Die Kirche war, auf würdge Art, erleuchtet;

Battrieen ließen sich, vom Schloßplatz her,
Mit ernster Pracht bei dem Tedeum hören.
Die schwedschen Fahnen wehten und Standarten,
Trophäenartig, von den Pfeilern nieder,
Und auf des Herrn ausdrücklichem Befehl,
Ward deines, als des Siegers Namen –
Erwähnung von der Kanzel her getan.
DER PRINZ VON HOMBURG.
Das hört ich! – – Nun, was gibt es sonst; was bringst du?
– Dein Antlitz, dünkt mich, sieht nicht heiter, Freund!
HOHENZOLLERN.
– Sprachst du schon wen?
DER PRINZ VON HOMBURG. Golz, eben, auf dem Schlosse,
Wo ich, du weißt es, im Verhöre war.

Pause.

HOHENZOLLERN *sieht ihn bedenklich an.*
Was denkst du, Arthur, denn von deiner Lage,
Seit sie so seltsam sich verändert hat?
DER PRINZ VON HOMBURG.
Ich? Nun, was du und Golz – die Richter selbst!
Der Kurfürst hat getan, was Pflicht erheischte,
Und nun wird er dem Herzen auch gehorchen.
Gefehlt hast du, so wird er ernst mir sagen,
Vielleicht ein Wort von Tod und Festung sprechen:
Ich aber schenke dir die Freiheit wieder –
Und um das Schwert, das ihm den Sieg errang,
Schlingt sich vielleicht ein Schmuck der Gnade noch;
– Wenn der nicht, gut; denn den verdien ich nicht!
HOHENZOLLERN. O Arthur!

Er hält inne.

DER PRINZ VON HOMBURG. Nun?
HOHENZOLLERN. – Des bist du so gewiß?
DER PRINZ VON HOMBURG.
Ich denks mir so! Ich bin ihm wert, das weiß ich,
Wert wie ein Sohn; das hat seit früher Kindheit,
Sein Herz in tausend Proben mir bewiesen.
Was für ein Zweifel ists, der dich bewegt?

Schien er am Wachstum meines jungen Ruhms
Nicht mehr fast, als ich selbst, sich zu erfreun?
Bin ich nicht alles, was ich bin, durch ihn?
Und er, er sollte lieblos jetzt die Pflanze,
Die er selbst zog, bloß, weil sie sich ein wenig
Zu rasch und üppig in die Blume warf,
Mißgünstig in den Staub daniedertreten?
Das glaub ich seinem schlimmsten Feinde nicht,
Vielwen'ger dir, der du ihn kennst und liebst.
HOHENZOLLERN *bedeutend*.
Du standst dem Kriegsrecht, Arthur, im Verhör,
Und bist des Glaubens noch?
DER PRINZ VON HOMBURG. Weil ich ihm stand! –
Bei dem lebendgen Gott, so weit geht keiner,
Der nicht gesonnen wäre, zu begnadgen!
Dort eben, vor der Schranke des Gerichts,
Dort wars, wo mein Vertraun sich wiederfand.
Wars denn ein todeswürdiges Verbrechen,
Zwei Augenblicke früher, als befohlen,
Die schwedsche Macht in Staub gelegt zu haben?
Und welch ein Frevel sonst drückt meine Brust?
Wie könnt er doch vor diesen Tisch mich laden,
Von Richtern, herzlos, die den Eulen gleich,
Stets von der Kugel mir das Grablied singen,
Dächt er, mit einem heitern Herrscherspruch,
Nicht, als ein Gott in ihren Kreis zu treten?
Nein, Freund, er sammelt diese Nacht von Wolken
Nur um mein Haupt, um wie die Sonne mir,
Durch ihren Dunstkreis strahlend aufzugehn:
Und diese Lust, fürwahr, kann ich ihm gönnen!
HOHENZOLLERN.
Das Kriegsrecht gleichwohl, sagt man, hat gesprochen?
DER PRINZ VON HOMBURG.
Ich höre, ja; auf Tod.
HOHENZOLLERN *erstaunt*. Du weißt es schon?
DER PRINZ VON HOMBURG.
Golz, der dem Spruch des Kriegsrechts beigewohnt,
Hat mir gemeldet, wie er ausgefallen.

HOHENZOLLERN.
 Nun denn, bei Gott! – Der Umstand rührt dich nicht?
DER PRINZ VON HOMBURG.
 Mich? Nicht im mindesten.
HOHENZOLLERN. Du Rasender!
 Und worauf stützt sich deine Sicherheit?
DER PRINZ VON HOMBURG.
 Auf mein Gefühl von ihm!

Er steht auf.

 Ich bitte, laß mich!
Was soll ich mich mit falschen Zweifeln quälen?

Er besinnt sich und läßt sich wieder nieder. – Pause.

Das Kriegsrecht mußte auf den Tod erkennen;
So lautet das Gesetz, nach dem es richtet.
Doch eh er solch ein Urteil läßt vollstrecken,
Eh er dies Herz hier, das getreu ihn liebt,
Auf eines Tuches Wink, der Kugel preis gibt,
Eh sieh, eh öffnet er die eigne Brust sich,
Und sprützt sein Blut selbst tropfenweis in Staub.
HOHENZOLLERN. Nun, Arthur, ich versichre dich –
DER PRINZ VON HOMBURG *unwillig.* O Lieber!
HOHENZOLLERN.
 Der Marschall –
DER PRINZ VON HOMBURG *ebenso.*
 Laß mich, Freund!
HOHENZOLLERN. Zwei Worte hör noch!
 Wenn die dir auch nichts gelten, schweig ich still.
DER PRINZ VON HOMBURG *wendet sich wieder zu ihm.*
 Du hörst, ich weiß von allem. – Nun? Was ists?
HOHENZOLLERN. Der Marschall hat, höchst seltsam ists, soeben
 Das Todesurteil im Schloß ihm überreicht;
 Und er, statt wie das Urteil frei ihm stellt,
 Dich zu begnadigen, er hat befohlen,
 Daß es zur Unterschrift ihm kommen soll.
DER PRINZ VON HOMBURG.
 Gleichviel. Du hörst.
HOHENZOLLERN. Gleichviel?

DER PRINZ VON HOMBURG. Zur Unterschrift?
HOHENZOLLERN. Bei meiner Ehr! Ich kann es dir versichern.
DER PRINZ VON HOMBURG.
 Das Urteil? – Nein! die Schrift –?
HOHENZOLLERN. Das Todesurteil.
DER PRINZ VON HOMBURG.
 – Wer hat dir das gesagt?
HOHENZOLLERN. Er selbst, der Marschall!
DER PRINZ VON HOMBURG.
 Wann?
HOHENZOLLERN.
 Eben jetzt.
DER PRINZ VON HOMBURG.
 Als er vom Herrn zurück kam?
HOHENZOLLERN. Als er vom Herrn die Treppe niederstieg! –
 Er fügt' hinzu, da er bestürzt mich sah,
 Verloren sei noch nichts, und morgen sei
 Auch noch ein Tag, dich zu begnadigen;
 Doch seine bleiche Lippe widerlegte
 Ihr eignes Wort, und sprach: ich fürchte, nein!
DER PRINZ VON HOMBURG *steht auf*.
 Er könnte – nein! so ungeheure
 Entschließungen in seinem Busen wälzen?
 Um eines Fehls, der Brille kaum bemerkbar,
 In dem Demanten, den er jüngst empfing,
 In Staub den Geber treten? Eine Tat,
 Die weiß den Dei von Algier brennt, mit Flügeln,
 Nach Art der Cherubinen, silberglänzig,
 Den Sardanapel ziert, und die gesamte
 Altrömische Tyrannenreihe, schuldlos,
 Wie Kinder, die am Mutterbusen sterben,
 Auf Gottes rechter Seit hinüberwirft?
HOHENZOLLERN *der gleichfalls aufgestanden*.
 Du mußt, mein Freund, dich davon überzeugen.
DER PRINZ VON HOMBURG.
 Und der Feldmarschall schwieg und sagte nichts?
HOHENZOLLERN.
 Was sollt er sagen?

DER PRINZ VON HOMBURG.

                O Himmel! Meine Hoffnung!

HOHENZOLLERN. Hast du vielleicht je einen Schritt getan,
  Seis wissentlich, seis unbewußt,
  Der seinem stolzen Geist zu nah getreten?

DER PRINZ VON HOMBURG.

  Niemals!

HOHENZOLLERN.

        Besinne dich!

DER PRINZ VON HOMBURG. Niemals, beim Himmel!
  Mir war der Schatten seines Hauptes heilig.

HOHENZOLLERN.

  Arthur, sei mir nicht böse, wenn ich zweifle.
  Graf Horn traf, der Gesandte Schwedens, ein,
  Und sein Geschäft geht, wie man mir versichert,
  An die Prinzessin von Oranien.
  Ein Wort, das die Kurfürstin Tante sprach,
  Hat aufs empfindlichste den Herrn getroffen;
  Man sagt, das Fräulein habe schon gewählt.
  Bist du auf keine Weise hier im Spiele?

DER PRINZ VON HOMBURG.

  O Gott! Was sagst du mir?

HOHENZOLLERN.   Bist dus? Bist dus?

DER PRINZ VON HOMBURG.

  Ich bins, mein Freund; jetzt ist mir alles klar;
  Es stürzt der Antrag ins Verderben mich:
  An ihrer Weigrung, wisse, bin ich schuld,
  Weil mir sich die Prinzessin anverlobt!

HOHENZOLLERN. Du unbesonnener Tor! Was machtest du?
  Wie oft hat dich mein treuer Mund gewarnt?

DER PRINZ VON HOMBURG.

  O Freund! Hilf, rette mich! Ich bin verloren.

HOHENZOLLERN. Ja, welch ein Ausweg führt aus dieser Not?
  Willst du vielleicht die Fürstin Tante sprechen?

DER PRINZ VON HOMBURG *wendet sich.*

  – He, Wache!

REUTER *im Hintergrunde.*

        Hier!

DER PRINZ VON HOMBURG.
                Ruft euren Offizier! –

Er nimmt eilig einen Mantel um von der Wand, und setzt einen Federhut auf, der auf dem Tisch liegt.

HOHENZOLLERN *indem er ihm behülflich ist.*

Der Schritt kann, klug gewandt, dir Rettung bringen.
– Denn kann der Kurfürst nur mit König Karl,
Um den bewußten Preis, den Frieden schließen,
So sollst du sehn, sein Herz versöhnt sich dir,
Und gleich, in wenig Stunden, bist du frei.

Zweiter Auftritt

Der Offizier tritt auf. – Die Vorigen.

DER PRINZ VON HOMBURG *zu dem Offizier.*

Stranz, übergeben bin ich deiner Wache!
Erlaub, in einem dringenden Geschäft,
Daß ich auf eine Stunde mich entferne.

DER OFFIZIER. Mein Prinz, mir übergeben bist du nicht.
Die Order, die man mir erteilt hat, lautet,
Dich gehn zu lassen frei, wohin du willst.

DER PRINZ VON HOMBURG.
Seltsam! – So bin ich kein Gefangener?

DER OFFIZIER. Vergib! – Dein Wort ist eine Fessel auch.

HOHENZOLLERN *bricht auf.*
Auch gut! Gleichviel! –

DER PRINZ VON HOMBURG. Wohlan! So leb denn wohl!

HOHENZOLLERN. Die Fessel folgt dem Prinzen auf dem Fuße!

DER PRINZ VON HOMBURG.
Ich geh aufs Schloß zu meiner Tante nur,
Und bin in zwei Minuten wieder hier.

Alle ab.

Szene: Zimmer der Kurfürstin.

Dritter Auftritt

Die Kurfürstin und Natalie treten auf.

DIE KURFÜRSTIN.
Komm, meine Tochter; komm! Dir schlägt die Stunde!
Graf Gustav Horn, der schwedische Gesandte,
Und die Gesellschaft, hat das Schloß verlassen;
Im Kabinett des Onkels seh ich Licht:
Komm, leg das Tuch dir um und schleich dich zu ihm,
Und sieh, ob du den Freund dir retten kannst.
Sie wollen gehen.

Vierter Auftritt

Eine Hofdame tritt auf. – Die Vorigen.

DIE HOFDAME. Prinz Homburg, gnädge Frau, ist vor der Türe!
– Kaum weiß ich wahrlich, ob ich recht gesehn?
KURFÜRSTIN *betroffen*. O Gott!
NATALIE.   Er selbst?
KURFÜRSTIN.   Hat er denn nicht Arrest?
DIE HOFDAME. Er steht in Federhut und Mantel draußen,
Und fleht, bestürzt und dringend um Gehör.
KURFÜRSTIN *unwillig*.
Der Unbesonnene! Sein Wort zu brechen!
NATALIE. Wer weiß, was ihn bedrängt.
KURFÜRSTIN *nach einigem Bedenken*.   – Laßt ihn herein!
Sie selbst setzt sich auf einen Stuhl.

Fünfter Auftritt

Der Prinz von Homburg tritt auf. – Die Vorigen.

DER PRINZ VON HOMBURG.
O meine Mutter!
Er läßt sich auf Knieen vor ihr nieder.
KURFÜRSTIN.   Prinz! Was wollt Ihr hier?

DER PRINZ VON HOMBURG.
  O laß mich deine Knie umfassen, Mutter!
KURFÜRSTIN *mit unterdrückter Rührung.*
  Gefangen seid Ihr, Prinz, und kommt hieher!
  Was häuft Ihr neue Schuld zu Euren alten?
DER PRINZ VON HOMBURG *dringend.*
  Weißt du, was mir geschehn?
KURFÜRSTIN.   Ich weiß um alles!
  Was aber kann ich, Ärmste, für Euch tun?
DER PRINZ VON HOMBURG.
  O meine Mutter, also sprächst du nicht,
  Wenn dich der Tod umschauerte, wie mich!
  Du scheinst mit Himmelskräften, rettenden,
  Du mir, das Fräulein, deine Fraun, begabt,
  Mir alles rings umher, dem Troßknecht könnt ich,
  Dem schlechtesten, der deiner Pferde pflegt,
  Gehängt am Halse flehen: rette mich!
  Nur ich allein, auf Gottes weiter Erde,
  Bin hülflos, ein Verlaßner, und kann nichts!
KURFÜRSTIN. Du bist ganz außer dir! Was ist geschehn?
DER PRINZ VON HOMBURG.
  Ach! Auf dem Wege, der mich zu dir führte,
  Sah ich das Grab, beim Schein der Fackeln, öffnen,
  Das morgen mein Gebein empfangen soll.
  Sieh, diese Augen, Tante, die dich anschaun,
  Will man mit Nacht umschatten, diesen Busen
  Mit mörderischen Kugeln mir durchbohren.
  Bestellt sind auf dem Markte schon die Fenster,
  Die auf das öde Schauspiel niedergehn,
  Und der die Zukunft, auf des Lebens Gipfel,
  Heut, wie ein Feenreich, noch überschaut,
  Liegt in zwei engen Brettern duftend morgen,
  Und ein Gestein sagt dir von ihm: er war!

Die Prinzessin, welche bisher, auf die Schulter der Hofdame gelehnt, in der Ferne gestanden hat, läßt sich, bei diesen Worten, erschüttert an einen Tisch nieder und weint.

KURFÜRSTIN. Mein Sohn! Wenns so des Himmels Wille ist,
  Wirst du mit Mut dich und mit Fassung rüsten!

DER PRINZ VON HOMBURG.
  O Gottes Welt, o Mutter, ist so schön!
  Laß mich nicht, fleh ich, eh die Stunde schlägt,
  Zu jenen schwarzen Schatten niedersteigen!
  Mag er doch sonst, wenn ich gefehlt, mich strafen,
  Warum die Kugel eben muß es sein?
  Mag er mich meiner Ämter doch entsetzen,
  Mit Kassation, wenns das Gesetz so will,
  Mich aus dem Heer entfernen: Gott des Himmels!
  Seit ich mein Grab sah, will ich nichts, als leben,
  Und frage nichts mehr, ob es rühmlich sei!
KURFÜRSTIN.
  Steh auf, mein Sohn; steh auf! Was sprichst du da?
  Du bist zu sehr erschüttert. Fasse dich!
DER PRINZ VON HOMBURG.
  Nicht, Tante, ehr als bis du mir gelobt,
  Mit einem Fußfall, der mein Dasein rette,
  Flehnd seinem höchsten Angesicht zu nahn!
  Dir übergab zu Homburg, als sie starb,
  Die Hedwig mich, und sprach, die Jugendfreundin:
  Sei ihm die Mutter, wenn ich nicht mehr bin.
  Du beugtest tief gerührt, am Bette knieend,
  Auf ihre Hand dich und erwidertest:
  Er soll mir sein, als hätt ich ihn erzeugt.
  Nun, jetzt erinnr' ich dich an solch ein Wort!
  Geh hin, als hättst du mich erzeugt, und sprich:
  Um Gnade fleh ich, Gnade! Laß ihn frei!
  Ach, und komm mir zurück und sprich: du bists!
KURFÜRSTIN *weint.* Mein teurer Sohn! Es ist bereits geschehn!
  Doch alles, was ich flehte, war umsonst!
DER PRINZ VON HOMBURG.
  Ich gebe jeden Anspruch auf an Glück.
  Nataliens, das vergiß nicht, ihm zu melden,
  Begehr ich gar nicht mehr, in meinem Busen
  Ist alle Zärtlichkeit für sie verlöscht.
  Frei ist sie, wie das Reh auf Heiden, wieder;
  Mit Hand und Mund, als wär ich nie gewesen,
  Verschenken kann sie sich, und wenns Karl Gustav,

Der Schweden König ist, so lob ich sie.
Ich will auf meine Güter gehn am Rhein,
Da will ich bauen, will ich niederreißen,
Daß mir der Schweiß herabtrieft, säen, ernten,
Als wärs für Weib und Kind, allein genießen,
Und, wenn ich erntete, von neuem säen,
Und in den Kreis herum das Leben jagen,
Bis es am Abend niedersinkt und stirbt.

KURFÜRSTIN. Wohlan! Kehr jetzt nur heim in dein Gefängnis,
Das ist die erste Fordrung meiner Gunst!

DER PRINZ VON HOMBURG *steht auf und wendet sich zur Prinzessin.*

Du armes Mädchen, weinst! Die Sonne leuchtet
Heut alle deine Hoffnungen zu Grab!
Entschieden hat dein erst Gefühl für mich,
Und deine Miene sagt mir, treu wie Gold,
Du wirst dich nimmer einem andern weihn.
Ja, was erschwing ich, Ärmster, das dich tröste?
Geh an den Main, rat ich, ins Stift der Jungfraun,
Zu deiner Base Thurn, such in den Bergen
Dir einen Knaben, blondgelockt wie ich,
Kauf ihn mit Gold und Silber dir, drück ihn
An deine Brust und lehr ihn: Mutter! stammeln,
Und wenn er größer ist, so unterweis ihn,
Wie man den Sterbenden die Augen schließt.
Das ist das ganze Glück, das vor dir liegt!

NATALIE *mutig und erhebend, indem sie aufsteht und ihre Hand in die seinige legt.*

Geh, junger Held, in deines Kerkers Haft,
Und auf dem Rückweg, schau noch einmal ruhig
Das Grab dir an, das dir geöffnet wird!
Es ist nichts finstrer und um nichts breiter,
Als es dir tausendmal die Schlacht gezeigt!
Inzwischen werd ich, in dem Tod dir treu,
Ein rettend Wort für dich dem Oheim wagen:
Vielleicht gelingt es mir, sein Herz zu rühren,
Und dich von allem Kummer zu befrein!

Pause.

DER PRINZ VON HOMBURG *faltet, in ihrem Anschaun verloren, die Hände.*

Hättst du zwei Flügel, Jungfrau, an den Schultern,

Für einen Engel wahrlich hielt ich dich! –
O Gott, hört ich auch recht? Du für mich sprechen?
– Wo ruhte denn der Köcher dir der Rede,
Bis heute, liebes Kind, daß du willst wagen,
Den Herrn in solcher Sache anzugehn? –
– O Hoffnungslicht, das plötzlich mich erquickt!

NATALIE. Gott wird die Pfeile mir, die treffen, reichen! –
Doch wenn der Kurfürst des Gesetzes Spruch
Nicht ändern kann, nicht kann: wohlan! so wirst du
Dich tapfer ihm, der Tapfre, unterwerfen:
Und der im Leben tausendmal gesiegt,
Er wird auch noch im Tod zu siegen wissen!

KURFÜRSTIN. Hinweg! – Die Zeit verstreicht, die günstig ist!

DER PRINZ VON HOMBURG.
Nun, alle Heilgen mögen dich beschirmen!
Leb wohl! Leb wohl! Und was du auch erringst,
Vergönne mir ein Zeichen vom Erfolg!

Alle ab.

VIERTER AKT

Szene: Zimmer des Kurfürsten.

Erster Auftritt

Der Kurfürst steht mit Papieren an einem, mit Lichtern besetzten Tisch. –
Natalie tritt durch die mittlere Tür auf und läßt sich in einiger Entfernung,
vor ihm nieder.
Pause.

NATALIE *knieend.* Mein edler Oheim, Friedrich von der Mark!

DER KURFÜRST *legt die Papiere weg.*
Natalie!
Er will sie erheben.

NATALIE. Laß, laß!

DER KURFÜRST.   Was willst du, Liebe?

NATALIE. Zu deiner Füße Staub, wies mir gebührt,
Für Vetter Homburg dich um Gnade flehn!

Ich will ihn nicht für mich erhalten wissen –
Mein Herz begehrt sein und gesteht es dir;
Ich will ihn nicht für mich erhalten wissen –
Mag er sich welchem Weib er will vermählen;
Ich will nur, daß er da sei, lieber Onkel,
Für sich, selbständig, frei und unabhängig,
Wie eine Blume, die mir wohlgefällt:
Dies fleh ich dich, mein höchster Herr und Freund,
Und weiß, solch Flehen wirst du mir erhören.

DER KURFÜRST *erhebt sie.*

Mein Töchterchen! Was für ein Wort entfiel dir?
– Weißt du, was Vetter Homburg jüngst verbrach?
NATALIE. O lieber Onkel!
DER KURFÜRST.   Nun? Verbrach er nichts?
NATALIE. O dieser Fehltritt, blond mit blauen Augen,
Den, eh er noch gestammelt hat: ich bitte!
Verzeihung schon vom Boden heben sollte:
Den wirst du nicht mit Füßen von dir weisen!
Den drückst du um die Mutter schon ans Herz,
Die ihn gebar, und rufst: komm, weine nicht;
Du bist so wert mir, wie die Treue selbst!
Wars Eifer nicht, im Augenblick des Treffens,
Für deines Namens Ruhm, der ihn verführt,
Die Schranke des Gesetzes zu durchbrechen:
Und ach! die Schranke jugendlich durchbrochen,
Trat er dem Lindwurm männlich nicht aufs Haupt?
Erst, weil er siegt', ihn kränzen, dann enthaupten,
Das fordert die Geschichte nicht von dir;
Das wäre so erhaben, lieber Onkel,
Daß man es fast unmenschlich nennen könnte:
Und Gott schuf noch nichts Milderes, als dich.
DER KURFÜRST. Mein süßes Kind! Sieh! Wär ich ein Tyrann,
Dein Wort, das fühl ich lebhaft, hätte mir
Das Herz schon in der erznen Brust geschmelzt.
Dich aber frag ich selbst: darf ich den Spruch
Den das Gericht gefällt, wohl unterdrücken? –
Was würde wohl davon die Folge sein?
NATALIE. Für wen? Für dich?

DER KURFÜRST. Für mich; nein! – Was? Für mich!
Kennst du nichts Höhres, Jungfrau, als nur mich?
Ist dir ein Heiligtum ganz unbekannt,
Das in dem Lager, Vaterland sich nennt?
NATALIE. O Herr! Was sorgst du doch? Dies Vaterland!
Das wird, um dieser Regung deiner Gnade,
Nicht gleich, zerschellt in Trümmern, untergehn.
Vielmehr, was du, im Lager auferzogen,
Unordnung nennst, die Tat, den Spruch der Richter,
In diesem Fall, willkürlich zu zerreißen,
Erscheint mir als die schönste Ordnung erst:
Das Kriegsgesetz, das weiß ich wohl, soll herrschen,
Jedoch die lieblichen Gefühle auch.
Das Vaterland, das du uns gründetest,
Steht, eine feste Burg, mein edler Ohm:
Das wird ganz andre Stürme noch ertragen,
Fürwahr, als diesen unberufnen Sieg;
Das wird sich ausbaun herrlich, in der Zukunft,
Erweitern, unter Enkels Hand, verschönern,
Mit Zinnen, üppig, feenhaft, zur Wonne
Der Freunde, und zum Schrecken aller Feinde:
Das braucht nicht dieser Bindung, kalt und öd,
Aus eines Freundes Blut, um Onkels Herbst,
Den friedlich prächtigen, zu überleben.
DER KURFÜRST.
Denkt Vetter Homburg auch so?
NATALIE.   Vetter Homburg?
DER KURFÜRST. Meint er, dem Vaterlande gelt es gleich,
Ob Willkür drin, ob drin die Satzung herrsche?
NATALIE. Ach, dieser Jüngling!
DER KURFÜRST.   Nun?
NATALIE.   Ach, lieber Onkel!
Hierauf zur Antwort hab ich nichts, als Tränen.
DER KURFÜRST *betroffen.*
Warum, mein Töchterchen? Was ist geschehn?
NATALIE *zaudernd.*
Der denkt jetzt nichts, als nur dies eine: Rettung!
Den schaun die Röhren, an der Schützen Schultern,

So gräßlich an, daß überrascht und schwindelnd,
Ihm jeder Wunsch, als nur zu leben, schweigt:
Der könnte, unter Blitz und Donnerschlag,
Das ganze Reich der Mark versinken sehn,
Daß er nicht fragen würde: was geschieht?
– Ach, welch ein Heldenherz hast du geknickt!

Sie wendet sich und weint.

DER KURFÜRST *im äußersten Erstaunen.*

Nein, meine teuerste Natalie,
Unmöglich, in der Tat?! – Er fleht um Gnade?
NATALIE. Ach, hättst du nimmer, nimmer ihn verdammt!
DER KURFÜRST.

Nein, sag: er fleht um Gnade? – Gott im Himmel,
Was ist geschehn, mein liebes Kind? Was weinst du?
Du sprachst ihn? Tu mir alles kund! Du sprachst ihn?
NATALIE *an seine Brust gelehnt.*

In den Gemächern eben jetzt der Tante,
Wohin, im Mantel, schau, und Federhut
Er, unterm Schutz der Dämmrung, kam geschlichen:
Verstört und schüchtern, heimlich, ganz unwürdig,
Ein unerfreulich, jammernswürdger Anblick!
Zu solchem Elend, glaubt ich, sänke keiner,
Den die Geschicht als ihren Helden preist.
Schau her, ein Weib bin ich, und schaudere
Dem Wurm zurück, der meiner Ferse naht:
Doch so zermalmt, so fassungslos, so ganz
Unheldenmütig träfe mich der Tod,
In eines scheußlichen Leun Gestalt nicht an!
–Ach, was ist Menschengröße, Menschenruhm!
DER KURFÜRST *verwirrt.*

Nun denn, beim Gott des Himmels und der Erde,
So fasse Mut, mein Kind; so ist er frei!
NATALIE. Wie, mein erlauchter Herr?
DER KURFÜRST.   Er ist begnadigt! –
Ich will sogleich das Nötg' an ihn erlassen.
NATALIE. O Liebster! Ist es wirklich wahr?
DER KURFÜRST.   Du hörst!
NATALIE. Ihm soll vergeben sein? Er stirbt jetzt nicht?

DER KURFÜRST.
 Bei meinem Eid! Ich schwörs dir zu! Wo werd ich
 Mich gegen solchen Kriegers Meinung setzen?
 Die höchste Achtung, wie dir wohl bekannt,
 Trag ich im Innersten für sein Gefühl:
 Wenn er den Spruch für ungerecht kann halten
 Kassier ich die Artikel: er ist frei! –
 Er bringt ihr einen Stuhl.
 Willst du, auf einen Augenblick, dich setzen?
 Er geht an den Tisch, setzt sich und schreibt.
 Pause.
NATALIE *für sich.* Ach, Herz, was klopfst du also an dein Haus?
DER KURFÜRST *indem er schreibt.*
 Der Prinz ist drüben noch im Schloß?
NATALIE. Vergib!
 Er ist in seine Haft zurückgekehrt. –
DER KURFÜRST *endigt und siegelt; hierauf kehrt er mit dem Brief wieder zur Prinzessin zurück.*
 Fürwahr, mein Töchterchen, mein Nichtchen, weinte!
 Und ich, dem ihre Freude anvertraut,
 Mußt ihrer holden Augen Himmel trüben!
 Er legt den Arm um ihren Leib.
 Willst du den Brief ihm selber überbringen? –
NATALIE. Ins Stadthaus! Wie?
DER KURFÜRST *drückt ihr den Brief in die Hand.*
 Warum nicht? – He! Heiducken!
 Heiducken treten auf.
 Den Wagen vorgefahren! Die Prinzessin
 Hat ein Geschäft beim Obersten von Homburg!
 Die Heiducken treten wieder ab.
 So kann er, für sein Leben, gleich dir danken.
 Er umarmt sie.
 Mein liebes Kind! Bist du mir wieder gut?
NATALIE *nach einer Pause.*
 Was deine Huld, o Herr, so rasch erweckt,
 Ich weiß es nicht und untersuch es nicht.
 Das aber, sieh, das fühl ich in der Brust,
 Unedel meiner spotten wirst du nicht:

Der Brief enthalte, was es immer sei,
Ich glaube Rettung – und ich danke dir!
Sie küßt ihm die Hand.
DER KURFÜRST. Gewiß, mein Töchterchen, gewiß! So sicher,
Als sie in Vetter Homburgs Wünschen liegt.
Ab.

Szene: Zimmer der Prinzessin.

Zweiter Auftritt

Prinzessin Natalie tritt auf. – Zwei Hofdamen und der Rittmeister, Graf Reuss, folgen.

NATALIE *eilfertig.* Was bringt Ihr, Graf? – Von meinem Regiment?
Ists von Bedeutung? Kann ichs morgen hören?
GRAF REUSS *überreicht ihr ein Schreiben.*
Ein Brief vom Obrist Kottwitz, gnädge Frau!
NATALIE. Geschwind! Gebt! Was enthält er?
Sie eröffnet ihn.
GRAF REUSS. Eine Bittschrift,
Freimütig, wie Ihr seht, doch ehrfurchtsvoll,
An die Durchlaucht des Herrn, zu unsers Führers,
Des Prinz von Homburg, Gunsten aufgesetzt.
NATALIE *liest.* »Supplik, in Unterwerfung eingereicht,
Vom Regiment, Prinzessin von Oranien.« –
Pause.
Die Bittschrift ist von wessen Hand verfaßt?
GRAF REUSS. Wie ihrer Züg unsichre Bildung schon
Erraten läßt, vom Obrist Kottwitz selbst. –
Auch steht sein edler Name obenan.
NATALIE. Die dreißig Unterschriften, welche folgen –?
GRAF REUSS. Der Offiziere Namen, Gnädigste,
Wie sie, dem Rang nach, Glied für Glied, sich folgen.
NATALIE. Und mir, mir wird die Bittschrift zugefertigt?
GRAF REUSS. Mein Fräulein, untertänigst Euch zu fragen,
Ob Ihr, als Chef, den ersten Platz, der offen,
Mit Eurem Namen gleichfalls füllen wollt.
Pause.

NATALIE. Der Prinz zwar, hör ich, soll, mein edler Vetter,
Vom Herrn aus eignem Trieb, begnadigt werden,
Und eines solchen Schritts bedarf es nicht.

GRAF REUSS *vergnügt.*
Wie? Wirklich?

NATALIE.   Gleichwohl will ich unter einem Blatte,
Das, in des Herrn Entscheidung, klug gebraucht,
Als ein Gewicht kann in die Waage fallen,
Das ihm vielleicht, den Ausschlag einzuleiten,
Sogar willkommen ist, mich nicht verweigern –
Und, eurem Wunsch gemäß, mit meinem Namen,
Hiemit an eure Spitze setz ich mich.
    Sie geht und will schreiben.

GRAF REUSS. Fürwahr, uns lebhaft werdet Ihr verbinden!
    Pause.

NATALIE *wendet sich wieder zu ihm.*
Ich finde nur mein Regiment, Graf Reuß!
Warum vermiß ich Bomsdorf Kürassiere,
Und die Dragoner Götz und Anhalt-Pleß?

GRAF REUSS. Nicht, wie vielleicht Ihr sorgt, weil ihre Herzen
Ihm lauer schlügen, als die unsrigen! –
Es trifft ungünstig sich für die Supplik,
Daß Kottwitz fern in Arnstein kantoniert,
Gesondert von den andern Regimentern,
Die hier bei dieser Stadt, im Lager stehn.
Dem Blatt fehlt es an Freiheit, leicht und sicher,
Die Kraft, nach jeder Richtung zu entfalten.

NATALIE. Gleichwohl fällt, dünkt mich, so das Blatt nur leicht? –
Seid Ihr gewiß, Herr Graf, wärt Ihr im Ort,
Und sprächt die Herrn, die hier versammelt sind,
Sie schlössen gleichfalls dem Gesuch sich an?

GRAF REUSS. Hier in der Stadt, mein Fräulein? – Kopf für Kopf!
Die ganze Reuterei verpfändete
Mit ihren Namen sich; bei Gott, ich glaube,
Es ließe glücklich eine Subskription,
Beim ganzen Heer der Märker, sich eröffnen!

NATALIE *nach einer Pause.* Warum nicht schickt ihr Offiziere ab,
Die das Geschäft im Lager hier betreiben?

GRAF REUSS. Vergebt! – Dem weigerte der Obrist sich!
– Er wünsche, sprach er, nichts zu tun, das man
Mit einem übeln Namen taufen könnte.
NATALIE. Der wunderliche Herr! Bald kühn, bald zaghaft! –
Zum Glück trug mir der Kurfürst, fällt mir ein,
Bedrängt von anderen Geschäften, auf,
An Kottwitz, dem die Stallung dort zu eng,
Zum Marsch hierher die Order zu erlassen! –
Ich setze gleich mich nieder es zu tun.

Sie setzt sich und schreibt.

GRAF REUSS. Beim Himmel, trefflich, Fräulein! Ein Ereignis,
Das günstger sich dem Blatt nicht treffen könnte!
NATALIE *während sie schreibt.*

Gebrauchts Herr Graf von Reuß, so gut Ihr könnt.

Sie schließt, und siegelt, und steht wieder auf.

Inzwischen bleibt, versteht, dies Schreiben noch,
In Eurem Portefeuille; Ihr geht nicht eher
Damit nach Arnstein ab, und gebts dem Kottwitz:
Bis ich bestimmtern Auftrag Euch erteilt!

Sie gibt ihm das Schreiben.

EIN HEIDUCK *tritt auf.*

Der Wagen, Fräulein, auf des Herrn Befehl,
Steht angeschirrt im Hof und wartet Euer!
NATALIE. So fahrt ihn vor! Ich komme gleich herab!

Pause, in welcher sie gedankenvoll an den Tisch tritt, und ihre Handschuh anzieht.

Wollt Ihr zum Prinz von Homburg mich, Herr Graf,
Den ich zu sprechen willens bin, begleiten?
Euch steht ein Platz in meinem Wagen offen.
GRAF REUSS. Mein Fräulein, diese Ehre, in der Tat –!

Er bietet ihr den Arm.

NATALIE *zu den Hofdamen.*

Folgt, meine Freundinnen! – Vielleicht daß ich
Gleich, dort des Briefes wegen, mich entscheide!

Alle ab.

Szene: Gefängnis des Prinzen.

Dritter Auftritt

Der Prinz von Homburg hängt seinen Hut an die Wand, und läßt sich nachlässig auf ein, auf der Erde ausgebreitetes Kissen nieder.

DER PRINZ VON HOMBURG.
 Das Leben nennt der Derwisch eine Reise,
 Und eine kurze. Freilich! Von zwei Spannen
 Diesseits der Erde nach zwei Spannen drunter.
 Ich will auf halbem Weg mich niederlassen!
 Wer heut sein Haupt noch auf der Schulter trägt,
 Hängt es schon morgen zitternd auf den Leib,
 Und übermorgen liegts bei seiner Ferse.
 Zwar, eine Sonne, sagt man, scheint dort auch,
 Und über buntre Felder noch, als hier:
 Ich glaubs; nur schade, daß das Auge modert,
 Das diese Herrlichkeit erblicken soll.

Vierter Auftritt

Prinzessin Natalie tritt auf, geführt von dem Rittmeister, Graf Reuss. Hofdamen folgen. Ihnen voran tritt ein Läufer mit einer Fackel. – Der Prinz von Homburg.

LÄUFER. Durchlaucht, Prinzessin von Oranien!
DER PRINZ VON HOMBURG *steht auf.*
 Natalie!
LÄUFER. Hier ist sie selber schon.
NATALIE *verbeugt sich gegen den Grafen.*
 Laßt uns auf einen Augenblick allein!
  Graf Reuß und der Läufer ab.
DER PRINZ VON HOMBURG.
 Mein teures Fräulein!
NATALIE. Lieber, guter Vetter!
DER PRINZ VON HOMBURG *führt sie vor.*
 Nun sagt, was bringt Ihr? Sprecht! Wie stehts mit mir?
NATALIE. Gut. Alles gut. Wie ich vorher Euch sagte,
 Begnadigt seid Ihr, frei; hier ist ein Brief,
 Von seiner Hand, der es bekräftiget.

DER PRINZ VON HOMBURG.
 Es ist nicht möglich! Nein! Es ist ein Traum!
NATALIE. Lest, lest den Brief! So werdet Ihrs erfahren.
DER PRINZ VON HOMBURG *liest*.
 »Mein Prinz von Homburg, als ich Euch gefangen setzte,
 Um Eures Angriffs, allzufrüh vollbracht,
 Da glaubt ich nichts, als meine Pflicht zu tun;
 Auf Euren eignen Beifall rechnet ich.
 Meint Ihr, ein Unrecht sei Euch widerfahren,
 So bitt ich, sagts mir mit zwei Worten –
 Und gleich den Degen schick ich Euch zurück.«

Natalie erblaßt. Pause. Der Prinz sieht sie fragend an.

NATALIE *mit dem Ausdruck plötzlicher Freude*.
 Nun denn, da stehts! Zwei Worte nur bedarfs –!
 O lieber süßer Freund!

Sie drückt seine Hand.

DER PRINZ VON HOMBURG. Mein teures Fräulein!
NATALIE. O sel'ge Stunde, die mir aufgegangen! –
 Hier, nehmt, hier ist die Feder; nehmt, und schreibt!
DER PRINZ VON HOMBURG.
 Und hier die Unterschrift?
NATALIE. Das F; sein Zeichen! –
 O Bork! O freut euch doch! – O seine Milde
 Ist uferlos, ich wußt es, wie die See. –
 Schafft einen Stuhl nur her, er soll gleich schreiben.
DER PRINZ VON HOMBURG.
 Er sagt, wenn ich der Meinung wäre –?
NATALIE *unterbricht ihn*. Freilich!
 Geschwind! Setzt Euch! Ich will es Euch diktieren.

Sie setzt ihm einen Stuhl hin.

DER PRINZ VON HOMBURG.
 – Ich will den Brief noch einmal überlesen.
NATALIE *reißt ihm den Brief aus der Hand*.
 Wozu? – Saht Ihr die Gruft nicht schon im Münster,
 Mit offnem Rachen, Euch entgegengähn'n? –
 Der Augenblick ist dringend. Sitzt und schreibt!

DER PRINZ VON HOMBURG *lächelnd.*

Wahrhaftig, tut Ihr doch, als würde sie
Mir, wie ein Panther, übern Nacken kommen.
Er setzt sich, und nimmt eine Feder.

NATALIE *wendet sich und weint.*

Schreibt, wenn Ihr mich nicht böse machen wollt!
Der Prinz klingelt einem Bedienten; der Bediente tritt auf.

DER PRINZ VON HOMBURG.

Papier und Feder, Wachs und Petschaft mir!

Der Bediente nachdem er diese Sachen zusammengesucht, geht wieder ab. Der Prinz schreibt. – Pause.

DER PRINZ VON HOMBURG *indem er den Brief, den er angefangen hat, zerreißt und unter den Tisch wirft.*

Ein dummer Anfang.
Er nimmt ein anderes Blatt.

NATALIE *hebt den Brief auf.* Wie? Was sagtet Ihr? –
Mein Gott, das ist ja gut; das ist vortrefflich!

DER PRINZ VON HOMBURG *in den Bart.*

Pah! – Eines Schuftes Fassung, keines Prinzen. –
Ich denk mir eine andre Wendung aus.

Pause. – Er greift nach des Kurfürsten Brief, den die Prinzessin in der Hand hält.

Was sagt er eigentlich im Briefe denn?

NATALIE *ihn verweigernd.*

Nichts, gar nichts!

DER PRINZ VON HOMBURG.
     Gebt!

NATALIE.   Ihr last ihn ja!

DER PRINZ VON HOMBURG *erhascht ihn.* Wenn gleich!
Ich will nur sehn, wie ich mich fassen soll.
Er entfaltet und überliest ihn.

NATALIE *für sich.*

O Gott der Welt! Jetzt ists um ihn geschehn!

DER PRINZ VON HOMBURG *betroffen.*

Sieh da! Höchst wunderbar, so wahr ich lebe!
– Du übersahst die Stelle wohl?

NATALIE.   Nein! – Welche?

DER PRINZ VON HOMBURG.

Mich selber ruft er zur Entscheidung auf!

NATALIE. Nun, ja!
DER PRINZ VON HOMBURG.
                    Recht wacker, in der Tat, recht würdig!
Recht, wie ein großes Herz sich fassen muß!
NATALIE. O seine Großmut, Freund, ist ohne Grenzen!
– Doch nun tu auch das Deine du, und schreib,
Wie ers begehrt; du siehst, es ist der Vorwand,
Die äußre Form nur, deren es bedarf:
Sobald er die zwei Wort in Händen hat,
Flugs ist der ganze Streit vorbei!
DER PRINZ VON HOMBURG *legt den Brief weg.*
                        Nein, Liebe!
Ich will die Sach bis morgen überlegen.
NATALIE. Du Unbegreiflicher! Welch eine Wendung? –
Warum? Weshalb?
DER PRINZ VON HOMBURG *erhebt sich leidenschaftlich vom Stuhl.*
            Ich bitte, frag mich nicht!
Du hast des Briefes Inhalt nicht erwogen!
Daß er mir unrecht tat, wies mir bedingt wird,
Das kann ich ihm nicht schreiben; zwingst du mich,
Antwort, in dieser Stimmung, ihm zu geben,
Bei Gott! so setz ich hin, du tust mir recht!

*Er läßt sich mit verschränkten Armen wieder an den Tisch nieder und sieht
in den Brief.*

NATALIE *bleich.*
Du Rasender! Was für ein Wort sprachst du?
            Sie beugt sich gerührt über ihn.
DER PRINZ VON HOMBURG *drückt ihr die Hand.*
Laß, einen Augenblick! Mir scheint –
            Er sinnt.
NATALIE.   Was sagst du?
DER PRINZ VON HOMBURG.
Gleich werd ich wissen, wie ich schreiben soll.
NATALIE *schmerzvoll.*
Homburg!
DER PRINZ VON HOMBURG *nimmt die Feder.*
        Ich hör! Was gibts?
NATALIE.   Mein süßer Freund!

Die Regung lob ich, die dein Herz ergriff.
Das aber schwör ich dir: das Regiment
Ist kommandiert, das dir Versenktem morgen,
Aus Karabinern, überm Grabeshügel,
Versöhnt die Totenfeier halten soll.
Kannst du dem Rechtsspruch, edel wie du bist,
Nicht widerstreben, nicht ihn aufzuheben,
Tun, wie ers hier in diesem Brief verlangt:
Nun so versichr' ich dich, er faßt sich dir
Erhaben, wie die Sache steht, und läßt
Den Spruch mitleidsvoll morgen dir vollstrecken!

DER PRINZ VON HOMBURG *schreibend*.

Gleichviel!

NATALIE.   Gleichviel?

DER PRINZ VON HOMBURG. Er handle, wie er darf;
Mir ziemts hier zu verfahren, wie ich soll!

NATALIE *tritt erschrocken näher*.

Du Ungeheuerster, ich glaub, du schriebst?

DER PRINZ VON HOMBURG *schließt*.

»Homburg; gegeben, Fehrbellin, am zwölften –«;
Ich bin schon fertig. – Franz!

Er kuvertiert und siegelt den Brief.

NATALIE.   O Gott im Himmel!

DER PRINZ VON HOMBURG *steht auf*.

Bring diesen Brief aufs Schloß, zu meinem Herrn!

Der Bediente ab.

Ich will ihm, der so würdig vor mir steht,
Nicht, ein Unwürdger, gegenüber stehn!
Schuld ruht, bedeutende, mir auf der Brust,
Wie ich es wohl erkenne; kann er mir
Vergeben nur, wenn ich mit ihm drum streite,
So mag ich nichts von seiner Gnade wissen.

NATALIE *küßt ihn*.

Nimm diesen Kuß! – Und bohrten gleich zwölf Kugeln
Dich jetzt in Staub, nicht halten könnt ich mich,
Und jauchzt und weint und spräche: du gefällst mir!
– Inzwischen, wenn du deinem Herzen folgst,

Ists mir erlaubt, dem meinigen zu folgen.
– Graf Reuß!

Der Läufer öffnet die Tür; der Graf tritt auf.

GRAF REUSS. Hier!
NATALIE. Auf, mit Eurem Brief,
Nach Arnstein hin, zum Obersten von Kottwitz!
Das Regiment bricht auf, der Herr befiehlts;
Hier, noch vor Mitternacht, erwart ich es!

Alle ab.

FÜNFTER AKT

Szene: Saal im Schloß.

Erster Auftritt

Der Kurfürst kommt halbentkleidet aus dem Nebenkabinett; ihm folgen Graf Truchß, Graf Hohenzollern, und der Rittmeister von der Golz. – Pagen mit Lichtern.

DER KURFÜRST. Kottwitz? Mit den Dragonern der Prinzessin?
Hier in der Stadt?
GRAF TRUCHSS *öffnet das Fenster.*
Ja, mein erlauchter Herr!
Hier steht er vor dem Schlosse aufmarschiert.
DER KURFÜRST.
Nun? – Wollt ihr mir, ihr Herrn, dies Rätsel lösen?
– Wer rief ihn her?
HOHENZOLLERN. Das weiß ich nicht, mein Kurfürst.
DER KURFÜRST.
Der Standort, den ich ihm bestimmt, heißt Arnstein!
Geschwind! Geh einer hin, und bring ihn her!
GOLZ. Er wird sogleich, o Herr, vor dir erscheinen!
DER KURFÜRST. Wo ist er?
GOLZ. Auf dem Rathaus, wie ich höre,
Wo die gesamte Generalität,
Die deinem Hause dient, versammelt ist.
DER KURFÜRST.
Weshalb? Zu welchem Zweck?

HOHENZOLLERN. – Das weiß ich nicht.

GRAF TRUCHSS.
Erlaubt mein Fürst und Herr, daß wir uns gleichfalls,
Auf einen Augenblick, dorthin verfügen?

DER KURFÜRST.
Wohin? Aufs Rathaus?

HOHENZOLLERN. In der Herrn Versammlung!
Wir gaben unser Wort, uns einzufinden.

DER KURFÜRST *nach einer kurzen Pause.*
– Ihr seid entlassen!

GOLZ. Kommt, ihr werten Herrn!
Die Offiziere ab.

Zweiter Auftritt

Der Kurfürst. – Späterhin zwei Bediente.

DER KURFÜRST. Seltsam! – Wenn ich der Dei von Tunis wäre,
Schlüg ich bei so zweideutgem Vorfall, Lärm.
Die seidne Schnur, legt ich auf meinen Tisch;
Und vor das Tor, verrammt mit Palisaden,
Führt ich Kanonen und Haubitzen auf.
Doch weils Hans Kottwitz aus der Priegnitz ist,
Der sich mir naht, willkürlich, eigenmächtig,
So will ich mich auf märksche Weise fassen:
Von den drei Locken, die man silberglänzig,
Auf seinem Schädel sieht, faß ich die eine,
Und führ ihn still, mit seinen zwölf Schwadronen,
Nach Arnstein, in sein Hauptquartier, zurück.
Wozu die Stadt aus ihrem Schlafe wecken?

Nachdem er wieder einen Augenblick ans Fenster getreten, geht er an den Tisch und klingelt; zwei Bediente treten auf.

DER KURFÜRST. Spring doch herab und frag, als wärs für dich,
Was es im Stadthaus gibt?

ERSTER BEDIENTER. Gleich, mein Gebieter! *Ab.*

DER KURFÜRST *zu dem andern.*
Du aber geh und bring die Kleider mir!

Der Bediente geht und bringt sie; der Kurfürst kleidet sich an und legt seinen fürstlichen Schmuck an.

Dritter Auftritt

Feldmarschall Dörfling tritt auf. – Die Vorigen.

FELDMARSCHALL. Rebellion, mein Kurfürst!
DER KURFÜRST *noch im Ankleiden beschäftigt.* Ruhig, ruhig!
Es ist verhaßt mir, wie dir wohl bekannt,
In mein Gemach zu treten, ungemeldet!
– Was willst du?
FELDMARSCHALL. Herr, ein Vorfall – du vergibst!
Führt von besonderem Gewicht mich her.
Der Obrist Kottwitz rückte, unbeordert,
Hier in die Stadt; an hundert Offiziere
Sind auf dem Rittersaal um ihn versammelt;
Es geht ein Blatt in ihrem Kreis herum,
Bestimmt in deine Rechte einzugreifen.
DER KURFÜRST. Es ist mir schon bekannt! – Was wird es sein,
Als eine Regung zu des Prinzen Gunsten,
Dem das Gesetz die Kugel zuerkannte.
FELDMARSCHALL.
So ists! Beim höchsten Gott! Du hasts getroffen!
DER KURFÜRST. Nun gut! – So ist mein Herz in ihrer Mitte.
FELDMARSCHALL. Man sagt, sie wollten heut, die Rasenden!
Die Bittschrift noch im Schloß dir überreichen,
Und falls, mit unversöhntem Grimm, du auf
Den Spruch beharrst – kaum wag ichs dir zu melden? –
Aus seiner Haft ihn mit Gewalt befrein!
DER KURFÜRST *finster.*
Wer hat dir das gesagt?
FELDMARSCHALL. Wer mir das sagte?
Die Dame Retzow, der du trauen kannst,
Die Base meiner Frau! Sie war heut abend
In ihres Ohms, des Drost von Retzow, Haus,
Wo Offiziere, die vom Lager kamen,
Laut diesen dreisten Anschlag äußerten.
DER KURFÜRST. Das muß ein Mann mir sagen, eh ichs glaube!
Mit meinem Stiefel, vor sein Haus gesetzt,
Schütz ich vor diesen jungen Helden ihn!
FELDMARSCHALL. Herr, ich beschwöre dich, wenns überall

Dein Wille ist, den Prinzen zu begnadigen:
Tus, eh ein höchstverhaßter Schritt geschehn!
Jedwedes Heer liebt, weißt du, seinen Helden;
Laß diesen Funken nicht, der es durchglüht,
Ein heillos fressend Feuer um sich greifen.
Kottwitz weiß und die Schar, die er versammelt,
Noch nicht, daß dich mein treues Wort gewarnt;
Schick, eh er noch erscheint, das Schwert dem Prinzen,
Schicks ihm, wie ers zuletzt verdient, zurück:
Du gibst der Zeitung eine Großtat mehr,
Und eine Untat weniger zu melden.
DER KURFÜRST. Da müßt ich noch den Prinzen erst befragen,
Den Willkür nicht, wie dir bekannt sein wird,
Gefangen nahm und nicht befreien kann. –
Ich will die Herren, wenn sie kommen, sprechen.
FELDMARSCHALL *für sich.*
Verwünscht! – Er ist jedwedem Pfeil gepanzert.

Vierter Auftritt

*Zwei Heiducken treten auf; der eine hält einen Brief in der Hand. –
Die Vorigen.*

ERSTER HEIDUCK.
Der Obrist Kottwitz, Hennings, Truchß und andre,
Erbitten sich Gehör!
DER KURFÜRST *zu dem anderen, indem er ihm den Brief aus der Hand nimmt.*
Vom Prinz von Homburg?
ZWEITER HEIDUCK. Ja, mein erlauchter Herr!
DER KURFÜRST. Wer gab ihn dir?
ZWEITER HEIDUCK. Der Schweizer, der am Tor die Wache hält,
Dem ihn des Prinzen Jäger eingehändigt.
DER KURFÜRST *stellt sich an den Tisch und liest; nachdem dies geschehen ist,
wendet er sich und ruft einen Pagen.*
Prittwitz! – Das Todesurteil bring mir her!
– Und auch den Paß, für Gustav Graf von Horn,
Den schwedischen Gesandten, will ich haben!
Der Page ab; zu dem ersten Heiducken.
Kottwitz, und sein Gefolg; sie sollen kommen!

Fünfter Auftritt

Obrist Kottwitz und Obrist Hennings, Graf Truchß, Graf Hohenzollern und Sparren, Graf Reuß, Rittmeister von der Golz und Stranz, und andre Obristen und Offiziere treten auf. – Die Vorigen.

OBRIST KOTTWITZ *mit der Bittschrift.*

Vergönne, mein erhabner Kurfürst, mir,
Daß ich, im Namen des gesamten Heers,
In Demut dies Papier dir überreiche!

DER KURFÜRST. Kottwitz, bevor ichs nehme, sag mir an,
Wer hat dich her nach dieser Stadt gerufen?

KOTTWITZ *sieht ihn an.*

Mit den Dragonern?

DER KURFÜRST.   Mit dem Regiment! –
Arnstein hatt ich zum Sitz dir angewiesen.

KOTTWITZ. Herr! Deine Order hat mich her gerufen.

DER KURFÜRST. Wie? – Zeig die Order mir.

KOTTWITZ.   Hier, mein Gebieter.

DER KURFÜRST *liest.*

»Natalie, gegeben Fehrbellin;
In Auftrag meines höchsten Oheims Friedrich.« –

KOTTWITZ.

Bei Gott, mein Fürst und Herr, ich will nicht hoffen,
Daß dir die Order fremd?

DER KURFÜRST.   Nicht, nicht! Versteh mich –
Wer ists, der dir die Order überbracht?

KOTTWITZ.

Graf Reuß!

DER KURFÜRST *nach einer augenblicklichen Pause.*

             Vielmehr, ich heiße dich willkommen! –
Dem Obrist Homburg, dem das Recht gesprochen,
Bist du bestimmt, mit deinen zwölf Schwadronen,
Die letzten Ehren morgen zu erweisen.

KOTTWITZ *erschrocken.*

Wie, mein erlauchter Herr?!

DER KURFÜRST *indem er ihm die Order wiedergibt.*

                    Das Regiment
Steht noch in Nacht und Nebel, vor dem Schloß?

KOTTWITZ. Die Nacht, vergib –
DER KURFÜRST.   Warum rückt es nicht ein?
KOTTWITZ. Mein Fürst, es rückte ein; es hat Quartiere,
 Wie du befahlst, in dieser Stadt bezogen!
DER KURFÜRST *mit einer Wendung gegen das Fenster.*
 Wie? Vor zwei Augenblicken – –? Nun, beim Himmel,
 So hast du Ställe rasch dir ausgemittelt! –
 Um soviel besser denn! Gegrüßt noch einmal!
 Was führt dich her, sag an? Was bringst du Neues?
KOTTWITZ. Herr, diese Bittschrift deines treuen Heers.
DER KURFÜRST. Gib!
KOTTWITZ.   Doch das Wort, das deiner Lipp entfiel,
 Schlägt alle meine Hoffnungen zu Boden.
DER KURFÜRST. So hebt ein Wort auch wiederum sie auf.

Er liest.

»Bittschrift, die allerhöchste Gnad erflehend,
Für unsern Führer, peinlich angeklagt,
Den General, Prinz Friedrich Hessen-Homburg.«

Zu den Offizieren.

Ein edler Nam, ihr Herrn! Unwürdig nicht,
Daß ihr, in solcher Zahl, euch ihm verwendet!

Er sieht wieder in das Blatt.

Die Bittschrift ist verfaßt von wem?
KOTTWITZ.   Von mir.
DER KURFÜRST. Der Prinz ist von dem Inhalt unterrichtet?
KOTTWITZ. Nicht auf die fernste Weis! In unsrer Mitte
 Ist sie empfangen und vollendet worden.
DER KURFÜRST. Gebt mir auf einen Augenblick Geduld.

Er tritt an den Tisch und durchsieht die Schrift. – Lange Pause.

Hm! Sonderbar! – Du nimmst, du alter Krieger,
Des Prinzen Tat in Schutz? Rechtfertigst ihn,
Daß er auf Wrangel stürzte, unbeordert?
KOTTWITZ. Ja, mein erlauchter Herr; das tut der Kottwitz!
DER KURFÜRST.
 Der Meinung auf dem Schlachtfeld warst du nicht.
KOTTWITZ. Das hatt ich schlecht erwogen, mein Gebieter!
 Dem Prinzen, der den Krieg gar wohl versteht,

Hätt ich mich ruhig unterwerfen sollen.
Die Schweden wankten, auf dem linken Flügel,
Und auf dem rechten wirkten sie Sukkurs;
Hätt er auf deine Order warten wollen,
Sie faßten Posten wieder, in den Schluchten,
Und nimmermehr hättst du den Sieg erkämpft.

DER KURFÜRST. So! – Das beliebt dir so vorauszusetzen!
Den Obrist Hennings hatt ich abgeschickt,
Wie dir bekannt, den schwedschen Brückenkopf,
Der Wrangels Rücken deckt, hinwegzunehmen.
Wenn ihr die Order nicht gebrochen hättet,
Dem Hennings wäre dieser Schlag geglückt;
Die Brücken hätt er, in zwei Stunden Frist,
In Brand gesteckt, am Rhyn sich aufgepflanzt,
Und Wrangel wäre ganz, mit Stumpf und Stiel,
In Gräben und Morast, vernichtet worden.

KOTTWITZ. Es ist der Stümper Sache, nicht die deine,
Des Schicksals höchsten Kranz erringen wollen;
Du nahmst, bis heut, noch stets, was es dir bot.
Der Drachen ward, der dir die Marken trotzig
Verwüstete, mit blutgem Hirn verjagt;
Was konnte mehr, an einem Tag, geschehn?
Was liegt dir dran, ob er zwei Wochen noch
Erschöpft im Sand liegt, und die Wunde heilt?
Die Kunst jetzt lernten wir, ihn zu besiegen,
Und sind voll Lust, sie fürder noch zu üben:
Laß uns den Wrangel rüstig, Brust an Brust,
Noch einmal treffen, so vollendet sichs,
Und in die Ostsee ganz fliegt er hinab!
Rom ward an einem Tage nicht erbaut.

DER KURFÜRST.
Mit welchem Recht, du Tor, erhoffst du das,
Wenn auf dem Schlachtenwagen, eigenmächtig,
Mir in die Zügel jeder greifen darf?
Meinst du das Glück werd immerdar, wie jüngst,
Mit einem Kranz den Ungehorsam lohnen?
Den Sieg nicht mag ich, der, ein Kind des Zufalls,
Mir von der Bank fällt; das Gesetz will ich,

Die Mutter meiner Krone, aufrecht halten,
Die ein Geschlecht von Siegen mir erzeugt!
KOTTWITZ. Herr, das Gesetz, das höchste, oberste,
Das wirken soll, in deiner Feldherrn Brust,
Das ist der Buchstab deines Willens nicht;
Das ist das Vaterland, das ist die Krone,
Das bist du selber, dessen Haupt sie trägt.
Was kümmert dich, ich bitte dich, die Regel,
Nach der der Feind sich schlägt: wenn er nur nieder
Vor dir, mit allen seinen Fahnen, sinkt?
Die Regel, die ihn schlägt, das ist die höchste!
Willst du das Heer, das glühend an dir hängt,
Zu einem Werkzeug machen, gleich dem Schwerte,
Das tot in deinem goldnen Gürtel ruht?
Der ärmste Geist, der in den Sternen fremd,
Zuerst solch eine Lehre gab! Die schlechte,
Kurzsichtge Staatskunst, die, um eines Falles,
Da die Empfindung sich verderblich zeigt,
Zehn andere vergißt, im Lauf der Dinge,
Da die Empfindung einzig retten kann!
Schütt ich mein Blut dir, an dem Tag der Schlacht,
Für Sold, seis Geld, seis Ehre, in den Staub?
Behüte Gott, dazu ist es zu gut!
Was! Meine Lust hab, meine Freude ich,
Frei und für mich im Stillen, unabhängig,
An deiner Trefflichkeit und Herrlichkeit,
Am Ruhm und Wachstum deines großen Namens!
Das ist der Lohn, dem sich mein Herz verkauft!
Gesetzt, um dieses unberufnen Sieges,
Brächst du dem Prinzen jetzt den Stab; und ich,
Ich träfe morgen, gleichfalls unberufen,
Den Sieg wo irgend zwischen Wald und Felsen,
Mit den Schwadronen, wie ein Schäfer, an:
Bei Gott, ein Schelm müßt ich doch sein, wenn ich
Des Prinzen Tat nicht munter wiederholte.
Und sprächst du, das Gesetzbuch in der Hand:
»Kottwitz, du hast den Kopf verwirkt!« so sagt ich:
»Das wußt ich Herr; da nimm ihn hin, hier ist er:

Als mich ein Eid an deine Krone band,
Mit Haut und Haar, nahm ich den Kopf nicht aus,
Und nichts dir gäb ich, was nicht dein gehörte!«
DER KURFÜRST. Mit dir, du alter, wunderlicher Herr,
Werd ich nicht fertig! Es besticht dein Wort
Mich, mit arglistger Rednerkunst gesetzt,
Mich, der, du weißt, dir zugetan, und einen
Sachwalter ruf ich mir, den Streit zu enden,
Der meine Sache führt!

Er klingelt, ein Bedienter tritt auf.

Der Prinz von Homburg!
Man führ aus dem Gefängnis ihn hierher!

Der Bediente ab.

Der wird dich lehren, das versichr' ich dich,
Was Kriegszucht und Gehorsam sei! Ein Schreiben
Schickt' er mir mindstens zu, das anders lautet,
Als der spitzfündge Lehrbegriff der Freiheit,
Den du hier, wie ein Knabe, mir entfaltet.

Er stellt sich wieder an den Tisch und liest.

KOTTWITZ *erstaunt.*

Wen holt –? Wen ruft –?

OBRIST HENNINGS.   Ihn selber?

GRAF TRUCHSS.   Nein unmöglich!

Die Offiziere treten unruhig zusammen und sprechen mit einander.

DER KURFÜRST. Von wem ist diese zweite Zuschrift hier?

HOHENZOLLERN.

Von mir, mein Fürst!

DER KURFÜRST *liest.* »Beweis, daß Kurfürst Friedrich
Des Prinzen Tat selbst« – – – Nun, beim Himmel!
Das nenn ich keck!
Was! Die Veranlassung, du wälzest sie des Frevels,
Den er sich in der Schlacht erlaubt, auf mich?

HOHENZOLLERN.

Auf dich, mein Kurfürst; ja; ich, Hohenzollern!

DER KURFÜRST.

Nun denn, bei Gott, das übersteigt die Fabel!
Der eine zeigt mir, daß nicht schuldig er,

Der andre gar mir, daß der Schuldge ich! –
Womit wirst solchen Satz du mir beweisen?
HOHENZOLLERN.
Du wirst dich jener Nacht, o Herr, erinnern,
Da wir den Prinzen, tief versenkt im Schlaf,
Im Garten unter den Plantanen fanden:
Vom Sieg des nächsten Tages mocht er träumen,
Und einen Lorbeer hielt er in der Hand.
Du, gleichsam um sein tiefstes Herz zu prüfen,
Nahmst ihm den Kranz hinweg, die Kette schlugst du,
Die dir vom Hals hängt, lächelnd um das Laub;
Und reichtest Kranz und Kette, so verschlungen,
Dem Fräulein, deiner edlen Nichte, hin.
Der Prinz steht, bei so wunderbarem Anblick,
Errötend auf; so süße Dinge will er,
Und von so lieber Hand gereicht, ergreifen:
Du aber, die Prinzessin rückwärts führend,
Entziehst dich eilig ihm; die Tür empfängt dich,
Jungfrau und Kett und Lorbeerkranz verschwinden,
Und einsam – einen Handschuh in der Hand,
Den er, nicht weiß er selber, wem? entrissen –
Im Schoß der Mitternacht, bleibt er zurück.
DER KURFÜRST.
Welch einen Handschuh?
HOHENZOLLERN.   Herr, laß mich vollenden! –
Die Sache war ein Scherz; jedoch von welcher
Bedeutung ihm, das lernt ich bald erkennen.
Denn, da ich, durch des Garten hintre Pforte,
Jetzt zu ihm schleich, als wärs von ohngefähr,
Und ihn erweck, und er die Sinne sammelt:
Gießt die Erinnrung Freude über ihn,
Nichts Rührenders, fürwahr, kannst du dir denken.
Den ganzen Vorfall, gleich, als wärs ein Traum,
Trägt er, bis auf den kleinsten Zug, mir vor;
So lebhaft, meint' er, hab er nie geträumt –:
Und fester Glaube baut sich in ihm auf,
Der Himmel hab ein Zeichen ihm gegeben:
Es werde alles, was sein Geist gesehn,

Jungfrau und Lorbeerkranz und Ehrenschmuck,
Gott, an dem Tag der nächsten Schlacht, ihm schenken.

DER KURFÜRST.
Hm! Sonderbar! – Und jener Handschuh –?

HOHENZOLLERN.   Ja, –
Dies Stück des Traums, das ihm verkörpert ward,
Zerstört zugleich und kräftigt seinen Glauben.
Zuerst mit großem Aug sieht er ihn an –
Weiß ist die Farb, er scheint nach Art und Bildung,
Von einer Dame Hand –: doch weil er keine
Zu Nacht, der er entnommen könnte sein,
Im Garten sprach, – durchkreuzt in seinem Dichten,
Von mir, der zur Parol' aufs Schloß ihn ruft,
Vergißt er, was er nicht begreifen kann,
Und steckt zerstreut den Handschuh ins Kollett.

DER KURFÜRST.
Nun? Drauf?

HOHENZOLLERN. Drauf tritt er nun mit Stift und Tafel,
Ins Schloß, aus des Feldmarschalls Mund, in frommer
Aufmerksamkeit, den Schlachtbefehl zu hören;
Die Fürstin und Prinzessin, reisefertig
Befinden grad im Herrensaal sich auch.
Doch wer ermißt das ungeheure Staunen,
Das ihn ergreift, da die Prinzeß den Handschuh,
Den er sich ins Kollett gesteckt, vermißt.
Der Marschall ruft, zu wiederholten Malen:
Herr Prinz von Homburg! Was befiehlt mein Marschall?
Entgegnet er, und will die Sinne sammeln;
Doch er, von Wundern ganz umringt – – : der Donner
Des Himmels hätte niederfallen können! – !

Er hält inne.

DER KURFÜRST. Wars der Prinzessin Handschuh?

HOHENZOLLERN.   Allerdings!

Der Kurfürst fällt in Gedanken.

HOHENZOLLERN *fährt fort.*
Ein Stein ist er, den Bleistift in der Hand,
Steht er zwar da und scheint ein Lebender;
Doch die Empfindung, wie durch Zauberschläge,

In ihm verlöscht; und erst am andern Morgen,
Da das Geschütz schon in den Reihen donnert,
Kehrt er ins Dasein wieder und befragt mich:
Liebster, was hat schon Dörfling, sag mirs, gestern
Beim Schlachtbefehl, mich treffend, vorgebracht?

FELDMARSCHALL.
Herr, die Erzählung, wahrlich, unterschreib ich!
Der Prinz, erinnr' ich mich, von meiner Rede
Vernahm kein Wort; zerstreut sah ich ihn oft,
Jedoch in solchem Grad abwesend ganz
Aus seiner Brust, noch nie, als diesen Tag.

DER KURFÜRST.
Und nun, wenn ich dich anders recht verstehe,
Türmst du, wie folgt, ein Schlußgebäu mir auf:
Hätt ich, mit dieses jungen Träumers Zustand,
Zweideutig nicht gescherzt, so blieb er schuldlos:
Bei der Parole wär er nicht zerstreut,
Nicht widerspenstig in der Schlacht gewesen.
Nicht? Nicht? Das ist die Meinung?

HOHENZOLLERN. Mein Gebieter,
Das überlaß ich jetzt dir, zu ergänzen.

DER KURFÜRST. Tor, der du bist, Blödsinniger! hättest du
Nicht in den Garten mich herabgerufen,
So hätt ich, einem Trieb der Neugier folgend,
Mit diesem Träumer harmlos nicht gescherzt.
Mithin behaupt ich, ganz mit gleichem Recht,
Der sein Versehn veranlaßt hat, warst du! –
Die delphsche Weisheit meiner Offiziere!

HOHENZOLLERN. Es ist genug, mein Kurfürst! Ich bin sicher,
Mein Wort fiel, ein Gewicht, in deine Brust!

Sechster Auftritt

Ein Offizier tritt auf. – Die Vorigen.

DER OFFIZIER. Der Prinz, o Herr, wird augenblicks erscheinen!
DER KURFÜRST.
Wohlan! Laßt ihn herein.

OFFIZIER. In zwei Minuten! –
Er ließ nur flüchtig, im Vorübergehn,
Durch einen Pförtner sich den Kirchhof öffnen.
DER KURFÜRST.
Den Kirchhof?
OFFIZIER. Ja mein Fürst und Herr!
DER KURFÜRST. Weshalb?
OFFIZIER. Die Wahrheit zu gestehn, ich weiß es nicht;
Es schien das Grabgewölb wünscht' er zu sehen,
Das dein Gebot ihm dort eröffnen ließ.

Die Obersten treten zusammen und sprechen miteinander.

DER KURFÜRST. Gleichviel! Sobald er kömmt, laßt ihn herein.

Er tritt wieder an den Tisch und sieht in die Papiere.

GRAF TRUCHSS. Da führt die Wache schon den Prinzen her.

Siebenter Auftritt

Der Prinz von Homburg tritt auf. Ein Offizier mit Wache. Die Vorigen.

DER KURFÜRST. Mein junger Prinz, Euch ruf ich mir zu Hülfe!
Der Obrist Kottwitz bringt, zu Gunsten Eurer,
Mir dieses Blatt hier, schaut, in langer Reihe
Von hundert Edelleuten unterzeichnet;
Das Heer begehre, heißt es, Eure Freiheit,
Und billige den Spruch des Kriegsrechts nicht. –
Lest, bitt ich, selbst, und unterrichtet Euch!

Er gibt ihm das Blatt.

DER PRINZ VON HOMBURG *nachdem er einen Blick hineingetan, wendet sich, und sieht sich im Kreis der Offiziere um.*
Kottwitz, gib deine Hand mir, alter Freund!
Du tust mir mehr, als ich, am Tag der Schlacht,
Um dich verdient! Doch jetzt geschwind geh hin
Nach Arnstein wiederum, von wo du kamst,
Und rühr dich nicht; ich habs mir überlegt,
Ich will den Tod, der mir erkannt, erdulden!

Er übergibt ihm die Schrift.

KOTTWITZ *betroffen.*
Nein, nimmermehr, mein Prinz! Was sprichst du da?

HOHENZOLLERN.

Er will den Tod –?

GRAF TRUCHSS. Er soll und darf nicht sterben!

MEHRERE OFFIZIERE *vordringend.*

Mein Herr und Kurfürst! Mein Gebieter! Hör uns!

DER PRINZ VON HOMBURG.

Ruhig! Es ist mein unbeugsamer Wille!
Ich will das heilige Gesetz des Kriegs,
Das ich verletzt, im Angesicht des Heers,
Durch einen freien Tod verherrlichen!
Was kann der Sieg euch, meine Brüder, gelten,
Der eine, dürftige, den ich vielleicht
Dem Wrangel noch entreiße, dem Triumph
Verglichen, über den verderblichsten
Der Feind' in uns, den Trotz, den Übermut,
Errungen glorreich morgen? Es erliege
Der Fremdling, der uns unterjochen will,
Und frei, auf mütterlichem Grund, behaupte
Der Brandenburger sich; denn sein ist er,
Und seiner Fluren Pracht nur ihm erbaut!

KOTTWITZ *gerührt.*

Mein Sohn! Mein liebster Freund! Wie nenn ich dich?

GRAF TRUCHSS. O Gott der Welt!

KOTTWITZ. Laß deine Hand mich küssen!

Sie drängen sich um ihn.

DER PRINZ VON HOMBURG *wendet sich zum Kurfürsten.*

Doch dir, mein Fürst, der einen süßern Namen
Dereinst mir führte, leider jetzt verscherzt:
Dir leg ich tiefbewegt zu Füßen mich!
Vergib, wenn ich am Tage der Entscheidung,
Mit übereiltem Eifer dir gedient:
Der Tod wäscht jetzt von jeder Schuld mich rein.
Laß meinem Herzen, das versöhnt und heiter
Sich deinem Rechtsspruch unterwirft, den Trost,
Daß deine Brust auch jedem Groll entsagt:
Und, in der Abschiedsstunde, des zum Zeichen,
Bewillge huldreich eine Gnade mir!

DER KURFÜRST. Sprich, junger Held! Was ists, das du begehrst?
 Mein Wort verpfänd ich dir und Ritterehre,
 Was es auch sei, es ist dir zugestanden!
DER PRINZ VON HOMBURG.
 Erkauf o Herr, mit deiner Nichte Hand,
 Von Gustav Karl den Frieden nicht! Hinweg
 Mit diesem Unterhändler aus dem Lager,
 Der solchen Antrag ehrlos dir gemacht:
 Mit Kettenkugeln schreib die Antwort ihm!
DER KURFÜRST *küßt seine Stirn.*
 Seis, wie du sagst! Mit diesem Kuß, mein Sohn,
 Bewillg' ich diese letzte Bitte dir!
 Was auch bedarf es dieses Opfers noch,
 Vom Mißglück nur des Kriegs mir abgerungen;
 Blüht doch aus jedem Wort, das du gesprochen,
 Jetzt mir ein Sieg auf, der zu Staub ihn malmt!
 Prinz Homburgs Braut sei sie, werd ich ihm schreiben,
 Der Fehrbellins halb, dem Gesetz verfiel,
 Und seinem Geist, tot vor den Fahnen schreitend,
 Kämpf er auf dem Gefild der Schlacht, sie ab!
  Er küßt ihn noch einmal und erhebt ihn.
DER PRINZ VON HOMBURG.
 Nun sieh, jetzt schenktest du das Leben mir!
 Nun fleh ich jeden Segen dir herab,
 Den, von dem Thron der Wolken, Seraphin
 Auf Heldenhäupter jauchzend niederschütten:
 Geh und bekrieg, o Herr, und überwinde
 Den Weltkreis, der dir trotzt – denn du bists wert!
DER KURFÜRST. Wache! Führt ihn zurück in sein Gefängnis!

Achter Auftritt

Natalie und die Kurfürstin zeigen sich unter der Tür. Hofdamen folgen. –
Die Vorigen.

NATALIE. O Mutter, laß! Was sprichst du mir von Sitte?
 Die höchst' in solcher Stund, ist ihn zu lieben!
 – Mein teurer, unglücksel'ger Freund!
DER PRINZ VON HOMBURG *bricht auf.*   Hinweg!

GRAF TRUCHSS *hält ihn.*

Nein nimmermehr, mein Prinz!

Mehrere Offiziere treten ihm in den Weg.

DER PRINZ VON HOMBURG. Führt mich hinweg!

HOHENZOLLERN.

Mein Kurfürst, kann dein Herz –?

DER PRINZ VON HOMBURG *reißt sich los.* Tyrannen, wollt ihr
Hinaus an Ketten mich zum Richtplatz schleifen?
Fort! – Mit der Welt schloß ich die Rechnung ab!

Ab, mit Wache.

NATALIE *indem sie sich an die Brust der Tante legt.*

O Erde, nimm in deinen Schoß mich auf!
Wozu das Licht der Sonne länger schaun?

Neunter Auftritt

Die Vorigen ohne den Prinzen von Homburg.

FELDMARSCHALL.

O Gott der Welt! Mußt es bis dahin kommen!

Der Kurfürst spricht heimlich und angelegentlich mit einem Offizier.

KOTTWITZ *kalt.*

Mein Fürst und Herr, nach dem, was vorgefallen,
Sind wir entlassen?

DER KURFÜRST. Nein! zur Stund noch nicht!
Dir sag ichs an, wenn du entlassen bist!

*Er fixiert ihn eine Weile mit den Augen; alsdann nimmt er die Papiere, die ihm
der Page gebracht hat, vom Tisch, und wendet sich damit zum Feldmarschall.*

Hier, diesen Paß dem schwedschen Grafen Horn!
Es wär des Prinzen, meines Vetters Bitte,
Die ich verpflichtet wäre zu erfüllen;
Der Krieg heb, in drei Tagen, wieder an!

Pause. – Er wirft einen Blick in das Todesurteil.

Ja, urteilt selbst, ihr Herrn! Der Prinz von Homburg
Hat im verflossenen Jahr, durch Trotz und Leichtsinn,
Um zwei der schönsten Siege mich gebracht;
Den dritten auch hat er mir schwer gekränkt.
Die Schule dieser Tage durchgegangen,
Wollt ihrs zum vierten Male mit ihm wagen?

KOTTWITZ UND TRUCHSS *durcheinander.*

Wie, mein vergöttert – angebeteter –?

DER KURFÜRST. Wollt ihr? Wollt ihr?

KOTTWITZ. Bei dem lebendgen Gott,
Du könntest an Verderbens Abgrund stehn,
Daß er, um dir zu helfen, dich zu retten,
Auch nicht das Schwert mehr zückte, ungerufen!

DER KURFÜRST *zerreißt das Todesurteil.*

So folgt, ihr Freunde, in den Garten mir!

Alle ab.

*Szene: Schloß, mit der Rampe, die in den Garten hinabführt;
wie im ersten Akt. – Es ist wieder Nacht.*

Zehnter Auftritt

*Der Prinz von Homburg wird vom Rittmeister Stranz mit verbundenen Augen
durch das untere Gartengitter aufgeführt. Offiziere mit Wache. – In der Ferne
hört man Trommeln des Totenmarsches.*

DER PRINZ VON HOMBURG.

Nun, o Unsterblichkeit, bist du ganz mein!
Du strahlst mir, durch die Binde meiner Augen,
Mir Glanz der tausendfachen Sonne zu!
Es wachsen Flügel mir an beiden Schultern,
Durch stille Ätherräume schwingt mein Geist;
Und wie ein Schiff, vom Hauch des Winds entführt,
Die muntre Hafenstadt versinken sieht,
So geht mir dämmernd alles Leben unter:
Jetzt unterscheid ich Farben noch und Formen,
Und jetzt liegt Nebel alles unter mir.

*Der Prinz setzt sich auf die Bank, die in der Mitte des Platzes, um die Eiche
aufgeschlagen ist; der Rittmeister Stranz entfernt sich von ihm, und sieht nach
der Rampe hinauf.*

DER PRINZ VON HOMBURG.

Ach, wie die Nachtviole lieblich duftet!
Spürst du es nicht?

Stranz kommt wieder zu ihm zurück.

STRANZ. Es sind Levkojn und Nelken.

DER PRINZ VON HOMBURG.

Levkojn? – Wie kommen die hierher?

STRANZ. Ich weiß nicht. –
Es scheint, ein Mädchen hat sie hier gepflanzt.
– Kann ich dir eine Nelke reichen?

DER PRINZ VON HOMBURG. Lieber! –
Ich will zu Hause sie in Wasser setzen.

Eilfter Auftritt

Der Kurfürst mit dem Lorbeerkranz, um welchen die goldne Kette geschlungen ist, Kurfürstin, Prinzessin Natalie, Feldmarschall Dörfling, Obrist Kottwitz, Hohenzollern, Golz usw., Hofdamen, Offiziere und Fackeln erscheinen auf der Rampe des Schlosses. – Hohenzollern tritt, mit einem Tuch, an das Geländer und winkt dem Rittmeister Stranz; woraufdieser den Prinzen von Homburg verläßt, und im Hintergrund mit der Wache spricht.

DER PRINZ VON HOMBURG.

Lieber, was für ein Glanz verbreitet sich?

STRANZ *kehrt zu ihm zurück.*

Mein Prinz, willst du gefällig dich erheben?

DER PRINZ VON HOMBURG.

Was gibt es?

STRANZ. Nichts, das dich erschrecken dürfte! –
Die Augen bloß will ich dir wieder öffnen.

DER PRINZ VON HOMBURG.

Schlug meiner Leiden letzte Stunde?

STRANZ. Ja! –
Heil dir und Segen, denn du bist es wert!

Der Kurfürst gibt den Kranz, an welchem die Kette hängt, der Prinzessin, nimmt sie bei der Hand und führt sie die Rampe herab. Herren und Damen folgen. Die Prinzessin tritt, umgeben von Fackeln, vor den Prinzen, welcher erstaunt aufsteht; setzt ihm den Kranz auf, hängt ihm die Kette um, und drückt seine Hand an ihr Herz. Der Prinz fällt in Ohnmacht.

NATALIE. Himmel! die Freude tötet ihn!

HOHENZOLLERN *faßt ihn auf.* Zu Hülfe!

DER KURFÜRST. Laßt den Kanonendonner ihn erwecken!

Kanonenschüsse. Ein Marsch. Das Schloß erleuchtet sich.

KOTTWITZ.

Heil, Heil dem Prinz von Homburg!

DIE OFFIZIERE.   Heil! Heil! Heil!
ALLE. Dem Sieger in der Schlacht bei Fehrbellin!

Augenblickliches Stillschweigen.

DER PRINZ VON HOMBURG.
  Nein, sagt! Ist es ein Traum?
KOTTWITZ.   Ein Traum, was sonst?
MEHRERE OFFIZIERE.
  Ins Feld! Ins Feld!
GRAF TRUCHSS.   Zur Schlacht!
FELDMARSCHALL.   Zum Sieg! Zum Sieg!
ALLE. In Staub mit allen Feinden Brandenburgs!

Ende.

In den Dramen enthaltene Lieder und Sprüche

Hermannsschlacht

Motto: »Wehe, mein Vaterland, dir!« (S. 533)
Thusneldas Lied: »Ein Knabe sah den Mondenschein« (S. 554)
Chor der Barden: »Wir litten menschlich seit dem Tage« (S. 613 f.)

Prinz Friedrich von Homburg

Widmung: Gen Himmel schauend (S. 629)

INHALT

DRAMEN

Das Käthchen von Heilbronn oder die Feuerprobe.
Ein großes historisches Ritterschauspiel........ 429
Die Hermannsschlacht. Ein Drama 533
Prinz Friedrich von Homburg. Ein Schauspiel..... 629

In den Dramen enthaltene Lieder und Sprüche ... 710

GESAMTÜBERSICHT

Band I

Gedichte	7
Gelegenheitsverse und Albumblätter	43
Dramen	47
Die Familie Schroffenstein	49
Robert Guiskard	153
Der zerbrochne Krug	175
Amphitryon	245
Penthesilea	321

Band II

Das Käthchen von Heilbronn	429
Die Hermannsschlacht	533
Prinz Friedrich von Homburg	629

Band III

Erzählungen und Anekdoten	7
Michael Kohlhaas	9
Die Marquise von O...	104
Das Erdbeben in Chili	144
Die Verlobung in St. Domingo	160
Das Bettelweib von Locarno	196
Der Findling	199
Die heilige Cäcilie	216
Der Zweikampf	229
Anekdoten	262

Anekdoten-Bearbeitungen 283
Varianten zu den Erzählungen 292
Kleine Schriften 299
   Kunst- und Weltbetrachtung 301
   Politische Schriften des Jahres 1809 350
   Berichterstattung und Tageskritik 1810–1811 . . . 383
   Übersetzungen aus dem Französischen 434
   Redaktionelle Anzeigen und Erklärungen 446

Band IV

Briefe 463
   Lebenstafel 891
   Nachwort 901
   Inhaltsverzeichnis 909